2021

绍兴鲁迅研究

绍兴鲁迅纪念馆
绍兴市鲁迅研究中心 编

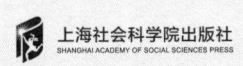

上海社会科学院出版社
SHANGHAI ACADEMY OF SOCIAL SCIENCES PRESS

目　录

纪念鲁迅诞辰140周年

鲁迅的遗产和价值 ················· 黄　健（3）
做"傻子"不做"巧人"
　　——鲁迅"巧人"文化批判对大学生"学以成人"
　　　的启示 ············· 靳新来　程　夏（20）
鲁迅与中国文化的现代复兴 ········ 蔡洞峰　殷洋宝（33）
独特的文体与悲郁的情怀
　　——鲁迅小说教学阅读札记（下）····· 李生滨　倪文琴（46）
立人从谁开始？
　　——从《我们现在怎样做父亲》看鲁迅的启蒙
　　　路线 ······················· 王雨海（59）
论鲁迅的学识储备与文学创作之间的内在联系
　　——以《阿长与〈山海经〉》《从百草园到三味书屋》《琐记》
　　《藤野先生》为中心 ················ 吕周聚（71）
走在鲁迅研究的路上 ················· 刘运峰（84）
浅析鲁迅与翻译 ····················· 陈　哲（93）
《野草》所受中国古典文学的影响 ········· 赵献涛（102）
新时期重温鲁迅对方言的研究与运用 ······· 孙可为（112）
祖父之死与鲁迅对中医的批判 ············ 李城希（120）
鲁镇苦人论
　　——从孔乙己到祥林嫂 ············· 谷兴云（136）

· 1 ·

史海钩沉

鲁迅学笔记(六题) …………………………… 顾　农(155)
书信中的鲁迅与徐懋庸：翻译·杂文·"左联"… 葛　涛(169)
鲁迅与《白蛇传》 …………………………… 周玉儿(185)
新版《鲁迅全集》注释补正二十三则 …… 吴作桥　王　羽(189)
忆对李何林先生的一次访谈及其他 …………… 王吉鹏(198)
《鲁迅与他的乡人》补遗五 …………………… 裘士雄(203)

域外折枝

周树人《中国地质略论》(中)
　　——关于李希霍芬等的煤田的言论 …[日]九尾　胜(213)

纪念《阿Q正传》发表100周年

"恋爱的悲剧"之细读
　　——纪念《阿Q正传》发表100周年 ………… 管冠生(225)
俞乃大与《漫画阿Q正传》
　　——纪念鲁迅先生《阿Q正传》发表100
　　周年 ………………………………………… 杨坚康(238)
论《阿Q正传》与传统章回体小说的关系 ……… 杨　宇(247)
论《阿Q正传》的悖论艺术 …………………… 黄　婷(257)

馆藏一斑

馆藏《西岳华山庙碑》拓本考 ………………… 徐晓光(271)

书跋·书评

个性化的鲁迅研究
　　——读何信恩著《我观鲁迅》 ……………… 陈漱渝(279)

见解独特　颠覆旧说
　　——读谷兴云先生的专著《发现孔
　　乙己》……………………李明军　马　琳（282）

纪念

绍兴乡土文化研究的开拓者之一
　　——深情缅怀周芾棠先生 ……………何信恩（295）
温暖的爱
　　——记周芾棠老师 ………………………徐晓阳（302）
编后记 …………………………………………………（305）

纪念鲁迅诞辰 140 周年

绍兴鲁迅研究　2021　绍兴鲁迅研究

鲁迅的遗产和价值

黄 健

1936年10月19日,鲁迅在上海因病去世。在他的葬礼上,人们曾自发地在他的灵柩上覆盖了一面缀有黑绒制的"民族魂"三个大字的白色绸旗,以表达对他的崇高敬意。"民族魂"所概括和表达的是一个民族所具有的精神特质和所达到的精神高度。无疑,这是一种非常高的评价。作为现代中国的一位最具独特思想风采的作家,鲁迅的特点是善于用冷峻的艺术方式揭示出历史的"吃人"真相,这是迄今为止通过文学文本对中国历史本质所展示出来的最为深刻、最为形象的艺术比喻和认识结论,深刻地反映了专制文化长期以来对人的禁锢和压迫,特别是对人的精神禁锢和压迫的现象,描绘出在新旧文明交替中整个国民对此并没有作好充分的心理准备,尽显精神的愚昧、无知和麻木的状态,写出了古老民族对于现代文明整体的心理惶惑感和严重的不适应性,并由此提出了改造国民性的主题。同时,他还以杂文的方式对此展开广泛的社会和文化批判。在此基础上,鲁迅提出了"立人"的思想主张,指出:"其首在立人,人立而后凡事举""国人之自觉至,个性张,沙聚之邦,由是转为人国。人国既建,乃始雄厉无前,屹然独见于天下。"[1]从思想涵义上来看,他提出的"立人",不是建立在政治、伦理等外在层面上的道德依附人格的"人",而是一种高扬了人的主体性、个体性、独立性,具有现代文化觉悟的新型独立人格的"人"。显然,鲁迅这种新型观念的形成,正是他作为现代中国杰出的思想型文学家最具独创性的思想表现,洋溢着他不遗余力地为现代中国人寻找落后、贫困和奴役、异化的根源,探寻生存和发展出路和最终归宿的思想激情和精神风采。

鲁迅为现代中国留下了丰富的遗产。这种遗产在形态上可分为物质遗产(也称物质文化遗产、有形文化遗产)和精神遗产(也称非物质文化遗产、无形文化遗产)。根据联合国教科文组织的《保护世界文化和自然遗产公约》和《保护非物质文化遗产公约》的定义,以及根据《中华人民共和国文物保护法》《中国文物古迹保护准则》和《中华人民共和国非物质文化遗产法》的规定精神,鲁迅的物质遗产和精神遗产是构成鲁迅遗产的共同要素。

一、鲁迅的物质遗产

相比之下,鲁迅留下的物质遗产并不多,按照联合国《保护世界文化和自然遗产公约》对物质文化遗产的界定,也即以狭义的物质遗产而论,如他留下的百万余字的著作,以及生前居住的寓所、用过的物品、藏书、字画、拓本(片)、手稿等,均属于此范畴,现主要是由各地以他的名字命名的博物馆、纪念馆所收藏和管理。海内外的图书馆,特别是大学图书馆,均藏有正式出版的他的各种版本著作。而他的故居,有的已成为博物馆、纪念馆的一部分,或由他们负责管理和代管,有的则是挂牌或立碑标注与说明,没有专门腾空而加以保护,此外还有一些与他有关的遗址,或他曾经到过的地方,并无任何形式的保护,只是在相关的文献中有记录。再扩大一点,即以广义的物质遗产而论,还有包括以他的名字命名的各种公共场所和设施(如雕像、广场、道路等)、学校、图书馆、电影院和基金会、研究会等等,这些也可以看做是他的遗产衍生物,无论是就物质遗产而言,还是就精神遗产而言,都是如此,或者说它们具有物质和精神的双重遗产的性质。鲁迅的精神遗产,也可以视作是他留下的非物质文化遗产,内容则要丰富得多,主要是他的思想、精神和人格魅力,对现代中国社会和文化产生了极为深刻和久远的影响。

据笔者不完全的统计,曾经有过和现在仍以物化形态留存和显示的鲁迅遗产和与遗产有关的,主要有以下几个部分(详见表1和表2):

表1

鲁迅故居、故里	鲁迅博物馆、纪念馆
绍兴鲁迅故里(包括鲁迅故居、祖居、学堂等,以及所保存的鲁迅生前使用过的遗存物、活动场所等)	北京鲁迅博物馆 上海鲁迅纪念馆 绍兴鲁迅纪念馆 广州鲁迅纪念馆 厦门鲁迅纪念馆 南京鲁迅纪念馆 浙江省临海鲁迅展览馆(民间) 日本东北大学(原鲁迅就读的仙台医专)鲁迅纪念馆
北京鲁迅故居(包括南半截胡同7号当时的绍兴会馆、八道湾11号的住所、阜成门内西三条21号的故居、西四砖塔胡同61号的住所等)	
上海鲁迅故居(包括景云里、拉摩斯公寓、原施高塔路130号,现山阴路大陆新村9号)	

表2

以鲁迅命名的公共设施场所	以鲁迅命名的学校	鲁迅基金会、研究会
上海鲁迅公园 青岛鲁迅公园 (此外还有杭州、济南、大连、绍兴等在公园内设立的小型鲁迅公园) 鲁迅图书馆(苏区,陕西保安县,现改为志丹县,1936) 鲁迅图书馆(陕西人民政府图书馆	鲁迅美术学院 鲁迅文学院(中国作协) 鲁迅青年学校(1936—1937,河北保定) 鲁迅师范学校(1937—1939,陕西延安) 鲁迅小学(1938 陕西延安) 鲁迅艺术学院(1938,后几次改名,如鲁迅艺术文学院、鲁迅文艺学院,同时还包括与	鲁迅基金会(包括绍兴分会) 鲁迅文学奖励基金会(1938,陕西延安) 国际鲁迅研究会(韩国注册) 中国鲁迅研究会 浙江省鲁迅研究会 江苏省鲁迅研究会 四川省鲁迅研究会

续 表

以鲁迅命名的 公共设施场所	以鲁迅命名的学校	鲁迅基金会、 研究会
鲁迅图书馆（绍兴图书馆） 鲁迅图书馆（捷克布拉格，设在捷克国家图书馆内） 鲁迅电影城（绍兴） 此外，一些城市，如绍兴、上海、大连，还有以鲁迅命名的路、广场，以及雕像，包括海外的雕像，如设在日本东北大学（原鲁迅就读的仙台医专）的鲁迅雕像、印度加尔各答的鲁迅雕像等。	此相关的晋东南鲁迅文学艺术院，1939—1941、山东胶东鲁迅艺术学校，1939、山东115师战士剧社鲁迅艺术队、华中鲁迅艺术文学院分院，1941、晋西北鲁迅艺术文学院分院，1942、冀察热辽鲁迅艺术学院，1947、东北大学鲁迅文艺学院，1945、晋绥鲁迅文艺学院，1949，为现在的鲁迅美术学院前身。） 鲁迅中学（浙江绍兴、北京、上海、海南三亚、辽宁大连、江苏泰州等）	辽宁省鲁迅研究会 广东省鲁迅研究会 山东省鲁迅研究会 湖北省鲁迅研究会 绍兴市鲁迅研究会 延安鲁迅研究会 （1941）

北京鲁迅博物馆主要保存了鲁迅在北京的故居和部分遗存物、手稿与藏书等。鲁迅在北京的故居，是全国重点文物保护单位。这是一座精巧的小四合院，南北房各三间，东西房各一间，南房是会客室，北屋东西两房间分别为鲁迅的母亲和朱安夫人的住室，中间一间为餐厅，北屋当中一间向北凸出一小间，面积仅八平方米，是他的卧室兼书房，现已按照鲁迅生前原样，恢复了卧室兼工作室——"老虎尾巴"，同时也恢复了鲁迅母亲住房、朱安女士卧室的原样。鲁迅在北京故居是他于1924年春天自己设计改建成的，也是迄今他在北京保存最完整的一处遗址。在此，鲁迅共住了两年，直到1926年8月离开北京去往厦门，1929年5月和1932年11月，他返京探望母亲时也居住于此。在这里，他先后完成了《华盖集》《华盖集续编》《野草》三本文集所收集的文章的写作和编撰，以及后收集在《彷徨》《朝花夕拾》《坟》中的部分文章的修改和编撰。据北京鲁迅博物馆网站介绍，该馆收有"国家一级

文物759件,主要有鲁迅的手稿、藏书、藏画、藏碑拓片、藏友人信札等文物藏品,有许广平、周作人、周建人、章太炎、钱玄同、许寿裳、胡风、江绍原、魏建功、瞿秋白、冯雪峰、萧军、萧红、叶紫、柔石、冯铿等新文化运动时期历史人物的遗存;有大量的鲁迅著、译、辑、编著作版本和鲁迅研究著作版本、现代文学丛刊与新旧期刊。"[2]除此之外,鲁迅在北京还有几处居住过的地方。第一处是位于南半截胡同7号的当时的绍兴会馆,他在这里住了七年半,并首次用"鲁迅"的笔名,创作和发表了中国现代文学史上的第一篇白话小说《狂人日记》,而后又陆续创作与发表了小说《孔乙己》和《药》等。在《呐喊·自序》中,他作了这样的描绘:"S会馆里有三间屋,相传是往昔曾在院子里的槐树上缢死过一个女人的,现在槐树已经高不可攀了,而这屋还没有人住;许多年,我便寓在这屋里钞古碑。客中少有人来,古碑中也遇不到什么问题和主义,而我的生命却居然暗暗的消去了,这也就是我惟一的愿望。夏夜,蚊子多了,便摇着蒲扇坐在槐树下,从密叶缝里看那一点一点的青天,晚出的槐蚕又每每冰冷的落在头颈上。"[3]第二处位于八道湾11号的住所,这是鲁迅于1919年变卖了绍兴的家产,换得三千块大洋买下的,在这里,他创作和发表了《阿Q正传》《风波》《故乡》《社戏》等九篇小说。第三处是砖塔胡同61号的住所,鲁迅在这里编写了《中国小说史略讲义》,创作和发表了小说《祝福》《幸福的家庭》等。

上海鲁迅纪念馆不仅保存了鲁迅在上海的遗存物,如手稿、藏书、字画、用品等,同时也负责管理鲁迅墓、鲁迅上海故居等设施,并建有与鲁迅同时代人及相关专家、名人的文物资料专库的"朝华文库",专门收藏一批鲁迅同时代人及相关专家、名人的文化遗存,包括手稿、来往信件、藏书与本人著译、照片、字画、文房四宝,以及有纪念意义的生活用品等。该馆原与位于山阴路的上海鲁迅故居毗邻,1956年9月迁入虹口公园(今鲁迅公园),同年

10月,鲁迅墓也由上海虹桥路万国公墓迁葬于此。上海是鲁迅生命中最后十年度过的地方,在此居住过的地方主要有三处:一是位于横浜路35弄的景云里,鲁迅在这里生活两年零七个月,也是他于1927年10月3日和许广平从广州移居上海,在共和旅馆暂住后,于10月8日移居与此。这是他在上海居住的第一个地方。郁达夫在《回忆鲁迅》一文中这样写道:"从此以后,鲁迅就在上海住下了,是在闸北去窦乐安路不远的景云里内一所三楼朝南的洋式弄堂房子里。他住二层的前楼,许女士住在三楼的,……鲁迅住的景云里那一所房子,是在北四川路尽头的西面,去虹口花园很近的地方。因而去狄斯威路北的内山书店亦只有几百步路。"[4]移居的当天,鲁迅和许广平结婚。此居前门斜对着的是茅盾住所的后门,邻居还有叶圣陶,三弟周建人等。1928年9月9日鲁迅移居到同排18号。不久,隔壁17号有了空房,他喜欢住房朝南又兼东,故于次年2月迁入17号新居,同年9月底,鲁迅的儿子周海婴出生。在景云里租住期间,除了写作和翻译作品外,鲁迅还主编了《语丝》《萌芽》等文学刊物,与许多文学青年,如柔石、殷夫、冯雪峰等结交,帮助柔石完成小说《二月》的修改,同时也结识了不少国际友人,如美国作家、记者史沫特莱,日本友人内山完造等。二是1930年5月鲁迅携家人迁入北四川路194号三楼4号的拉摩斯公寓(多伦路旁)。郁达夫回忆道:"一·二八战事过后,他从景云里搬了出来,住在内山书店斜对面的一家大厦的三层楼上。"拉摩斯公寓(现称北川公寓)位于上海市虹口区四川北路2079~2099号,1928年由英国人拉摩斯建造,为钢筋水泥的四层建筑。据悉,1930年5月3日鲁迅是经内山完造介绍租下的,5月12日迁入居住。鲁迅在此发表的著译作品170余篇,如人们熟悉的《为了忘却的记念》《论"第三种人"》《"友邦惊诧"论》等,编订的杂文集主要有《二心集》《三闲集》等,以及与冯雪峰一起编订了《前哨》创刊号。1932年鲁迅还在此会晤了当时在上海治病的红军将领陈赓,早期共产党领导人瞿秋白也曾两次在此避难。三是1932年淞沪战争爆发,鲁迅又经内山完造介绍,于1933年4月迁入山阴路的大陆新村9号,这也是他在上海的最后寓所,生命中的最后驿站。[5]在此,鲁迅写下了280余篇杂文,编著了《伪自由书》《南腔北调集》《准风月谈》《花边文学》《且介亭杂文》《且介亭杂文二集》《且介亭杂文末篇》等杂文集,创作了历史小说《故事新编》,翻译了《死魂灵百图》《木刻纪程》《引玉集》《凯绥·克勒惠支版画选集》《苏联版画集》等中外版画,编印了瞿秋白遗著《海上述林》等。

绍兴鲁迅纪念馆位于鲁迅故里东侧,东接鲁迅祖居,西邻周家新台门,北毗朱家台门,南临东昌坊口,与寿家台门隔河相望。鲁迅在绍兴的遗存物,如故居、祖居、活动场所(百草园)、学堂(三味书屋)、用品等,大都由纪念馆收藏和管理。绍兴是鲁迅出生和青少年成长的地方,他的许多文章,特别是回忆性散文《朝花夕拾》和为文集所作的序跋及自叙传中,都反复谈到了绍兴对他成长的影响,他的小说创作大部分也是以绍兴为背景的,如鲁镇、未庄,一些地名也直接取材于此,如当铺、土谷祠等,以及所描写的绍兴乌篷船、集镇、村庄、农舍、酒店、毡帽、社戏等,一些人物形象的塑造也多取材于此,如人们熟悉的孔乙己、闰土、阿Q、祥林嫂等,使之成为"老中国"的一个缩影。此外,绍兴还保留了与鲁迅相关的一些遗址,如鲁迅外婆家"朝北台门",主要有两天井、东西厢房、后园等,其中东厢房是母亲鲁瑞的卧室。在小说《社戏》中,鲁迅写道:"我便每年跟了我的母亲住在外祖母的家里。那地方叫平桥村,是一个离海边不远,极偏僻的,临河的小村庄;住户不满三十家,都种田,打鱼,只有一家很小的杂货店。但在我是乐土:因为我在这里不但得到优待,又可以免念'秩秩斯干幽幽南山'了。"[6]

鲁迅在南京、厦门、广州等地的纪念馆,比起上述三家来说,规模相对要小一点,所收藏的鲁迅遗物也不如上述三家多,但记录了鲁迅在三地的生活和工作的轨迹,也可以视作为鲁迅的遗产,尤其是物质遗产的记录和见证。

  位于南京市察哈尔路 37 号南京师范大学附属中学内的南京鲁迅纪念馆,是国内唯一的一所设在中学校园内的纪念馆,收藏有鲁迅在南京求学时的一些亲笔稿件等,文物价值很高。1898 年 5 月至 1902 年 1 月是鲁迅在南京求学的时期,他先就读江南水师学堂轮机科,后转入江南陆师学堂附设的矿路学堂。南京也是他接受进化论思想影响的地方,是他的思想发生重大飞跃时期。在《琐记》中他记叙当时的情形说:"看新书的风气便流行起来,我也知道了中国有一部书叫《天演论》。星期日跑到城南去买了来,白纸石印的一厚本,价五百文正。翻开一看,是写得很好的字……哦!原来世界上竟还有一个赫胥黎坐在书房里那么想,而且想得那么新鲜?一口气读下去,'物竞''天择'也出来了,苏格拉底,柏拉图也出来了,斯多噶也出来了。"[7] 在矿路学堂,鲁迅还写下"灵台无计逃神矢,风雨如磐暗故园。寄意寒星荃不察,我以我血荐轩辕"的诗,表示了他对民族和国家的挚爱,影响甚广。

  1926 年 9 月至 1927 年 1 月,鲁迅在厦门大学任教,担任该校国文系教授兼国学研究院研究教授,开设了"文学史""小说史"两门课程,每门每周两节,所讲授文学史教案,即是后来的《汉文学史纲要》。现厦门大学设有鲁迅纪念馆,是始建于 1952 年的鲁迅纪念室与鲁迅文物陈列室合并而成的,收藏有鲁迅生前的用品等文物,也是国内唯一设在大学的纪念馆。在厦大除教学外,鲁迅还撰写了 17 万多字的文章和著作,如《从百草园到三味书屋》《父亲的病》《琐记》《藤野先生》《范爱农》等名篇,创作了两篇历史小说《铸剑》和《奔月》,以及致许广平 77 封信(后收入《两地书》),并将早期文言论文和杂文结集,题名为《坟》。在《写在〈坟〉后面》中他这样描绘当时的情形:"今夜周围是这么寂静,屋后面的山脚下腾起野烧的微光；南普陀寺还在做牵丝傀儡戏，时时传来锣鼓声，每一间隔中，就更加显得寂静。"[8]

鲁迅于1927年1月18日到9月27日在广州度过了8个月零9天，现广州鲁迅纪念馆主要收藏了在广州时期的一些遗存物，展示了他在广州工作和生活的情形。离开厦门后，鲁迅来到广州，任教于中山大学，担任文学系主任兼教务主任，讲授"中国文学史""文艺论"等课程。他来到广州先是在宾兴旅馆暂歇脚，不久搬到了中山大学大钟楼居住，一个多月后又搬到白云楼寓所，也即现在的鲁迅广州故居。在广州期间，鲁迅先后在中山大学做过《读书与革命》的演讲，在黄埔军官学校作《革命时代的文学》讲演，其间还去过香港，做过《无声的中国》的演讲。在中山大学，除教学和管理工作外，还写了如《庆祝沪宁克复的那一边》《黄花节的杂感》《怎样写（夜记之一）》《可恶罪》《小杂感》《扣丝杂感》《谈"激烈"》《略谈香港》等文章，编辑了旧作《野草》《朝花夕拾》，续译《小约翰》，创作了《故事新编》中的《铸剑》，编录《唐宋传奇集》等，写了《中国文学史》中的自古文字起源，至汉代司马迁时期文学发展境况，共十篇，并将此时所写的一些杂文辑成《而已集》。

还值得一提的，是日本东北大学（原仙台医学专门学校，鲁迅在此就读过）的鲁迅纪念馆，收藏有鲁迅在日本，特别是在该校留学期间的文物，如鲁迅留学时期的珍贵史料和照片，鲁迅的入学许可书（录取通知书）、清政府的推荐信和医学部的各科成绩单，藤野先生用红笔为鲁迅修改的笔记等，还有该校片平校区的一处永久保存的文化遗产——原仙台医专的讲义室，也即鲁迅当年经常听课的阶梯教室，后被命名为"鲁迅阶梯教室"，这些都记录了鲁迅在日本，特别是在该校学习和生活的印痕或轨迹。

二、鲁迅的精神遗产

作为无形的文化遗产，或非物质文化遗产，鲁迅留下的精神遗产范围比较广泛。大致而言,主要内容包括思想、精神和人格三个方面,以及由此形成的一种思想和文化的传统。它给予整个民族、国家、社会以深刻和久远的影响,提供了现代思想和文化精神的指引和智力的支撑,成为文化"软实力"的重要构成部分。

就思想遗产而论,鲁迅最突出的特点是以"破"的思想方式获得"立"的思想建构,给现代中国,现代文化带来深远的影响和启示。所谓"破",指的是他对中国的历史、文化、社会、现实人生所作的深刻批判,而所谓的"立",则指的是他致力于"立人"的思想实践和推动"外之既不后于世界之思潮,内之仍弗失固有之血脉,取今复古,别立新宗"[9]的中国新文化(现代文化)的建设。对于"破"而言,鲁迅首先是对中国历史和文化传统的"吃人"罪恶进行揭露,如在小说《狂人日记》中,他就形象地描绘了满页写着"仁义道德"历史的"吃人"勾当。当然,揭示历史的"吃人",不只是指出它对人的肉体消灭,而更重要的是指出了专制的历史和文化对人的精神压迫与摧残。鲁迅认为,"中国人向来就没有争到过'人'的价格,至多不过是奴隶",整个中国的历史也不过是"想做奴隶而不得"和"暂时做稳了奴隶"时代的交替循环,是一部形成"超稳定"系统的"吃人"历史。他指出:"所谓中国的文明者,其实不过是安排给阔人享用的人肉的筵宴。所谓中国者,其实不过是安排这人肉的筵宴的厨房。"因此,要推动中国的现代转型,建设与现代文明发展主流相一致的新文化,就必须"扫荡这些食人者,掀掉这筵席,毁坏这厨房",他指出这"则是现在的青年的使命!"也是中国新文化的使命,只有这样,才能创造出中国历史上未曾有过的"第三样时代",[10]也就是真正的"人"的时代,进而使整个民族和国家真正成为现代文明世界的一员,"在现今的世界上,协同生长,挣一地位"。[11]

在鲁迅看来,"吃人"的历史是造成国民劣根性的根源。因为传统的历史和文化是按照血缘等级伦理来规定"人"的身份的,这样虽"有贵贱,有大小,有上下",然而也往往会陷入"自己被人凌虐,但也可以凌虐别人;自己被人吃,但也可以吃别人。一级一级的制驭着,不能动弹,也不想动弹了"[12]的境地而恶性循环,使国民的"奴性"心理得以不断强化,从而不能成长为现代意义上的"人"。为此,鲁迅在"破"的思想实践上,提出了他的"立人"的思想主张,其意思非常明白,也即中国新文化建设必须是要站在"立人"的思想高度,改造国民性,重铸民族魂灵,这样才能使现代中国在克服传统文化弊端和"矫十九世纪文明"当中,进入"沉邃庄严"的"二十世纪"[13]行列,进而能够让每一个人、每一个现代中国人,真正获得具有现代思想和现代文化观念的"人"的意识和觉悟。他还特别强调,"立人"所立的"人",不是泛泛而指的"人",而是具有现代思想的独立意识、独特个性的"人",就是"思想行为,必以己为中枢,亦以己为终极:即立我性为绝对之自由者"。[14]在他看来,人拥有这种自我意识和觉悟,也即"人各有己""朕归于我"的精神独立和个性特征,才能形成最终促使"群之大觉""中国亦以立"[15]的内在动力。所以,在中国新文化实践中提出"立人"思想,这是鲁迅留给现代中国最重要的思想遗产。

鲁迅的精神遗产所涉及的范围比较广,如忧国忧民精神、批判精神、个性精神、怀疑精神、反省精神、挑战精神、战斗精神、韧性精神、硬骨头精神等等,都属于此遗产范围。尽管这些精神在表现形态上各有所异,但在他身上却都是统一的,有着内在的一致性。从无形的文化遗产特性上来说,它都显示出一个鲜明特点,这就是鲁迅始终是将属于自己的"小我"置于广阔的时代变革之中,紧跟现代文明的发展潮流,用现代文明的价值观念和标准,反省传统,批判传统,作出合乎时代发展的选择,从中获得对于整个民族和国家的"大我"意识,为现代中国发展奉献自己的独立思考和卓越智慧。

在精神层面上,鲁迅追求人的解放,特别是精神解放、个性解放和心灵自由,并将此作为精神的标识,关联民族的独立和现代文明国家的建立。在精神视阈中,鲁迅给予了"人"以更多的现代价值和意义的关怀,着力于现代人的终极性的价值和意义的重构。他以近代西方人本主义哲学思想为考量依据,指出:"诚若为今立计,所当稽求既往,相度方来,掊物质而张灵明,任个人而排众数。人既发扬踔厉矣,则邦国亦以兴起。"[16]为此,他对人的个性、个体性进行的精神认定,也是对人的独立意志的强调,旨在摆脱传统依附人格的惯性缠绕,使每个获得解放而独立的个体"有限"生命,能够自觉地去追求具有"无限"价值与意义的建构,从而建立起真正属于自己的精神领地。在他看来,这才是人的最终解放和自由,特别是精神解放和心灵自由,也是现代人的精神和心灵的终极归宿,故他反复强调:"则思虑动作,咸离外物,独往来于自心之天地,确信在是,满足亦在是,谓之渐自省其内曜之成果可也。"他还指出:"人必发挥自性,而脱观念世界之执持。……惟有此我,本属自由;既本有矣,而更外求也,是曰矛盾。自由之得以力,而力即在乎个人,亦即资财,亦即权利。"他要求独立的个体一定要做到"去现实物质与自然之樊,以就其本有心灵之域;知精神现象实人类生活之极颠,非发挥其辉光,于人生为无当;而张大个人之人格,又人生之第一义也"。[17]他由此认为,人的个性、个体性的精神特征,是确立卓越的个体、独立的"人"超越一切来自内外在束缚,尤其是精神束缚的关键性要素,同时也是对国民进行现代思想和文化启蒙,改造国民性,重铸民族魂灵的关键性要素,是现代人、现代中国人获得以"自由"为核心价值理念的现代文化精神支持的关键性要素。为此,他激烈地抨击了传统文化的"以众虐独""灭裂个性""灭人之自我"的观点,强调作为独立个体的现代"人",应具有个性鲜明的独立意志,要做到"独具我见""人各有己""不和众嚚""不随风波"[18],并在此基础上为现代中国确立了一种新的精神伦理法则:以卓越的、独立的,具有现代文明价值理念觉悟的个体，去引导改造众多的、落后的不觉悟者，使之能够在同一思想和文化观念的高度，展开现代民族和国家的想象，完成民族独立、社会解放和人的自由价值与意义的重构。为此，他作出"弃医从文"的决定，选择最具感性形式的文学方式，作为现代思想和文化启蒙的实践方式，旨在推动现代中国人的精神变革，如同他说的那样："所以我们的第一要著，是在改变他们的精神，而善于改变精神的是，我那时以为当然要推文艺，于是想提倡文艺运动了。"[19]因而，无论是他的虚构性的文学创作，还是他的写实性、针对性很强的杂文写作，都是基于他的这种精神理念，展开"文明批评"和"社会批评"[20]的实践成果，而这则是鲁迅留给现代中国的一份重要的精神遗产。

鲁迅的人格一向为世人所推崇和尊重。作为无形的文化遗产，他的人格意志和精神特点，可以用"特立独行"四个字来形容概括。早在东渡日本求学时，他写下的那首《自题小像》，就散发出独特的人格魅力。他还借尼采之口形容："吾行太远，孑然失其侣……吾见放于父母之邦矣！"[21]在《野草·影的告别》中，又更是用诗的语言表示要"独自远行"，[22]探寻新的人生之路。

基于独立和自由的人格意志，鲁迅有着先驱者才会有的那种超前独行的思想和精神，这也是他与前人和同时代人拉开思想和精神距离的一个重要原因。面对"惟'黑暗'和'虚无'乃是实有"的生命困顿，他扬起的是"反抗"之剑，以"反抗绝望"的人格意志，对此偏要作"绝望的抗争"，正如他所强调的那样："就是偏要使所谓正人君子也者之流多不舒服几天，所以自己便特地留几片铁甲在身上，站着，给他们的世界上多有一点缺陷"，[23]坚持做到向旧世界、旧文化、旧思想、旧道德"宣战"，并在"反抗"之中发现"希望"，[24]同时，也像他笔下的"过客"那样，明明知道前行的终点是"坟"，但还是要执着的向前行："那不行！我只得走。回到那里去，就没一处没有名目，没一处没有地主，没一处没有驱逐和牢笼,没一处没有皮面的笑容,没一处没有眶外的眼泪。我憎恶他们,我不回转去!"[25]显然,在这里,鲁迅"特立独行"的人格意志,也就彰显出了一种极具现代意义的人生观,也即向人们揭示出现代人生的终极价值和意义,不再是落在某一个固定不变的"点"上,而是表现在不断探寻的"过程"之中,如同加缪充分地肯定西西弗斯的人生精神那样:明明知道把石头推向山顶上是徒劳的,无用的,但西西弗斯还是要不断地去"推"。因为对他来说,生命的意义已不再是能不能把石头推到山顶,而是在于整个"推"的过程之中,它展示出了生命的"过程"比实际的"终点"更具价值性。所以,加缪说西西弗斯是幸福的。由这种独立的人格意志所构建的全新人生观,无疑是现代性质的,它向世人表示:人不再是将人格依附在某一个集团、某一个阶层上,不再是"代言",代帝王言,代圣人言,而始终是以一种独立的人格形态,运用独立的"思",独立的"言",独立的"行",独立地表达自己对于世界,对于历史、文化、社会和现实人生的独立思考、认识和作出自己独立的选择,由此承担对己、对社会、对人生,乃至对整个世界的应有责任。因此,鲁迅人格遗产的价值和意义,在中国文化史、思想史上呈现出来,就不仅仅表现为他只是一个现代精神源流的开创者,而且更是构筑了一种现代的、独特的人格范式。如果说人的现世性没有绝对的意义,那么,人在生命过程中对真理的探索,其人格意志和精神将始终是高于肉体生命,高于世俗标准的,即便它一时不被理解,甚至于世无补,但也值得用人格去担当和坚守,而这本身就足以显示出其价值的高洁性和独特性。

三、鲁迅遗产的价值

以物质遗产价值而论,鲁迅留下的物质遗产都有着很高的文物价值,是无价之宝,受到法律的保护,其特点是以物化的形式记录和反映了鲁迅与现代中国的关系,具有很高的历史价值和文化价值。如果说所有的遗产价值都是相对于人而言的,反映了人与遗产之间的密切关联,那么,鲁迅的物质遗产价值,本身也就表现出他在特定的历史时期的社会和文化及其社会实践的价值,其中所聚集的历史和文化信息,也就能够被充分地发现、认识、感知和体悟,尤其是能够让人进入特定的历史现场,在与这些物质遗产开展对话、交流中,其中所蕴聚的历史和文化信息,就能够进入人的心灵意识,从而让它活在当下,活在现代人的心中。

以精神遗产价值而论,鲁迅的精神遗产给予现代中国社会、文化的影响是多方面的。尽管他生前看似与不少人"结怨",甚至开展"骂战",但他始终是"秉持公心",而非私怨,如他所说:"我的确时时解剖别人,然而更多的是更无情面地解剖我自己"。[26]他善于自我反省,发现自己灵魂中的"毒气"和"鬼气",[27]并在反思中提升自己,在更高的精神层面上再现自我,进而作出"背着因袭的重担,肩住了黑暗的闸门"的选择,全身心地投入让年轻的一代"到宽阔光明的地方去;此后幸福的度日,合理的做人"[28]的文化实践之中。从这个意义上来说,鲁迅的精神遗产已融入现代中国文化的精神血脉,是宝贵的精神财富。

鲁迅曾借叔本华的话说:"要估定人的伟大,则精神上的大和体格上的大,那法则完全相反。后者距离愈远即愈小,前者却见得愈大。"[29]的确,作为现代中国一位具有深刻思想性和独特精神风采的作家,鲁迅显示出了他的思想、精神和人格的伟大,他留下的遗产也都充分地证明和展示出了这一点。不论是从法律保护的角度,还是从文化传承的角度,鲁迅的遗产在中国文化史、思想史和文学史上享有崇高地位,值得永远的珍惜、保存、深入研究和发扬光大。郁达夫曾说:"没有伟大的人物出现的民族,是世界上最可怜的生物之群;有了伟大的人物,而不知拥护、爱戴、崇仰的国家,是没有希望的奴隶之邦。"[30]鲁迅的遗产蕴含着中华民族特有的思想智慧和精神价值,展现出了现代中国、现代中国文化发展与整个世界文明发展主流的必然联系,表明具有悠久历史和文化传统的中华民族决心摆脱奴役,迈向现代文明,建构新的文化,实现精神自由和超越的渴望和信念。

本文为2019年度国家社会科学基金重大课题"鲁迅的文化选择对百年中国新文学的影响研究"(项目批准号:19ZDA267)阶段性成果。

注释

[1][9][13][14][16][17][21]鲁迅:《文化偏至论》,《鲁迅全集》第一卷,人民文学出版社1981年版(下同),第56—57页、第56页、第49—55页、第56页、第46页、第51—54页、第49页。

[2]北京鲁迅博物馆官网,http://www.luxunmuseum.com.cn/gaikuang/bowuguanjieshao/。

[3][19]鲁迅:《呐喊·自序》,《鲁迅全集》第一卷,第418页、第417页。

[4]郁达夫:《回忆鲁迅》,上海文化出版社2006年版,第3页。

[5]1933年4月11日以内山书店职员的名义携许广平及儿子海婴迁入,1936年10月19日清晨5时25分在这里逝世。

[6]鲁迅:《社戏》,《鲁迅全集》第一卷,第562页。

[7]鲁迅:《琐记》,《鲁迅全集》第二卷,第295—296页。

[8][23][26]鲁迅:《写在〈坟〉后面》,《鲁迅全集》第一卷,第282页、第284页、第284页。

[10][12]鲁迅:《灯下漫笔》,《鲁迅全集》第一卷,第213—217页、第215页。

[11]鲁迅:《热风·三十六》,《鲁迅全集》第一卷,第307页。

[15][18]鲁迅:《破恶声论》,《鲁迅全集》第八卷,第27页、第25页。

[20]鲁迅:《两地书·十七》,《鲁迅全集》第十一卷,第63页。

[22]鲁迅:《影的告别》,《鲁迅全集》第二卷,第165—166页。

[24]他曾借匈牙利诗人裴多菲的诗句"绝望之为虚妄,正与希望相同",表达了对"希望"的认识。参见:鲁迅《希望》,《鲁迅全集》第二卷,第

178页。
[25] 鲁迅:《过客》,《鲁迅全集》第二卷,第191页。
[27] 鲁迅:《240924致李秉中》,《鲁迅全集》第十一卷,第431页。
[28] 鲁迅:《我们现在怎样做父亲》,《鲁迅全集》第一卷,第130页。
[29] 鲁迅:《战士和苍蝇》,《鲁迅全集》第三卷,第38页。
[30] 郁达夫:《怀鲁迅》,《郁达夫全集》第3卷,浙江大学出版社2007年版,第289页。

做"傻子"不做"巧人"
——鲁迅"巧人"文化批判对大学生"学以成人"的启示

靳新来　程　夏

引言

"傻逼"在当今使用频率之高,足以替代"他妈的"而成为新时代"国骂"了吧,当"傻逼"帽子满天飞指不定会落在谁头上时,可以想见该有多少人是以"聪明人""巧人"自居啊,说现在是一个"巧人"文化大行其道的时代,恐怕并不为过。鲁迅曾对友人感慨:"我真觉得不是巧人,在中国是很难存活的。"[1]可见"巧人"文化之盛。所谓"巧人",指的是善于投机取巧、沽名渔利之辈,鲁迅又称之为"聪明人""乖角儿""伶俐人"。对他们鲁迅厌恶之至,多次在作品中讽刺批判:《药》中的夏三爷告发了搞革命的亲侄子,既免了满门抄斩之厄运,还赚了大把赏钱,被人称为"乖角儿",《风波》里赵七爷听说"皇帝坐了龙庭"就晃着长辫,而风波一过又盘起来了……。文章中最有名的当属那篇《聪明人和傻子和奴才》,"聪明人"形象着墨不多却活灵活现,还有《二丑艺术》借一种戏曲角色纵论"巧人"混世之术。至于那些论及"巧人"的篇章更不在少数。

鲁迅那么关注"巧人",实在是因为中国盛产"巧人"。鲁迅在《二丑艺术》中所说:"世间只要有权门,一定有恶势力,有恶势力,就一定有二花脸,而且有二花脸艺术。"[2] 中国皇权专制制度自秦代确立后历久不变,缺少宗教信仰的国人,唯利是图、投机取巧者不在少数,一批批夤缘钻刺的"巧人"便应运而生,历代繁衍不绝,以读书人居多。当代社会中,也不乏利益诱惑,"巧人"辈出而殃及高校。前年秋季,一张成都航空职业技术学院的学生社团QQ群聊天截图,惊爆舆论:学生会一名"试用干事"称学生会主席杨某为"学长",本来同学之间这种称呼再正常不过了,不料竟遭管理员斥责:"杨主席是你们直接@的?现在你是在叫学长?我不想看见第二次。"并爆粗口:"他妈自己有点数。"另一位管理员及时出面帮腔。看起来,社会上抱大腿、混圈子的一贯伎俩和巧术已被这些大学生玩熟了,他们深知沾得了权力,则有更多机会捞取混世资本,这比起埋头读书来实在是"巧"多了。殊不知好处攫取越多,精神损失越大,在做人的迷途越滑越远。鲁迅一生致力于"立人",关于做人方面的见解在现代最为深刻透辟,而人之不成为人的林林总总,他也异常敏感和关注,"巧人"即是其中之一。与此相对,他高度赞扬"傻子"。在《聪明人和傻子和奴才》一文中他将"傻子"与"聪明人"对举比照,一褒一贬,旗帜鲜明。后来他更是明言:"世界却正由愚人造成,聪明人决不能支持世界,尤其是中国的聪明人。"[3] 大学生"巧人"尚未走向社会,却已习得一身俗气,实在过于"聪明"和"滑巧",需要用"傻气"好好冲击一下。

一、勿"巧"于变　须"傻"于执

"巧人"若要"取巧"则须"投机",而若要"投机"得逞,则须"随机"而"应变",所以"巧人"之"巧"重在"变"。赵秀才、赵七爷头上的辫子忽而盘上,忽而放下,如此变来变去,方显出"巧人"本色。鲁迅斥之为"'圆机活法',善于变化"[4]。当今不少大学生颇擅此道,随波逐流,闻风而动,四面出击,唯恐掉队落伍,哪里热闹哪里就有他们晃动的身影,像极了鲁迅曾经讽刺过的一位当红政客:

"他的忽而教忠,忽而讲孝,忽而拜忏,忽而上坟……其毫无特操者,不过用无聊与无耻,以应付环境的变化而已。"[5]当然,大学生跟昔日政客相比,其所作所为有着本质不同,斥之为"无耻"也许不无过分,但是其"无聊"却是铁定的,而且与政客一样,都善于捕捉风向,随机应变,"以应付环境的变化",二者在此有着惊人一致,无疑都该归属于"巧人"一族。关于这种人的实质,鲁迅一语道穿:"除说是投机之外,实在无可解释。"[6]而其症结所在他也明确做出了诊断:"毫无特操"。那么,什么是"无特操"呢?鲁迅做过这样的解释:"人而没有'坚信',狐狐疑疑,也许并不是好事情,因为这也就是所谓'无特操'。"[7]所以,当代大学生要与"巧人"划清界限,不被形势环境所左右而流转无常,首要的就是要根除"无特操"之病症,那就须有所"坚信",须执于一念。

然而,信仰确立在中国何其难也,鲁迅的一篇《吃教》将其中的奥秘揭示得再透彻不过了:教,本意味着"坚信",仅关乎灵魂,然而在有些人看来却是可"吃"的,是再感性不过的实利,于是灵魂的东西转化成了物质物欲。所以,鲁迅不无悲哀地感慨:"吃教""这两个字,真是提出了教徒的'精神'"[8]。要说有所"坚信",一些人只"坚信"实利,恰如鲁迅所断言"人人之心,无不泐二大字曰实利"[9],这就是我们的文化"精神",故而才有了鲁迅所鄙视的善变"无特操":"讲革命,彼一时也;讲忠孝,又一时也;跟大拉嘛打圈子,又一时也;造塔藏主义,又一时也。有宜于专吃的时代,则指归应定于一尊,有宜合吃的时代,则诸教亦本非异致,不过一碟是全鸭,一碟是杂拌儿而已。"[10]变来变去,无非为了利,信仰缺失,无所"坚信",生命就沦为没有灵魂的躯壳、没有根柢的浮萍,只会在滔滔浊世中流转浮沉,不能自主。也难怪有那么多大学生成为闻风而动的"巧人"了,信仰缺失带来的心灵虚空,如果还不至于混天磨日,也就只好以追名逐利来填补了。这几年校园网贷诈骗案、大学生传销案等屡有发生,足以昭示出大学生理想信念教育的严峻性和紧迫性。

鲁迅说:"人心必有所冯依,非信无以立"。[11]信仰对于大学生来说更是不可或缺,因为这不单关乎他们个人的"立",更关乎未来中国的"立"。但是信仰确立绝非朝夕之功,青年大学生"三观"还在形成之中,往往还需要走向社会后的一番风雨洗礼。就大部分学生来说,"信"未立,暂可代以"本分"。大学生本分没有别的,无非是谋道做人、"学以成人",而不是谋食逐利、"学以成器"("君子不器"之"器")。朝着这一目标和方向努力,心无旁骛,自然会坚守一隅,埋头实干,如此才是大学之正途。大学生是应该有社会责任担当,但读书阶段恐怕更需要强学修身,否则所谓的责任将来又从何落实?大学计划里的一门门课程、一项项活动,一般说来都是科学设定、疏密相宜,能够在规定时间内完成这些任务,实属不易,何况还要为自己的个性爱好发展留有空间。如此随着教学计划的节奏一路走下来,实实在在不注水不掺假,时间应该相当紧张,哪还有余暇跟风趋势呢?所以,对于大学生来说,最好的责任担当莫过于守住自己学生的本分,专心笃学。这比起那种左右逢源的做派来,的确有些傻里傻气。但是,大学生需要这样的"傻",需要"傻"于执念,如此才能够抵御住世俗的种种名利诱惑,安妥自己的内心,将生命牢牢地把控在自己手中,而不是在"巧"于变的纷繁轮转中,在追风逐潮的喧嚣躁动中渐渐迷失自我。对大学生来说,"本分"不单可以暂时弥补"信"的缺失,安稳住当下灵魂而不至于沦为"巧人",更可以孕育孵化出"信"而"有所冯依",解决安身立命的根本问题而逐渐成长为一个真正的人。恰如鲁迅所言"倘其不安物质之生活,则自必有形上之需求"[12],既然不染世俗尘埃,不笼物欲阴霾,那么,风轻云淡之间信仰的太阳自然会冉冉升起。

鲁迅曾经这样宣言:"我自己,是什么也不怕的,生命是我自己的东西,所以我不妨大步走去,向着我自以为可以走去的路;即使前面是深渊,荆棘,狭谷,火坑,都由我自己负责。"[13]关键是"生命是我自己的东西",记住了这一点我们大学生就不会轻易将自己的生命让渡给身外的时尚风潮,争先恐后加入社会的大合唱,而是守心执一,一往无前。这样不跟风扎堆,不左顾右盼,对谁都是一种巨大考验,即使伟大如鲁迅者,当年也有充分的考量和准备:"即使前面是深渊,荆棘,狭谷,火坑,都由我自己负责。"明明大家一哄而上的光明大道弃之不顾,偏偏一意孤行去选择一条危机四伏又前途莫测的单行道,如此不合时宜,自找苦吃,这在许多人看来不就是"傻"吗?鲁迅自有主张:"猛兽是单独的,牛羊则结队"。[14]大学生"学以成人",不在"结队"中模糊了自我面目,而要活出自己,强大自我,就必须"傻"于执念,傻则傻矣,难则难矣,大学生却能由此成就自我,笑傲人生。

二、勿"巧"于言 须"傻"于行

孔子说:"巧言令色鲜矣仁","巧人"之"巧"历来"巧"于言。这不奇怪,既为"巧人",自然不会老实本分,埋头苦干,但又要出人头地,人前显贵,那么最好的办法就是耍嘴皮子:花言巧语可以粉饰自我,甜言蜜语可以讨好权贵,豪言壮语可以蒙人唬人,谎言大话可以欺世盗名⋯⋯凡此种种,妙在一个"巧"字:免了躬行践履的劳辛,却将各种好处尽收囊中,得来全不费工夫,何其"巧"也!不是吗?《聪明人和傻子和奴才》一文中,那个人面对奴才悲戚戚的哭诉而无动于衷,仅以几句空话来敷衍,就赚得了奴才的感激,多么聪明讨巧啊,难怪鲁迅将这种人称为"聪明人",而与之相对的"傻子"呢?却激于义愤,奋起行动。不难看出,"聪明人"与"傻子"的区别在于一个"行"字。言而不行,是"聪明人""巧人"的通病。这病如今在中国高校蔓延开来了,患者有了一个新名字叫"积极废人"。有媒体指出:"积极废人最大的特点是:口头上积极乐观,行动力却永远跟不上;制定过无数美好计划,能坚持下来的却屈指可数。"[15]正点出了这种人的痛点——言行错位。由此想起了鲁迅曾经批评过的某些青年作家:"大吹大擂地挂起招牌来,孪生了开张和倒闭"[16],为何这么悲剧?原因就在于行不逮言:"我们能听到某人在提倡某主义……而从未见某主义的一篇作品"。[17]这差不多就是当今"积极废人"的绝妙活写真。由此看来,没有响当当的行动,没有硬邦邦的成果,任你多高调多炫目,到头来都是一场空。摆脱这一尴尬,走出这一困境,其实最简单不过了,那就是"行动",有言实行,这就是鲁迅的自我要求:"想定之后,就结束道:就是这样罢——但要赶快做。"[18]好一个"要赶快做"!平平常常,恰是疗救"积极废人"患者的一剂良药。

但是,"要赶快做"就免不了几分傻气,与大学生的心思和行为颇不合拍。就像鲁迅笔下的那个"傻子"说干就干,甩开膀子砸墙,没成功反被打,落了个"强盗"的恶名,这种出力不讨好的"傻逼"之事,大学生中没有谁不清楚,没有谁会去做。然而,就是这个不被人待见的"傻子"却赢得鲁迅的赞佩。他是有些简单,有些鲁莽,但重要的是他雷厉风行,敢做敢当,从中透露出来的热情和锐气,不正是我们大学生所欠缺的吗?鲁迅就曾经呼吁:"仰慕往古的,回往古去罢!想出世的,快出世罢!想上天的,快上天罢!灵魂要离开肉体的,赶快离开罢!现在的地上,应该是执着现在,执着地上的人们居住的。"[19]而"执着现在,执着地上"就意味着行动,萨特说得好:"对我来说,除行动外,无所谓现实。"[20]大学生若不负青春韶华,别无选择,只有行动起来"赶快做",勿犹疑,勿彷徨,少些"巧",多些"傻"。

条件不足仍不管不顾"赶快做",就是这么一种"傻"。想当年革命作家初出茅庐而遭责难,鲁迅挺身而出为之辩护:"只要不完全,有缺陷,就不行。但现在的人,的事,那里会有十分完全,并无缺陷的呢,为万全计,就只好毫不动弹。然而这毫不动弹,却也就是一个大错。"[21]他尖锐揭示"酷评"的实质:"这言论,初看固然是很正当,彻底似的,然而这是不可能的难题,是空洞的高谈,是毒害革命的甜药。"[22]可见,"巧"于言则不利于行,"空洞的高谈"看起来"很正当,彻底似的",恰恰是毒害行动的"甜药",人中其毒则挫了锋芒,日渐萎靡,还谈何"傻"于行?又怎不会变成"废人"?若要"傻"于行,须力戒"巧"于言,一旦认定目标,就要摈弃"空洞的高论",无所顾忌地"赶快做"。在这方面,翻译家鲁迅为我们做出了表率。在外文版本、翻译人才等条件有限情况下,鲁迅放手"硬译""重译",面对攻讦和嘲讽他解释说:"自然,世间总会有较好的翻译者,能够译成既不曲,也不'硬'或'死'的文章的,那时我的译本当然就被淘汰,我就只要来填这从'无有'到'较好'的空间罢了。"[23]一向幽默的他还这样自嘲:"只因别无译本,所以姑且在空地里称雄。"[24]显然,鲁迅不是不清楚自己译本的缺陷,也深知这样做的风险——"暂时之间,恐怕还只好任人笑骂"[25]——却依然我行我素,只不过是为了充当一位从"无有"到"较好"之间的过渡者、马前卒,还有比这更"傻"的吗?鲁迅知"傻"犯"傻",为成大事,不恤小耻,有力回击了那些夸夸其谈的"巧人",也向我们昭示了这样一个道理:要有所作为,勿"巧"于言,须"傻"于行。

"现在的青年最要紧的是'行',不是'言'。"[26]百年前鲁迅的这一忠告好像就是直接针对当今大学生的,"积极废人"们应该将"积极"的重心由"言"转移到"行"上来,这不单关乎事业成败,而且关乎人格成长。青年大学生应该有清醒认识和危机感,像鲁迅所要求和示范的那样"赶紧干","埋头苦干","拼命硬干",这样在"傻"于行之中不断成长,抛掉"巧人""废人"的帽子,成为一个真正的人。

三、勿"巧"于名　须"傻"于实

"巧"于变,必"巧"于名,如此则出师有名;"巧"于言,亦必

"巧"于名,如此则名正言顺。无怪乎鲁迅说:"中国人总只喜欢一个'名'"[27],这也算是"巧人"大国的一大特色。可以说,凡"巧人"无一不看重"名"。

鲁迅痛感中国人的伪诈,也一直反对崇名文化,他指出:"好名目当然也好得很。只可惜美名未必一定包着美德。"[28]一语道出"好名目"的虚妄。这种"名"五花八门,四下麇集一处即构成所谓"无物之阵":"那些头上有各种旗帜,绣出各样好名称:慈善家,学者,文士,长者,青年,雅人,君子……。头下有各样外套,绣出各式好花样:学问,道德,国粹,民意,逻辑,公义,东方文明……"[29]。这些"好名称""好花样"哪一个不光鲜炫目,让人艳羡垂涎?而戳破真相,实在不堪:"然而只有一件外套,其中无物。"这有名无实的空外套,在鲁迅看来,却是敌人"杀人不见血的武器""无物之阵"[30],可以麻痹人的战斗意志,消解人的生命活力。对此,鲁迅异常警惕,坚决拒斥,甚至于发出"逃名"[31]的宣言。没想到,当年鲁迅弃之如敝屣的东西,如今一些大学生却视为至宝,争相揽入怀抱。热衷于这些"名",深陷"无物之阵"而不能自拔,势必失却一名青年人应有的昂扬向上的朝气、坦荡真纯的心地、诚朴敦厚的情怀和脚踏实地的作风,在做人的迷途上越滑越远,由不学无术终至于不学无"人"。

大学生无论学习还是校园活动,无论学生工作还是社会实践,弃"名"求"实"才是正道,这也是鲁迅一贯倡导并践行的精神,他宣称:"我对于名声,地位,什么都不要"[32]。对乃兄颇有微词的周作人也老实承认:鲁迅"他做事全不为名誉"[33],他编纂的《会稽郡故书杂集》,周作人仅仅帮着查过一点资料,但是付印时他却提议署了周作人的名。《怀旧》毕竟是鲁迅开始小说创作的尝试,乃标记性作品,却是以周作人笔名发表的。二十多年后周作人才发表声明交待清楚,他同时还感慨:"这是求学问弄艺术的最高态度"[34]，这其实不也是做人的最高境界吗？当代大学生在做人方面实在应该向鲁迅看齐，领略和学习一下这种"傻气"，洗刷一下身上的俗气、官气、市井气，增加一些逸气、文气、书卷气，争做"傻子"，耻做"巧人"。

果真有了鲁迅这种弃"名"的傻气，哪怕染得几分，也就不愁没有求"实"的锐气了。而对于独立行事肇始的大学生来说，真正的求"实"，莫过于从实际出发，从点滴做起。鲁迅曾寄语青年："能做事的做事，能发声的发声。有一分热，发一分光，就令萤火一般，也可以在黑暗里发一点光，不必等候炬火。"[35]鼓动之中有勉励：青年人不能因自己的光热微弱"萤火一般"而无所作为，应从小事做起。道理浅显，但是知易行难，原因不外乎青年人爱做梦，图虚名。就说当下大学生创业吧，当然应该积极肯定，但是也有不少学生不管不顾，赤膊上阵，最终铩羽而归[36]。固然我们不能以成败论英雄，也不能说这些学生一无所获，但因此贻误了强学固本的时机很难弥补，而心灵受伤一旦对世道人心失去信心，则有可能终生不可修复。这些绝非杞忧多虑，而是俞敏洪、雷军、丁磊等商界大咖的忠告，他们都高调反对大学生创业。但是，为什么还有那么多大学生置若罔闻，盲目出击？主观原因恐怕是慕"创业"之名，取其"巧"而圆成功梦、发财梦吧。鲁迅深知青年人的性格弱点，他不仅忠告，而且说理："志愿愈大，希望愈高，可以致力之处就愈少，可以自解之处也愈多。"[37]这难道不是当今大学生创业失败的症结所在吗？所以大学生崇实黜虚，如果不至于沦为空话，还需要点"傻气"，甘于做小事。这在鲁迅看来也许更难，他在一次演讲中对青年人说："天下事尽有小作为比大作为更烦难的。譬如现在似的冬天，我们只有这一件棉袄，然而必须救助一个将要冻死的苦人，否则便须坐在菩提树下冥想普度一切人类的方法去。普度一切人类和救活一人，大小实在相去太远了，然而倘叫我挑选，我就立刻到菩提树下去坐着，因为免得脱下唯一的棉袄来冻杀自己。"[38]幽默中不难看出鲁迅鲜明的态度：倡导"傻"于实,鄙视"巧"于名。对于大学生来说,计划里的各门课程和活动,都需要一一应对完成,实干才见成效,苦战方能过关,虽也苦中有乐,但是教室、考场、实验室,毕竟没有花前月下的浪漫和轻盈。如此黏滞于"小作为"的实干,全没有什么"好名字"的光环,如此幽暗处"发一点光",全没有"炬火"的炫目,平平常常、零零碎碎,这大概会被那些一心干大事成名的"巧人"大学生所不屑吧,这在他们看来或许是货真价实的"傻"吧。但是学业的修习、能力的提升、人格的铸炼不就是在这种"傻"中完成的吗？如此沉淀下来的可都是实实在在的硬东西。大学需要这种"傻",需要这种"实"。

马克思说："物的名称对于物的本性来说完全是外在的。"[39]再好的名誉对一个人来说都不过是身外之物,如果没有实在过硬的内涵支撑终是虚空苴弱,金玉其外,败絮其中。大学生崇名求名,处心积虑地"巧"于名而荒疏了励精强学、培基固本的职分,其实是舍本逐末,得不偿失。来日顶了一个个"好名称"的冠冕走向社会,却没有相称的真才实学,只会滥竽充数,害己害人。这种人法国作家蒙田曾嘲笑为："饿汉不去弄一顿好餐而追求一件美衣,不免头脑过于简单"[40]。因为在他看来："我们都很空虚疏浅,这不是用妄言妄语所能弥补的；我们应该用更实在的东西修身养性。"[41]大学生千万不要成为这种头脑简单而本末倒置的"饿汉",意识到自己才疏学浅,就要奋发图强,充实自我,而不可图慕虚名,装模作样。但是,做是做了,如若急于求成,忍不住好大喜功,则又会不经意之中流入浮泛,仍未摆脱虚名的拘牵。所以,真正的求真务实,彻底"逃名",说到底还是要回归小事,甘于寂寞。这在喧嚣的时代绝非易事,非有几分"傻气"不可。这样看来,鲁迅无论是赞赏"傻子",还是倡导"小作为",都抓住了问题要害,切中肯綮,富有智慧。其实二者乃一体两面,鲁迅不是说过"世界却正由愚人造成的"吗？他还说："巨大的建筑,总是一木一石叠起来的,我们何妨做做这一木一石呢？我时常做些另碎事,就是为此。"[42]毫无疑问,这"巨大的建筑"的建设者须甘于"做些另碎事",当然是"愚人""傻子"了。只有"傻子"才会心无旁骛地黏滞于"小作为"的实干,而心中全然没有"好名称"的念想。中国需要这种"傻",需要这种"实"。而作为中国未来主人的大学生应该耻做空顶一个个"好名称"的"巧人",争当实践一项项"小作为"的"傻子"。

结语

鲁迅接触最多的是文学青年,但给他的总体印象是"希奇古怪的居多"[43],不过,他从来没有对青年人失去信心,而是一贯热情关心和扶持他们的成长。青年人在成长过程中难免存在各种各样的问题,自然也会出现分化。"巧人"青年当时不乏其人,当代也并不鲜见,鲁迅所致力的"立人"事业,注定任重而道远。而在青年人乃至全体国民"立人""成己"方面,大学生理应当仁不让,冲锋在前,自觉警惕和抵制各种非人的、害人的文化,"巧人"文化即是其中之一。对于这种文化鲁迅尽力批判,同时热情赞美"傻子",更是身体力行充当"傻子",他曾经自语："中国多几个象我一样的傻子就好了。""有一百个中国就不是这样了。"[44]毫无疑问,中国的希望正在于"傻子",正在于像鲁迅一样的"傻子"！当代大学生在"学以成人"的征途上万不可忽略和错过鲁迅这位精神界战士、这位青年人的良师益友,应该聆听其嘉言,追慕其懿行,耻做"巧人",争做"傻子"：勿"巧"于变,须"傻"于执,从急功近利、随波逐流的浮躁中走出来,在勤学笃行中恪守学子本分,在心澄神明中确立人生信仰；勿"巧"于言,须"傻"于行,从好高骛远、夸夸其谈的虚浮中走出来,在埋头苦干中领略人生真谛,在拼命硬干中彰显自我价值；勿"巧"于名,须"傻"于实,从图慕虚名、华而不实的妄诞中走出来,在寂寞沉潜中磨砺精神人格,在深耕细耘中成就自我人生。如此这般,耻于作"巧",乐于为"傻";力戒其"巧",厉行其"傻",越来越多的学子能够正其心而"有所冯依",能够敏于行而"赶快做",能够作于细而"发一点光",那么,鲁迅百年前树立的"立人"目标才不至于落空,他所赞美的"中国的脊梁"才会茁壮成长无穷已。

大学生啊,要做"傻子",不做"巧人"。

本文为南通大学大学生创新实践项目"新文科背景下的鲁迅与当代大学生全人教育"(项目号:2021005)阶段性成果。

注释

[1] 鲁迅:《360423 致曹靖华》,《鲁迅全集》第十三卷,人民文学出版社1981年版(下同),第362页。
[2] 鲁迅:《二丑艺术》,《鲁迅全集》第五卷,第198页。
[3] 鲁迅:《写在〈坟〉后面》,《鲁迅全集》第一卷,第286页。
[4] 鲁迅:《说"面子"》,《鲁迅全集》第六卷,第182页。
[5][6] 鲁迅:《340424 致杨霁云》,《鲁迅全集》第十二卷,第394页。
[7] 鲁迅:《运命》,《鲁迅全集》第六卷,第131页。
[8][10] 鲁迅:《吃教》,《鲁迅全集》第五卷,第310页、第311页。
[9] 鲁迅:《摩罗诗力说》,《鲁迅全集》第一卷,第69页。
[11][12] 鲁迅:《破恶声论》,《鲁迅全集》第八卷,第29页、第30页。
[13] 鲁迅:《北京通信》,《鲁迅全集》第三卷,第54页。
[14] 鲁迅:《春末闲谈》,《鲁迅全集》第一卷,第205页。
[15]《这三种思维,正在让你变成"积极废人"》,凤凰网2018年5月24日。
[16][17] 鲁迅:《〈奔流〉编校后记》,《鲁迅全集》第七卷,第186页。
[18] 鲁迅:《死》,《鲁迅全集》第六卷,第610页。
[19] 鲁迅:《杂感》,《鲁迅全集》第三卷,第49页。
[20] [法]萨特:《存在主义是一种人道主义》,上海译文出版社1988年版,第48页。

[21][22] 鲁迅:《非革命的急进革命论者》,《鲁迅全集》第四卷,第228页、第226页。

[23][25] 鲁迅:《"硬译"与文学的阶级性》,《鲁迅全集》第四卷,第210页、第211页。

[24] 鲁迅:《〈俄罗斯的童话〉小引》,《鲁迅全集》第十卷,第400页。

[26] 鲁迅:《青年必读书》,《鲁迅全集》第三卷,第12页。

[27] 鲁迅:《340422致姚克》,《鲁迅全集》第十二卷,第392页。

[28] 鲁迅:《四论"文人相轻"》,《鲁迅全集》第六卷,第377页。

[29][30] 鲁迅:《这样的战士》,《鲁迅全集》第二卷,第214页。

[31] 鲁迅:《逃名》,《鲁迅全集》第六卷,第396页。

[32] 鲁迅:《两地书·一一二》,《鲁迅全集》第十一卷,第274页。

[33][34] 周作人:《鲁迅的青年时代》,江苏人民出版社2018年版,第121页。

[35] 鲁迅:《随感录四十一》,《鲁迅全集》第一卷,第123页。

[36] 据中国人民大学发布的《2019年大学生创业报告》称:中国大学生的创业意愿持续高涨,26%的在校大学生有强烈或较强的创业意愿,相比去年又有明显提升。但是创业成功率仅为3%。另有调查数据显示,2017年在创业条件优越的上海市浦东新区临港大学城,该区几所高校的大学生自主创业率高达35%,但是成功率不足2%。详见贾琪等《大学生创业现状问题与解决:以上海市临港大学城为例》,《江苏商论》2018,第2期。

[37] 鲁迅:《叶永蓁作〈小小十年〉小引》,《鲁迅全集》第四卷,第146页。

[38] 鲁迅:《娜拉走后怎样》,《鲁迅全集》第一卷,第161页。

[39] 马克思:《资本论》(1卷),人民出版社1975年版,第119页。

[40][41] [法]蒙田:《蒙田随笔全集》(2卷),马振聘译,上海书店出版社2009年版,第279页。

[42] 鲁迅:《350629致赖少麟》,《鲁迅全集》第十三卷,第162页。

[43] 鲁迅:《330618致曹聚仁》,《鲁迅全集》第十二卷,第184页。

[44] 许广平:《鲁迅的写作和生活》,上海文化出版社2006年版,第161页。

鲁迅与中国文化的现代复兴

蔡洞峰　殷洋宝

毫无疑问,鲁迅是现代中国的一个显赫存在,作为"民族魂",其人其文与现代中国历史、思想文化等有着广泛的交集,深度参与了中国现代转型,开启了文学与家国命运相连的新文学传统,启示中国现代文艺发展和复兴路径。以鲁迅为代表的现代文化外在表现为"反传统",但在其表象下,在其文学批判话语中发现鲁迅意在改造传统文化中不适应现代社会的旧的遗存,重新激活传统文化中的优秀因子,再造文明。

因此,从鲁迅及其文学实践来看他打开了一个文学介入大时代的序曲,五四新文化运动何以再造文明?针对这些问题,本论文以鲁迅为研究对象,分析鲁迅文学思想及意涵,探讨其对五四新文化运动、以及中国文化现代复兴的深刻影响。

一

鲁迅生活的时代,适逢中华民族处于全面危机和现代转型时期,中华文明遭到西方文明的挑战,不同于以往的内部转型,这次是在全新的文化背景下东西文明的直接对接冲撞,说到底,此时中国面临着现代转型的危机是传统文化与现代文明冲突下的危机。鲁迅将其看作"可以由此得生,而也可以由此得死"的"大时代"。[1]救亡图存是这个时代有识之士共同思考的问题。早在日本留学时期,青年鲁迅确立以文学作为自己的志业,以拯救处于危机中的中国,早年系列文言论文对中国危机及其出路提出了颇具特色的解决方案和理路,也体现鲁迅文学思想的核心观念之端倪。

在晚清时期,各种救亡图存方案的提出,意在复兴中华文明。不同于洋务派和立宪派强调物质层面和制度层面,青年周树人关注的是国人的精神层面,弃医从文的深层动机是通过"诗"来改变国人的精神,在以改变国人精神为旨归的文学"立人"想象中,周氏兄弟希望借助文学,将其作为精神领地,引领国人"心声"的共鸣,通过翻译《域外小说集》,选取的作品大都是俄国、东北欧等弱小民族的文学作品,认为这些作品反映了被压迫者的呻吟、呐喊与反抗:"尤其是俄国,波兰和巴尔干诸小国的,才明白了世界上也有这许多和我们的劳苦大众同一运命的人,而有些作家正在为此而呼号,而战斗。"[2]鲁迅希望借助东南欧和俄国文艺作品的翻译,为中国引入异邦新声,涤除传统文化对国人精神的桎梏,打破心造的"太平""不撄"幻影。同时,这些域外小说契合了鲁迅所倾心的文学—精神—救亡的思路,小说内容所展示的是全新的精神存在,所揭示的是19世纪西方文学所蕴含的丰富的精神世界和人性世界。在传统中国面临现代转型的复杂环境下,鲁迅希望通过译介这类文学作品来激活国人精神,改造中国的语言,借助新声促发"心声"的文学确立,以实现立人和启蒙理想。

就文化形态而言,中国传统文化已不能为民族的新生提供有价值的思想和精神资源,必须要借助一种新的文化参照来对传统文化进行创造性转化,此时西方的文化资源进入鲁迅的视野,以尼采为代表的主观主义以及赋予精神感染力的摩罗诗派契合了鲁迅振发国民精神的"立人"方案,鲁迅称其为"新神思宗",作为拯救中国人精神和灵魂的资源,使终日沉溺于"私欲"的国民能够振拔警醒。

"诗力""精神"与"立人"的内在关联,是鲁迅终其一生的思想基点和实现中国现代转型的关键。早期鲁迅推崇个性主义和摩罗诗人,有研究者认为"'摩罗诗派'追逐的个性解放是一己之力的呐喊,依靠灵魂的高贵和独立来涤荡社会的平庸和腐朽。"[3]鲁迅无疑是借助摩罗诗人抗天拒俗的个性精神支撑起再造文明的关键。

中华民族现代转型之大革命与个人"弃医从文"小革命的交织,将鲁迅卷入救亡图存时代大潮。但是其间"立人"与"兴国"理想的实践,被当时风起云涌的革命思潮和呼声所遮蔽,无任何回声,这样的境遇使其认识到"我决不是一个振臂一呼应者云集的英雄。"[4]早年精英意识的破灭和荒原感导致青年周树人近十年的沉默与绝望,竹内好将这个时期称为"回心":"鲁迅是否在这沉默中抓到了对他的一生来说都具有决定意义,可以叫做'回心'的那种东西。我想象不出鲁迅的骨骼会在别的时期里形成。"[5]所谓黑暗,大概就是指鲁迅内心的失败感和绝望感吧,即竹内好所谓的"回心"的时期。可以说,十年隐没也是周树人成为鲁迅的一个契机,以《新青年》为中介,五四时期鲁迅以"精神"和"诗"的"立人"救亡方案,呼应新文化运动思想革命与文学革命,延续了日本时期的文学理念。"铁屋子"的危机感和"罪"的自觉,取代了日本时期呼唤超人的精英立场。终其一生,鲁迅坚持国民性批判立场至死不渝。在"吃人"的生态未改变之前,始终坚持对仇敌一个也不宽恕的"精神界战士"立场。

二

鲁迅五四时期的新文学创作之路延续了日本时期的文学想象,以进化论和现实的危机感贯穿这一时期的写作,将中国未来的命运与进化论紧紧联系在一起,与早年呼唤"超人"不同,五四时期将中国新生的希望寄托在代表未来的"新青年"身上,发出"救救孩子"的呐喊,而孩子能否得救则取决于国民性的改造,由此将"立人"的实践转换为对国民性的思考。

早在日本时期由于《新生》的破产和随后的十年绝望沉默中对中国时局乱象的洞察,促使其开始反思中国人的国民性问题。在《破恶声论》中,鲁迅对国民性问题就有所洞察,在这篇未完成的文章中,他提出了"个人主义"思想,即"人各有己",则"群之大觉近矣。"[6]与伊藤虎丸强调的"个"的自觉相一致,即鲁迅所说"真的人","自觉"意味着要首先确立人的主体性,"个人只有先'自觉',才能进一步建立其与自我、与他人和社会(群)、与民族国家等等的关系,才能具备诸如思想、诗歌、宗教等有深度的'主观之内面精神'生活的可能性。"[7] "立人"问题是中华民族"生存两间,角逐列国是务"的关键。由立人而立国的救亡方案在五四时期与钱玄同关于"铁屋子"对话中,洞察到铁屋子的形成与难以毁坏的深层原因乃是封建传统文化所造成的国民劣根性。鲁迅五四以后的文学实践确立为将早期"立人"愿景转化为国民性批判主题,通过小说和杂文文章形式,着眼于社会批评和文明批评。鲁迅确立以"立人"为核心的文学实践,开创了为人生和改良人生的新文学传统。

五四时期创作《呐喊》,早期杂文《随感录》,到五四落潮时期创作《彷徨》《野草》,走出绝望的鲁迅直面社会矛盾,直面大时代中自我之价值,将自身的文学行动投入到杂文的创作之中。在鲁迅看来,当时风起云涌的革命"大时代"中,国民性不再是抽象的存在,而是社会与国民表现出来乱象纷呈的现实。文学之于鲁迅而言,是其介入社会、促使其变革的载体和方法,同时文学也是解决自身困境,打破沉默和反抗内心绝望、进行自我疗救的工具。汪卫东将鲁迅的文学实践分为三个时期:日本时期的"文学自觉",之后从文体角度分为"小说自觉"和"杂文自觉"[8],而这种转变恰恰与时代的语境息息相关。

青年鲁迅在日本时期形成的"文学主义"是基于对文学有着独特的认识:文学作为一种精神活动,在改造民魂方面始终有着自在自为的内在规律与行动立场。如果说日本时期"幻灯片事件"促使青年鲁迅"弃医从文",乃标志其"文学自觉"的形成,值得我们追问的是,以"立人"为旨归的文学,即"鲁迅文学",其理想类型是什么,如何来践履"立人"理想?

在以"文学改变国人精神"的志业途中,青年鲁迅首推"摩罗诗人",通过诗人发出"雄声"来唤醒国人的"新生",以文学实现其"立人"方案,可以认为鲁迅理想的文学类型的基点应在此。在日本时期对西方文明和文化历史进行梳理后,鲁迅肯定了欧美之强的原因是"根柢在人",遂将培养独立的精神个体看作是实现"立人"和振兴民族的关键。就文学改变精神的理路而言,鲁迅的文学主义无疑契合了十年后"五四"新文学运动中的文学革命和思想革命:在五四"文学革命"中,以白话文写作为目标的文学运动,与反传统封建思想结合;在"思想革命"中,民主、科学与个性解放相融合并加以提倡。

鲁迅凭借小说文体形式呼应陈独秀、胡适的文学革命和思想革命,并取得了十分显著的"实绩",第一篇白话文小说《狂人日记》,通过"狂人"的视角,批判了封建思想和封建文化的"吃人"本质,充满了与封建思想势不两立的战斗精神。围绕鲁迅五四时期的文学实践,胡风从思想文化的角度谈到《狂人日记》:"是一道鲜血淋漓的战书。它破天荒地第一次宣布了中国数千年的历史是人吃人的历史,判决了封建社会的死刑",并将其与同时期胡适的文章比较:"这《狂人日记》和二十八篇杂文里面所表现的是怎样坚强的战斗思想和猛烈的战斗精神!"[9] 相比胡适、陈独秀五四文学革命时期的《文学改良刍议》《文学革命论》等文章,鲁迅更能深刻地洞察出中国近现代危机的本质,即从精神立场出发,洞察出国人的"沦于私欲"的国人精神状态,对长期的封建统治导致的国人精神的麻木,形成了"精神奴役的创伤",这是当时中国最严重的危机。鲁迅基于其文学主义的立场,希望通过文学来唤醒国人麻木的魂灵。

《狂人日记》呼应了五四新文化运动的反封建传统思想，鲁迅借助狂人之口指出封建社会历史和文化"吃人"本质，将批判的锋芒直指中国封建传统。但是，鲁迅同样将批判的着眼点对准普通民众。伊藤虎丸探讨鲁迅小说生成的原因：一方面，鲁迅幼年与少年时期的家庭变故导致的"基础体验"所具有的"两重性"，即对乡村生活的美好回忆和强烈的憎恶。这种童年的原初体验导致青年鲁迅在日本时接受尼采的影响，对庸众深感厌恶，青年鲁迅在其《文化偏至论》中有所表达："而以愚民为本位，则恶之不殊蛇蝎""彼之讴歌众数，奉若神明者，盖仅见光明一端，他未遍知，因加赞颂，使反而观诸黑暗，当立悟其不然矣。"[10]值得进一步追问的是：来自早期周树人深恶对庸众内面精神存在的奴性对其早期形成的"文学主义"，即"文学自觉"意味着什么？由此伊藤虎丸结合《狂人日记》文本，探讨其"国民性批判"的内在根源："鲁迅提出的问题是，揭示出制造'吃人的社会'的整体构造，比攻击压制者的暴虐更为重要。他把问题的着眼点尤其放在理应推翻这种旧社会的被压迫者的主体性上。"[11]要改变"吃人"的生态，必须要变革旧社会，其主体必须是民众，民众要能够承担变革者的任务，就必须剔除自身精神方面的缺陷，恢复民众的历史主体性地位。这就是鲁迅提出通过文学"改造国民性"的核心主题，鲁迅以"立人"为旨归的文学立场始终没有改变。基于留日时期对国人精神与中华民族现代转型内在关系的洞察，鲁迅决定"弃医从文"，希望借助文学实现其"立人"理想。在日本时期，鲁迅常同朋友探讨三个相关问题：其一，怎样才是最理想的人性？其二，中国国民性中最缺乏的是什么？其三，它的病根何在？[12]此三个问题是鲁迅"立人"方案所要解决的关键，鲁迅的文学基于培养理想的人性以实现建立"人国"目标，通过"国民性"的批判以达到建立"理想的人性"。日本时期的文言论文，青年周树人着力于通过"诗"来激发

"精神"和"意力",借此培养理想的人性,这种信念与青春时期激扬文字的热情与自信性格有着内在关联吧。

十年沉默期对辛亥革命后时局的变幻以及国民劣根性的深刻洞察,对于鲁迅而言是危机意识与批判意识不断警醒与上升的过程,也即是伊藤虎丸认为的达到"个的自觉"的阶段,"鲁迅全部文学的主题思想就是中国人应该成为'真的人'的问题,而真的人的内容就是精神和个性(或个人)。"[13] 鲁迅由沉默而开口时的标志是第一篇白话小说《狂人日记》的发表,揭破了隐藏在几千年封建礼教中"吃人"的秘密。迫切的危机意识使其十年前的中和的文化姿态转变为激进的文化批判立场,《呐喊》和同一时期的《随感录》即是鲁迅十年隐没之后危机意识的总爆发。一方面,对近代中国危机的本质及其根源进行总体性反思和批判,早年时期追求"真的人"(超人)思想情结不时在文中有所表露,为后期的国民性批判埋下伏笔。同时,"站在边缘呐喊几声"的隐藏自己的心态始终没变,在开口的同时倍感虚空与绝望如一根伏线隐藏在文本之中,小说的虚构性可以"提供将危机洞察转化为深刻批判的自由度和总体性要求(概括),同时,又提供了作者隐藏自己的可能"[14]。

十年沉默后的第一次开口,将中国危机的本质及其深层的文化根源通过"格式的特别和表现的深切"表达出来,"救救孩子"的呼声则是从进化论的角度把希望寄托在幼小者的未来。

三

对于鲁迅来说,现实世界的实感会转化为自身的抗争和怀疑精神,追溯日本时期青年鲁迅对科学精神的关注,对笛卡尔和易卜生的"轨道破坏者"的赞赏,弃医从文而形成追求"心声"的文学想象,"所以我们的第一要著,是在改变他们的精神,而善于改变精神的是，我那时以为当然要推文艺，于是想提倡文艺运动了。"[15]语言是存在的家园，也是现代家国想象建构的基础之一。

鲁迅文学在形式上则表现为对语言的革新，早年的文言论文追求古语来表达现代性思想即是对语言革新的最初尝试，通过复古语言来剔除被污染的近代汉语表达新声，激活民魂。作为将文学作为行动的鲁迅而言，"文学者不是要建立一个虚构世界，而是试图通过语言表征出一个真理世界，文学者的革命性不体现于行动，而在于他的真理世界想象对立于现实世界。"[16]弃医从文的深层动机来源于现代民族国家的文学想象，其兴国立人的现代文学思路就体现在日本时期的五篇文言论文中。

《人之历史》借回顾西方"进化之说"形成历史，寻求"超乎群动"人类种族形成的进化根源。《科学史教篇》则是对西方科学发展本根的探求，彰显的是"至人性于全"的科学精神。《文化偏至论》对西方19世纪文明进行考察，凸显其"物质""众数"为代表的文明背后的精神传统，突出"个人""精神"在人类文明发展进程中的价值，将19世纪以尼采为代表的"新神思宗"作为未来文明的价值取向，意在激发国人精神觉醒。《摩罗诗力说》通过"诗"来激发"精神"。《破恶声论》是通过当时诸多"扰攘之声"的批判，凸显"白心"的可贵，将"心声、内曜"作为追求的目标，借此以"心声"为基础的文学观与语言观正式形成，成为早期"文学自觉"的标志。鲁迅感慨当时中国的"寂漠境"，不是无声，而是到处充满"扰攘之声"，但"心声、内曜"之声却不可见，导致"唱者万千，和者亿兆，亦绝不足破人界之荒凉"。[17]无"心"之"声"只能徒添扰攘，对鲁迅而言，"心声"概念强调的是语言表达自我精神，是主体精神的外显，与章太炎的"语言，心思之帜"观念一致。鲁迅在对世界文明史的理解中，将文明与语言联系起来，"言为心声"，真正表达自我的语言是由"心声"发出，"盖人文之留遗后世者，最有力莫如心声。"[18]心声直接关乎个体的精神主体的确立，同时也与国家民族的兴衰直接相关,"人有读古国文化史者,循代而下,至于卷末,必凄以有所觉,如脱春温而入于秋肃,勾萌绝朕,枯槁在前,吾无以名,姑谓之萧条而止。"[19]鲁迅认为,声音消失的原因是主体精神的失落。因此,中华民族的复兴的前提即在于每个人都有自己的精神主体,即"人各有己",只有独立的精神主体形成才能发出"心声",中国才能成为有声的中国。在20世纪20年代末《无声的中国》演讲中,他对世界古老民族的衰亡失声有着清醒的认识,号召青年们"说些较真的话,发些较真的声音",表达自己的"心声",将"中国变成一个有声的中国。"[20]

鲁迅对"心声"的强调体现在其早期思想中的语言文学观中,即以"立人"为中心的文学想象:兴国必先立人,而立人的关键在于个人形成自己的精神主体,这样才能发出"心声",心声最直接的表达是"诗",即文学。通过对文章价值的梳理,进而发现文学的真正价值和功用在于"涵养人之神思"。[21]在鲁迅看来,真正的文学在于能够唤醒人的主体意识,是对"心声"的召唤。

鲁迅将发出"心声"的文学作为"立人"实践,通过寻求"新声"获得精神启蒙的现代性资源,所谓"新声之别,不可究详;至力足以振人,且语之较有深趣者,实莫如摩罗诗派。"[22]由"心声"的发出而指向"新声",鲁迅文学究其实质而言是寻求能呈现现代内质精神的载体,从一开始,鲁迅并不在乎"新声"的表达是文言还是白话,在日本时期的文言论文和《域外小说集》的翻译用的都是文言,对于留日时期的鲁迅而言,在传统的文言语言之中表达现代精神,是在固有的文言书写中寻求新的突破,受章太炎的影响,取法魏晋文章,抛弃桐城遗风,创造一种新的文言进行新声与心声的表达。汪晖在对《破恶声论》的解读中认为古文论者将古文当作古代的口语,白话论者将白话视为今人的口语,两者都将语言与内心的关系看作语言革新之关键,鲁迅不从白话的角度追求语言的变革,而是力图恢复古文,与宋以后日渐僵化的文言对抗,应该是受到章太炎国粹主义影响。[23]并且,在传达现代精神方面,作为书面语的文言更能置入新的精神,成为载道的工具。周氏兄弟对《域外小说集》的译介,"异域文术新宗,自此始入华土"[24],域外小说的新语言形式影响了鲁迅的文言翻译语体,以"弃医从文"为契机,以古文来承载西方现代精神的实践,但也遇到文言书写自身的局限性,加之《新生》杂志的破产,导致其"十年隐没",中止了以文言文作为文学立人的探索。加入《新青年》后,通过五四的文学革命和白话文运动,鲁迅坚定地支持白话文运动。可以说,鲁迅的白话文立场是在五四时期最终确立的。

从早年《摩罗诗力说》中寄希望"精神界战士"发出"心声",激发民众的"诗心",到20世纪20年代中期强调培养天才的"泥土"出现,以及强调民众自己发声,从而将"无声的中国"变为"有声的中国",《新青年》时期由"听将令"的"曲笔"而转向直面现实的杂文创作,都体现了鲁迅后期思想中的民众意识的觉醒。这一切都促使鲁迅将白话文与文学联系起来,成为改造社会与人生的工具,促成20世纪中国文学的现实主义品格,同时,借助翻译域外文学引入"新声",将其作为资源来激活现代白话的生成。

当文学语言和精神的建构从精英走向大众时,现实性成为其彰显的文学旨归。五四时期,尽管鲁迅怀疑启蒙的有效性,即"铁屋子"能否被摧毁的问题,但始终抱着日本时期通过文学改变国人精神的愿景,希望借助文学进行思想启蒙,鲁迅文学始终将"文艺"与"国民精神"联系在一起,生长出适应现代中国文学的新质,为文学介入社会和改造社会开拓出一条现代中国文艺复兴之新路。在鲁迅看来,小说的作用"必须是'为人生',而且要改良这人生。"[25]将"小说"称为"闲书"是他所憎恶的,体现了其与传统小说观的决裂。鲁迅自五四以来开创的"为人生"的新文学传统建立文学新的属性和形态,也是五四新文学区别于旧文学的最本质特征。

正是在这个意义上,鲁迅认为真正的文艺应该是"国民精神所发的火光,同时也是引导国民精神的前途的灯火。"[26]在他看来,文艺一方面是国民精神的表现,另一方面也引导着国民精神的走向,如同日本时期他将文学看作"心声",通过文学来改变精神都是一脉相承的文学观。

四

五四时期鲁迅加入《新青年》阵营,以个性解放、人道主义、进化论作为启蒙的理论资源,对个体命运的思考,关注底层人们的"不幸",并从精神层面的创伤与毒害揭示精神病态引起疗救的注意。他们在几千年的封建统治下,始终处于被压抑、被奴役的状态,造成了胡风所说的"精神奴役的创伤",在中国封建历史和文学中,已经听不到他们的呐喊之声,历史中到处充斥着"圣人之徒"的话语和说教,"造成此种病态原因的是,不能从生命价值的角度思考问题,将许多存在道学化的理解。当对于一切还在蒙昧主义的层面进行思考的时候,生命个体的价值便空缺了。"[27]古代小说所描写的则是"主人公是勇将策士,侠盗赃官,妖怪神仙,佳人才子,后来则有妓女嫖客,无赖奴才之流"[28],相对于古代小说,五四文学革命将农民题材、知识分子题材作为小说表现的对象,可以说是五四新文学崛起的标志和成就,在当时众声喧嚣的五四新文化运动中,胡风认为鲁迅"深深地肉搏到了历史的核心。"更重要的还在于鲁迅的"思想远见和过去的经验,只有他是带着高度的警觉性来参加的"[29]。因此五四新文化运动由于鲁迅的参与成为最彻底的反封建的启蒙运动,胡风服膺的是鲁迅开创的"五四传统"。

基于对现状的洞察和社会时代的变迁,以及自我生存的危机意识,鲁迅在文学上放弃虚构的小说创作,选择直面现实的杂感作为当下行动的方式,在"我们活在这样的地方,我们活在这样的时代"[30],将现实的时代作为写作的对象,比虚构更具有写作的意义,为"写什么"和"怎么写"提供了意义指向,成为中国现代转型的文学见证。对作者而言,杂文的功效在于"对于有害的事物,立刻给以反响或抗争,是感应的神经,是攻守的手足"[31],也是看清时代面目的史诗。

鲁迅通过小说和杂文的创作对封建文化思想体系进行批判,重建现代文明与道德体系,以适应现代人类的生存发展的文化道德体系取代传统的非人的文化道德体系,将传统文化中对道德伦理和"礼"的关注,最终转向对人自身的关注,最终开启了以人为中心的中华民族文艺复兴的现代性之途。鲁迅借助文学实现对自我与时代的双重发现,为20世纪中国文学创造了适应时代需求的文学新质,丰富和拓展了现代文学的表达空间和关注视点。从鲁迅文学参与历史和改造社会的现实品格和精神维度而言,鲁迅为中华民族的现代转型和文艺现代复兴提供了最具深度的思想参照。

本文系安徽省哲学社会科学规划项目"鲁迅与中国现代文学新范式形成关联研究"(AHSKY2019D125);安徽省高校人文社科重点项目"传统文化、新文学与鲁迅传统关联研究"(SK2018A0317)阶段性成果。

注释

［1］鲁迅:《〈尘影〉题辞》,《鲁迅全集》第三卷,人民文学出版社2005年版(下同),第571页。

［2］鲁迅:《英译本〈短篇小说选集〉自序》,《鲁迅全集》第七卷,第411页。

［3］杨姿:《通往无产者文学之路》,《鲁迅研究月刊》2018年第5期。

［4］[15]鲁迅:《呐喊·自序》,《鲁迅全集》第一卷,第439页。

［5］竹内好:《近代的超克》,生活·读书·新知三联书店2016年版,第

119页。
[6] [17] 鲁迅：《破恶声论》，《鲁迅全集》第八卷，第27页。
[7] 高远东：《现代如何"拿来"》，复旦大学出版社2009年版，第64页。
[8] 汪卫东：《现代转型之痛苦"肉身"》，北京大学出版社2013年版，第160页。
[9] 胡风：《以〈狂人日记〉为起点》，《胡风全集》第3卷，湖北人民出版社1999年版（下同），第417页。
[10] 鲁迅：《文化偏至论》，《鲁迅全集》第一卷，第53页。
[11] 伊藤虎丸：《鲁迅与日本人》，河北教育出版社2000年版，第114页。
[12] 许寿裳：《亡友鲁迅印象记》，当代世界出版社2015年版，第25页。
[13] 伊藤虎丸：《鲁迅、创造社与日本文学》，北京大学出版社2005年版，第31页。
[14] 汪卫东：《现代转型之痛苦"肉身"》，北京大学出版社2013年版，第161页。
[16] 韩琛：《鲁迅1927：革命与复辟》，《鲁迅研究月刊》2018年第8期。
[18] [19] [21] [22] 鲁迅：《摩罗诗力说》，《鲁迅全集》第一卷，第65页、第74页、第68页。
[20] 鲁迅：《无声的中国》，《鲁迅全集》第四卷，第15页。
[23] 汪晖：《声之善恶》，生活·读书·新知三联书店2013年版，第52—53页。
[24] 鲁迅：《域外小说集·序言》，《鲁迅全集》第十卷，第168页。
[25] 鲁迅：《我怎么做起小说来》，《鲁迅全集》第四卷，第526页。
[26] 鲁迅：《论睁了眼看》，《鲁迅全集》第一卷，第254页。
[27] 孙郁：《与幼小者之真言——〈狂人日记〉的副题及其他》，《文艺争鸣》2018年第9期。
[28] 鲁迅：《〈总退却〉序》，《鲁迅全集》第四卷，第638页。
[29] 胡风：《从"有一分热，发一分光"生长起来的》，《胡风全集》第3卷，第55页。
[30] 鲁迅：《附记》，《鲁迅全集》第六卷，第221页。
[31] 鲁迅：《且介亭杂文·序言》，《鲁迅全集》第六卷，第3页。

独特的文体与悲郁的情怀
——鲁迅小说教学阅读札记(下)

李生滨　倪文琴

三、悲悯、批判和诗意

鲁迅之所以成为鲁迅这一问题,不仅仅是研究中国现代文学的专家、学者和许多读者长期思考的问题,可能也是令许多不大喜欢鲁迅的人头疼的问题。鲁迅作品不仅蕴涵着鲁迅的思想、情感和个性,而且也是近代以来中国社会、政治和民族精神感性显现的批判性存在。汪晖《历史的"中间物"与鲁迅小说的精神特征》一文中认为:鲁迅把自己看作是"在转变中"或"在进化的链子上"的历史"中间物","鲁迅的自喻却是一种深刻的自我反观,历史的使命感和悲剧性的自我意识,对人类无穷发展的最为透彻的理解与对自身命运的难以遏制的悲观相互交织。""鲁迅小说不仅是中国近现代社会这一外部世界情境的认识论映象,而且也是鲁迅这一具体个体心理过程的总和或全部精神史的表现。"[1]鲁迅小说和杂文主要是现实批判和文明批判,而深刻的悲悯情怀构成其内在的肌理。考量和细读文本,《呐喊》《彷徨》超越了启蒙批判和人道悲悯的更深厚的力量,却来自钱谷融先生所说的鲁迅小说的诗意或者说诗意蕴藉。

文化批判与现代性启蒙是新的意义阐释。文学审美批判的

"意义系统阐释最终却凝聚为一种境界（意境），它空灵无常地随从人意绪寄托呈现于各种生活情境中，只是在艺术品中，意义世界才获得了稳定持存的呈现，因此，在阐释并生成意义世界的活动中，艺术与审美享有特殊的地位。"[2]从五四文学启蒙批判的意义上说，人性的扭曲或者说国民劣根性，在鲁迅不是简单地同情弱者。《故乡》里闰土与"我"之间友谊的真挚和生分，皆是真实的，特别是闰土所要的草木灰和香炉，恰恰说明了勤苦农民土里刨食的卑微和迷信，尤其是草木灰里携带碗碟，更是艺术和生活的双重真实。既亲近又生疏的关系，贫与富之间的差距，完全可以悄悄夹带几个生活用具。这基本的生活用具在富有者倒也平常，但在闰土一家却极为缺乏。基于农本乡土社会，一般农民会有保守本分诚实的品质，但从富有的人家，特别是还有点渊源关系，顺手牵羊拿几个碗碟，却在情理之中。鲁迅诞辰百年，春寒料峭，王瑶先生解读《故事新编》[3]，精彩纷呈，但今天读来却无法完全首肯。鲁迅笔下绝端的复仇者宴之敖者（黑衣人）几乎变成了人民大众喜闻乐见的英雄形象，而必然映射现实的几篇收集前未发表的作品，却又小心地回避其犀利的现实嘲讽的意义。不知是为了呵护鲁迅的绝端正确的形象还是历经劫难心有余悸。首先，《故乡》是以离开故乡的哀伤情调为基调，其次是浙东乡村景色的文学描绘，重要的内涵是农民生活的状况，其情感的复杂和悲悯的深刻……游离故乡的情调自然得到新兴知识阶级的"共鸣"[4]，而乡土描写的艺术实践影响了20世纪20年代中后期"乡土小说"的勃兴，但该小说文本主旨在于启蒙视域中深层的国民性批判和人的精神悲悯。

鲁迅参与新文化运动的启蒙批判小说，以发表于《新青年》之《狂人日记》为发轫，这篇作品奠定了中国现代小说艺术批判的良好开端。鲁迅小说创作立足人文批判的新文化建设立场，在继承和借鉴中外古今的优秀文学传统的基础上，大胆的艺术创新形成了鲜明的个人风格和文体特色,亦包含文明批判和现实批判的深邃思想。这种思想包涵哪些方面呢？首先,从南京求学开始,逐步认同维新启蒙思想,《新民丛报》和《新小说》的阅读是开端,还有严复、林纾等人不同方面的影响。其次,维新的思想还包括科学思想,这是留学日本选择学医的初衷所在,另一方面印证于周氏兄弟早期科幻小说翻译。年轻鲁迅也大量接触民族民主革命言论,求学章太炎门下,接触了秋瑾等晚清革命者,早年加入光复会。于鲁迅,维新启蒙与民主革命并不矛盾,科学思想更是支配了其现代性批判的基本立场。这自然产生了对包括中医、诸子思想等传统文化某些比较激烈的批评和质疑,譬如20世纪30年代收入《朝花夕拾》有关父亲的回忆文章和《故事新编》里嘲讽先贤先哲的篇章。当然,"弃医从文"之前是多方面吸纳维新思想,而之后则是文化反思与历史批判更自觉的追求和扬弃。这种文化反思与历史批判的否认、扬弃和反思,在鲁迅是非常艰难的自我救赎,甚至是终身的矛盾和挣扎。从晚清的渴求"新生"至五四决绝的"呐喊",鲁迅向内的反噬逐步形成自我剖析的个性主义思想,同时启蒙呐喊的外在肯定又离不开自由平等的人道主义思想。"读者是更容易进入诗人和文学家所创造的艺术情景中的人,是仅仅借助于文学语言便可以领略到文学作品的人性美与艺术美的人。"[5]借用阎连科反思自己的创作而谈到鲁迅及其作品的话来说,鲁迅的语言(思想)是不朽的,他的文字(作品)有一种力量,这是今天的人们所达不到的。为什么呢？因为鲁迅从不回避现实,他的作品告诉人们：人是要吃人的。直面现实的人的存在的真正悲悯与国民性批判形成了鲁迅所有文本的情感力量,也就是艺术力量。

这种文本的艺术力量,首先是鲁迅的语言。文学本质上是审美的情感与语言的呈现。阅读鲁迅,语言就是情感。其次,鲁迅笔下的人物,最重要的是知识分子和农民,还有女性。哀其不幸怒其不争,农民是鲁迅国民性揭示和批判的极为重要的承载者,阿Q是艺术化创造的国民劣根性的精神象征,闰土与"故乡"和祥林嫂与"鲁镇"之间投射的情感更为复杂。女性是鲁迅揭示封建伦理思想残害人性本真的艺术关照对象,《明天》《离婚》《祝福》里对女性生存困境的描绘建立在自由平等的人道主义同情考量之上,却又无法直面现实的悲苦和绝望。知识分子启蒙的象征人物是《狂人日记》里的狂人,穿越在新旧之间。严家炎肯定鲁迅思想为主题的复调小说,源自自我剖析的个性主义精神,艺术精微至高境界是隐约之间看见自己的前世。《孔乙己》里埋藏着参加过最后一拨科举考试的士大夫家庭士子周氏兄弟的前世魂魄。而今生呢?《伤逝》是自我忏悔的悲愤抒情,精神与情感的病像来自刚刚过去的五四思想革命和文学启蒙。《祝福》里逃离鲁镇的"我"还是模糊的新学思想的传播者,到了《在酒楼上》《高老夫子》《孤独者》,"我"之另一重真实面目出现。当然,鲁迅所有文本的情感力量,"意义系统阐释最终却凝聚为一种境界(意境)",那还是在于高超的叙事手法与叙事艺术。正如前文简述的,情感的悲郁深挚,叙述视角的独特,简洁的语言和白描手法,象征与心灵写实相结合的艺术精神和思想追求,以及风格迥异的文体特色等。鲁迅小说语言和语言的叙述,形成了独特的叙事力量。

  文学阅读包括作品细读或文字的理解,需要体贴入微的感受,但最终的批评分析不能停留于细枝末节上。《故乡》苍黄萧索的景色里"我"的悲凉,内心情感与人生况味交织为莫名的寥落情绪,感染了文字。与故乡的人情隔膜,特别是与少时伙伴之间的精神隔膜,对于作者或者说叙述者皆是一种悲悯。"我"是悲哀的出发点,辛苦麻木生活的闰土亦是同情的对象,所以这悲哀包含了对自己和闰土,还有对下一辈人的悲悯和关怀。"也不愿意都如别人的辛苦恣睢而生活"。这是明显的引申开来的更广泛的人的存在和生存的悲悯关照。文学的审美批评和同情,在创作主体是高于一切生活情感的生命认同。如《药》情调阴冷的叙述中完成对华夏儿女命运的伤悼,而且是从撕裂两位母亲的内心孤苦和悲伤而形成文本多重结构和意义。

同样是揭示大众愚昧和国民劣根性的批判,《故乡》比之于《孔乙己》《药》《明天》《风波》等,情感还是有所舒缓。因为描写多了些故乡人事的牵绊,其乡土情怀与国民性批判纠葛在一起,叙事情感就有有意疏离的矜持和复杂。从叙述者深层的情感倾向来说,鲁迅对故乡的情感与他所有的文字显现一样,冷峻深处还是超越实际人事的温情悲伤。这种蕴含"故乡"温情的撩拨,从《社戏》起始更"转成离奇和杂芜的文章"建构,是 1926 年完成的《朝花夕拾》。不仅仅是《狂人日记》遥夜深思的忧愤深广,鲁迅有意为之的文本背后大多是寂寞与黑暗压得灵魂不得安宁的吐纳,却依然蕴含坚持启蒙立场而形成的隐忧孤独的个性主义思想和情感。鲁迅天性冷峻,少小遭遇家庭变故,逃异地走异路,中年后又兄弟失和,生命长期处于风雨飘摇的乱世,但鲁迅始终在悲郁孤愤的情感抑制中著文行事,人前很少张皇。

再回过来看《故乡》,沉郁悲悯的叙述里更多对未来和后辈的期望:"他们应该有新的生活,为我们所未经生活过的。"鲁迅之所以深刻的原因,不是简单地揭示批判他者的张狂,而是撕裂自己内心和情感的剖析中同情所有的生命存在,特别是如闰土这样的勤苦劳作者。"现在我所谓希望,不也是我自己手制的偶像么?只是他的愿望切近,我的愿望茫远罢了。"在深切的同情中考量闰土也思考自己的"悲凉"。鲁迅直面闰土等人生活的真实情感,也流露了远离故乡的伤感落寞,不无抑郁和痛惜,但在希望渺茫的悲苦体验中却依然执着于生的挣扎,所以有了最后一段的想象和议论:"我在朦胧中,眼前展开一片海边碧绿的沙地来,上面深蓝的天空中挂着一轮金黄的圆月。我想:希望本是无所谓有,无所谓无的。这正如地上的路;其实地上本没有路,走的人多了,也便成了路。"这种蕴藉深厚的悲悯情怀,不正是钱谷融先生所说的鲁迅作品的诗意吗?回头细读母亲议论闰土和杨二嫂的文字,其实也就是离开故乡的母亲和成年的儿子之间的议论(话题)。母亲话语里满是对穷困乡亲温和感伤的同情,甚而有点调侃的愉快(也是宽解神情落寞的老大儿子)。我"并不感到怎样的留恋",怎又牵挂想起闰土了呢?欲说还休,自然是感慨与联想无法止住,就有了不少批评者所说的小说过多议论的尾巴。这是情感无法抑制的神思飞扬。迅哥对闰土,特别是对于宏儿和水生,也是鲁迅深心有说不清楚的哀伤悲痛,但依然存了美好的同情。正是美好同情"心境"才导致《故乡》结尾鲁迅关于希望和路的妙论。

鲁迅笔下从来没有绝对的肯定和简单的否定,而是多重眼光的批判、反省和心理审视。鲁迅文本涉及的人物形象,没有一个是大家习惯了的俗白的"好人",包括他自己情感矛盾和思想黑暗的解剖。鲁迅小说里对每个人物是深切的悲悯同情,但这种悲悯同情恰恰是启蒙的批判,是对人的存在的理性关照,是对人性卑劣的医学解剖。因而,鲁迅小说擅于勾画眼睛和灵魂,其文艺启蒙的自觉是思想性与艺术性高度契合的文化批判,而不是单纯的"故事"层面的叙述和典型的"人物"性格层面的刻画。

另外,鲁迅对"故乡"的情感,也不能从一个文本孤立地来关照。《社戏》蕴含温煦情感气息外,《孤独者》《在酒楼上》,包括《祝福》描写的鲁镇,更具生命内化的体验,而且是启蒙批判的自我剖析。温情悲郁,情致深藏的,还有《朝花夕拾》里一系列回忆性的文章。鲁迅小说和散文的江南气息非常浓厚,而且就是浙东历史风物和绍兴鲁镇生活的审美批判的艺术化呈现。

《社戏》和《从百草园到三味书屋》,最能体现鲁迅关于故乡和童年生活的晴朗心境。收于《呐喊》里的《社戏》,更像一篇主题为"故乡"的小说,而《故乡》或许可以名之为"搬家"。鲁迅——周樟寿,后改名周树人——浙江绍兴新台门周家一枝,从"故乡"连根拔起,搬到北方,虽然是京都。犹如周作人后来散文里抱怨:"我在北京彷徨了十年,终未曾吃到好点心"。那么此时举家北上的鲁迅呢?忧伤灰暗心情和对未来的忐忑隐忧,弥漫浸润在《故乡》的字里行间。鲁迅是长子,为了将绍兴的母亲与家人迁至北京,1919年2月至7月间,鲁迅四处奔走,选定了八道湾11号。11月21日鲁迅与周作人等搬进八道湾,鲁迅12月南下,回绍兴接母亲和朱安等,12月29日到北京[6]。网上有中学《故乡》教学导入语:1919年12月,鲁迅从北京回故乡绍兴搬家,亲眼看到离别多年的故乡破败不堪,农民生活十分穷困。百感交集,思绪万千,一年后便以这段经历为素材,写下了这篇小说《故乡》。鲁迅个性敏感要强,离愁别绪,《故乡》情调压抑。这种感伤压抑的故乡情怀,在《祝福》《孤独者》《在酒楼上》,还有哀伤范爱农的散文和旧体诗里,多有渗透。悲郁而深挚的故乡情怀萦绕心底而无法自拔,年岁世事不平静的1926年,故乡的回忆出现在鲁迅笔下,十篇回忆文章次第发表于《莽原》,收入《朝花夕拾》。大多为读者熟知,里面记载了他很多很多的童年、少年、成年之后的事情。第一篇《狗·鼠·猫》从收入《呐喊》里的《兔和猫》说起,冷嘲热讽,却最后落到老屋,落到祖母,引出长妈妈。第二篇自然接着往下回忆,《阿长与〈山海经〉》……阿长之命名,可以与阿Q比照,鲁迅文艺创作的深心和挚爱,可见端倪。有意为之《朝花夕拾》,是鲁迅自选集最完善的版本,不仅有《小引》作序,还有很长的《后记》。情不自禁,意犹未尽……鲁迅说,不上四十岁,别来读我的文章。确实,鲁迅爱故乡,爱阿Q,爱祥林嫂,爱孔乙己,爱范爱农,爱长妈妈,这种爱与人生体验的锥心之痛,软埋于冷峻叙述和白描语言,还经常出之于以自我否定的冷嘲热讽。

鲁迅反思历史,批判现实而陷入寂寞和孤独的生命意识,包括孤独掩埋的深层情感,需要别样的体验去静默省察。史铁生《我与地坛》中写道:"在满园弥漫的沉静光芒中,一个人更容易看到时间,并看到自己的影子。"曲径通幽,身体致残而痛苦孤独抵达生命本我时,史铁生与先辈鲁迅一样阅读尼采,包括哲学经典和宗教教义。"尼采、玻儿、老子、爱因斯坦、歌德……他们既知虚无之苦,又懂得怎样应对一条永无终止的路。"因而生命绝望的阅读,启迪心智,获得大圆满的情怀:"某种看不见却要你信的东西,在那儿期待着你!期待着人不要在魔障般的红尘中输掉了灵魂。"[7]这种看不见却要你信的东西,就是鲁迅坚守的启蒙,还有人道主义悲悯的大情怀,自然也是一个人冷却到极端的爱的信念……无情揭露和批判的深层里悲悯每一个人的生存困境和精神虚妄。也许这就是钱谷融所特别指出的契诃夫和鲁迅短篇小说深蕴的"诗意":

> 法捷耶夫曾称赞鲁迅是写短篇小说的能手。短篇小说,就世界范围内讲,写得好的很不少,莫泊桑、契诃夫和奥·亨利尤其是其中的佼佼者。从艺术价值讲,当然契诃夫要高出于莫泊桑和奥·亨利很多。尽管后面这两个人技巧娴熟,在描绘和谋篇布局的能力上,有超过契诃夫的地方,但从整个作品的艺术价值来看,就远远比不上契诃夫。我们总觉得这两个人的作品中缺少一点东西,缺少诗意。艺术总要能给人以精神上的愉悦,要能提高人的心灵境界,给人以美的享受,这就要求它要有一种诗的意境,要有美。而莫泊桑和奥·亨利的作品,就常常缺乏这种东西。鲁迅的作品没有契诃夫多,但质量决不低于契诃夫,从所达到的思想高度来说,甚至有超过契诃夫的地方。鲁迅的小说有很浓郁的诗意,如《故乡》《孔乙己》《在酒楼上》《伤逝》等等,读过以后,心情总是很难平静,社会的黑暗、腐败,人们生活的艰难和心灵的苦痛,深深地激动着你,要引起你对人生、对真理的深沉的思索,要促使你对人民的前途和出路,去进行坚持不懈的探求。这样

一种艺术力量,不是任何作品都能具有的,只有真正的艺术作品才能具有,而鲁迅的小说就是这样的真正的艺术作品。

钱谷融进一步概括认为,鲁迅的小说,乃至鲁迅的整个精神,是革命的爱国主义,战斗的人道主义和清醒的现实主义三者的辩证统一。换句话说,鲁迅艺术批判的视域是一个立体的开放系统。这个系统包括中国文化的历史维度、人性揭示的现代性维度,加上西方科学理性和近代以来中国民主革命指向中国现实的向度,交叉互补而形成立体的审视系统。而这一切扭结于国民性这一核心理念——一切历史都是当代史,中国几千年历史文化必然积淀于当下所有中国人的存在,或是国民共同的经验或是个体的显现。共性是历史文化中中国人的共性,更会显现于个体的中国人言行及其精神、情感和思想。鲁迅小说是在中国人共性的卑劣中塑造个体的象征形象,又通过个体的人物撕开或者说照亮透视描绘中国人总体的生存境况。因此,勤劳能干的祥林嫂是死在鲁镇喜庆的祝福氛围里的孽种,最后没有人待见祥林嫂,"我"也无法直面追问地狱和灵魂的祥林嫂。同样,孔乙己是出现在咸亨酒店的聚焦人物,映射了形形色色的眼光和人物,勾勒出良善的孔乙己穷困潦倒至死的生存环境。"孤独者"魏连殳只有回到故乡亲友聚集的丧礼上才会更加孤独而绝望,深夜发出像狼一样的嚎叫。具体到鲁迅的艺术精神,生命本真的浪漫情怀非常浓厚,而且其创作中文化批判的象征主义与细节真实的现实主义品格交相辉映。《狂人日记》极具文本象征色彩,模拟狂人口吻的语言恰恰变成了诗意想象和象征隐喻的舞蹈;而国民性批判的艺术典型阿Q,几乎可以看做东西方文化混搭的后现代抽象画。揣摩此形象,从现实主义审视生活的本质来说,阿Q是实有的存在,出没于小D、假洋鬼子等漫画般的面目模糊的人群里,跳脱隐现于所有中国人世相之上却又个性鲜明。同样是日记体的小说,《狂人日记》和《伤逝》抒情色调完全不一样;《离婚》里的爱姑和《祝福》里的祥林嫂,揭示批判完全相反的女性的悲剧性存在。确实"读过以后,心情总是很难平静,社会的黑暗、腐败,人们生活的艰难和心灵的苦痛,深深地激动着你,要引起你对人生、对真理的深沉的思索,要促使你对人民的前途和出路,去进行坚持不懈的探求。这样一种艺术力量,不是任何作品都能具有的,只有真正的艺术作品才能具有,而鲁迅的小说就是这样的真正的艺术作品。"爱恨至深,鲁迅的冷峻惟有天地无言的悲悯与静默。

与学生分享鲁迅独特的诗意抒情,总不会忘了《在酒楼上》描写废园的那段文字。毫不以深冬为意的几株老梅竟斗雪开着满树的繁花,梅雪争艳之傲骨和精神,可以震撼所有性情高洁的读者。"北方的眼睛"是有所暗示的。又与"这里积雪的滋润,著物不去,晶莹有光",相互粘连,意味隽永幽深。描写赫赫的在雪中明得如火的山茶从暗绿的密叶里显出十几朵红花来,愤怒而且傲慢……烘托的情感竟然炽烈如斯。这完全是西方油画的色彩透视和印象派画法。愤怒而且傲慢的红花可以藐视游人"我"的甘心于远行,挑明了自己与眼前景物的强烈共鸣。这是叙述者"我""从北地向东南旅行,绕道访了我的家乡,就到 S 城。"百无聊赖,却上一石居喝酒消磨时光。……吕纬甫上楼后,也是眼神里看到了废园和废园雪中的红花。可以揣度,叙述者描绘另一个自我的精神镜像:"精神很沉静,或者却是颓唐;又浓又黑的眉毛底下的眼睛也失了精采,但当他缓缓的四顾的时候,却对废园忽地闪出我在学校时代常常看见的射人的光来。"似乎颓废,却是真实的失落于时代的现实镜鉴。"用生命和热爱换来死寂般的冷漠和忘却,'中间物'的内心免不了虚无、悲观、压抑,不胜伤怀,然而欲哭不能,欲罢又不休。人类历史进程在先觉者心头点燃的理性火炬就在这虚无、悲观的心理气氛中燃烧。"[8] 就鲁迅小说作品和其他文学形式的创造性贡献来看,不仅蕴含超越一般作家作品的思想性,还有那种强烈而奇崛的内在情感世界的复杂和瑰丽。

读书,一切亦会回到原点。疫情期间,线上云讲座纷呈,其中李新宇教授的鲁迅研究讲座,观点鲜明:"鲁迅总共就写了那么点点东西,《呐喊》《彷徨》《故事新编》三个小说集编成一本也不厚,可是他的地位,却没人能比。这里的关键,一是思想的深度,一是艺术的才华。"但特别指出的,"他上学是玩着上的,读书是玩着读的,完全凭兴趣。这甚至导致了一个结果,那就是鲁迅饱读诗书,却有学历而没学位。"[9] 可能忽略了士大夫家族对子女读书教育近乎苛刻的要求。鲁迅家道中落,就是其祖父为亲族子弟博取"文凭和学位"而招致灾祸,另外,周氏兄弟不仅参加科举考试,而且家里非常重视。时局变化,得风气之先而投亲报考南京的新式学堂,成绩优异又成为官派五品身份的留洋学生[10],那可不是一般的学历和学位。一个人的成长,既要保持天然本性,还须后天良好教育。鲁迅的家庭教育和学堂教育,可以说都是最好的。"鲁迅《从百草园到三味书屋》是我永远的记忆,对我而言,'三味书屋'是令人神往的书香之所,而鲁迅描写百草园的语言让我惊奇于语言的艺术魅力。"新旧之间,中西之间,鲁迅的"三味书屋"不断拓展天地,从士绅教育到新式学堂,从理科学习到弃医从文,从教育部供职再到定居上海,多重身份的认同、撕裂和组合,然其心灵审美的精神磨练和启蒙呐喊的时代担当,从来空灵而饱满。借助王富仁《绘事后素》的议论,更能"显而易见,诗,乃至所有文学艺术作品的本体,必须是'有',是'存在',是能够让读者感受到、感触到的语言作品。读者不但能够感受到其中每个词语、每个线条、每个诗句、每个文学意象的意味,并且能够感到这首诗的整体的意味。它不能是'空',不能是'无',不能是淡而无味的'素朴'。也就是说,艺术不能是'空'的,不能搞虚无主义,即使当代的行为艺术,也得在画廊里摆放些东西,这些东西得有特定的状态,从而也给观众以特定的精神感受。"[11]绝望之于希望,至虚无主义的止境,进入真正的艺术心境。或者说反抗"寂寞",达到空灵的境界,鲁迅风格独特的各种文本蕴意超越万有的博爱和直面生命的精诚,形成文本深层的情感底蕴或者说是诗意。

传统和现代之间,鲁迅是一个大写的平凡的中国人,具有深厚的民族情怀和文化使命感。鲁迅从来就没有否定过中国文化,而是批判,真正的批判是对任何事物的积极建设,而不是背反。包括"鲁迅的小说研究和文化活动,既体现了清代学术影响下'稽古考证'杂学兴趣的学术追求,同时也体现了这种追求与现代人文思想相结合的批评眼光和个性精神。"[12]钟嵘《诗品序》曰:"气之动物,物之感人,故摇荡性情,形诸舞咏。"[13]鲁迅富含诗意力量的文本作品是奇崛的精神"舞咏","灵祇待之以致飨,幽微藉之以昭告"。今天,中国现代文学界人们大多在追思鲁迅研究大家王富仁先生。就用他的一句话作本文的结语吧:"每一次真正的艺术体验,都是一次新生,而他对这个文学作品的欣赏、评论、研究也有了一个更加广大的空间。"与所有喜欢读书和鲁迅的人共勉。

注释

[1][8] 汪晖:《历史的"中间物"与鲁迅小说的精神特征》,《文学评论》1986年5期。

[2] 尤西林:《阐释并守护世界意义的人——人文知识分子的起源及其使命》,华东师范大学出版社2017年版,第103页。

[3] 王瑶:《鲁迅〈故事新编〉散论》,《纪念鲁迅诞辰一百周年学术讨论会论文选》,湖南人民出版社1983年版,第42—73页。

[4] 藤井省三:《鲁迅〈故乡〉阅读史——先帝啊中国的文学空间》,董炳月译,南京大学出版社2013年版,第19页。

[5][11] 王富仁:《绘事后素》,序刘殿祥《闻一多〈死水〉论》,中国国际广播出版社2010年版。

[6][10]《鲁迅年谱》(四卷本),第二卷,人民文学出版社增订本2000年

版,第 14—16 页、第 88 页。
［7］史铁生:《史铁生作品精选》,长江文艺出版社 2015 年版,第 198 页。
［9］此讲座来源于共识沙龙,由理念会客厅整理,且已得到讲座老师授权,欢迎评论转发,或进理念 QQ 群(1051610960)支持文稿整理团队。
［12］李生滨:《晚清思想文化与鲁迅——简论其小说杂家的文化个性》,中国社会科学出版社 2013 年版,第 280 页。
［13］(梁)钟嵘:《诗品》,中华书局 1998 年版,第 15 页。

立人从谁开始？
——从《我们现在怎样做父亲》看鲁迅的启蒙路线

王雨海

鲁迅是一位伟大的启蒙者，他不仅在生活中去践行，而且通过文学的方式去倡导。鲁迅在倡导过程中总会根据思考的深度和环境的变化不断调整自己启蒙的路径，以期达到启蒙的最佳效果。他在日本的时候，通过对新神思宗的理解和接受，认为只有改变了人们的精神才能让人成为一个健全的人，同时，又从民族自强国家昌盛的角度，把立人定为启蒙的根本。立人的目标就是建立强大的个体，通过个体的强大而形成强大的国家。这种思路一直延续到回国之后，并在初期的文学创作中继续倡导。而1919年发表的《我们现在怎样做父亲》一文，却让我们看到了鲁迅在立人的起点和启蒙路径上的变化。这种变化是鲁迅思想的变化还是鲁迅启蒙路径的调整？鲁迅为什么会有这样的调整？鲁迅的这种启蒙策略在今天又有着怎样的价值？本文试通过对《我们现在怎样做父亲》这篇文章的解读，从中寻得一些答案。

《我们现在怎样做父亲》一文原载于1919年11月1日《新青年》6卷6号，实际写于1919年10月。在这前后，鲁迅在忙于一个很重要的事情就是买房和装修，他准备把绍兴的房子卖掉，让兄弟三人和母亲都住在北京，以实现他原来设想的兄弟永远不分家的愿望。相信这时的鲁迅对家庭温暖特别是对大家庭的温暖有着诸多的期盼，他毕竟一个人在北京生活了七年多，没有家的孤独和寂寞也常使鲁迅觉得生活无趣。当机会来临,可以同母亲兄弟们住在一起的时候,鲁迅是非常兴奋的,他为此前后奔波,筹款、设计装修几乎都是鲁迅一人完成的。虽然自己没有实质性的婚姻,自己没有子女,但二弟、三弟都有孩子,作为长兄的鲁迅是否也在思考关于下一代的教育问题呢?在他写出《我们现在怎样做父亲》后两日就开始翻译日本小说家有岛武郎的小说《与幼小者》。在这篇小说中,叙述者希望把一切的爱都给自己的孩子,希望他们"万不可为垂暮的我辈之流所拖累的。最好是像那吃尽了毙掉的亲,贮起力量来的狮儿一般,使劲的奋然的掉开了我,进向人生去。"[1]在作品的结尾,叙述者更是语重心长地告诫:"幼小者啊,将不幸而又幸福的你们的父母的祝福带在胸中,上人生的行旅去。前途是辽远的,而且也昏暗。但是不要怕。在无畏者的面前就有路。"[2]这同鲁迅在《我们现在怎样做父亲》中提出的"自己背着因袭的重担,肩住了黑暗的闸门,放他们到宽阔光明的地方去;此后幸福的度日,合理的做人。"[3]在思想上是非常相似的。可见,鲁迅此时关于家庭的思考是非常自觉的,不仅有自身的生活影响,也有对外国思想的吸收。

按照鲁迅个人的说法,《我们现在怎样做父亲》一文的本意,"其实是想研究怎样改革家庭"。[4]在鲁迅的思想中,旧的家庭存在很多问题。他在《狂人日记》中既是对礼教的批判也是对旧式家庭的批判,他用缺席审判的方式对父权进行颠覆,又对父权代表的大哥的吃人本质进行揭露。鲁迅在写作《我们现在怎样做父亲》一文之前,也曾在其他文章中思考旧式家庭存在的问题。他在《随感录二十五》中指出:"中国的孩子,只要生,不管他好不好,只要多,不管他才不才。生他的人,不负教他的责任。……然而这许多人口,便只在尘土中辗转,小的时候,不把他当人,大了以后,也做不了人。"[5]父母"照例是制造孩子的家伙,不是'人'的父亲,他生了孩子,便仍然不是'人'的萌芽。"[6]因此,鲁迅认为"我们中国所多的是孩子之父;所以以后是只要"人"之父!"[7]在这里,鲁迅让我们看到了家庭建设的重要性。如果说以前鲁迅重在对旧家庭的批判,现在鲁迅希望加强新家庭的建设。而对新家庭的建设首先就是对人之父的培养,没有人之父也就没有人之子,自然没有新家庭。

《我们现在怎样做父亲》正是基于这样的思想考虑,鲁迅开始了新家庭建设的总体规划。要建设新家庭,就要有首先觉醒的人,这觉醒的人就是将来的人之父。显然,鲁迅把立人的起点或者说启蒙的对象进行了调整,那就是准备做父亲或者将来要做父亲的人(从整篇文章看,母亲也包含在内)。如果做父亲之前没有准备好怎样做父亲,那么就会重走前辈的老路,只能当孩子父。鲁迅从人类发展的进程出发,认为现在的人之父生下的人之子就会成为将来的人之父,如此发展,将会建立人之国。依照这样的进程,也能够实现鲁迅早年的救国之梦。这同他的启蒙思想也形成了一致性。

从《我们现在怎样做父亲》整篇文章来看,鲁迅的写作风格比原来更为平实,充满激情的理想主义转变为循循善诱的现实主义。鲁迅为了能够让人们容易接受他的思想,没有引用让人费解的理论,而是从最简单的角度,从人最本真的存在出发,去分析建立人之父的必要。正如鲁迅自己所说:"凡有所说所写,只是就平日见闻的事理里面,取了一点心以为然的道理;至于终极究竟的事,却不能知。"他指出,人是生物,第一要紧的是生命,而生命有两个本能:"最显著的是食欲。因有食欲才摄取食物,因有食品才发生温热,保存了生命。"[8]"又有一种本能,便是性欲。因性欲才有性交,因有性交才发生苗裔,继续了生命。"[9]这是人人心知肚明的事情,相信没有人能够反对。食欲是为了保存现在的自己,而性欲是对自己的延续,这两者都是正大光明的事情,没有什么不净和罪恶。正是每个个体不断地保存自己又延续自己,才使人类不断地向前发展,在这个过程中,每个人起到一个传承人的作用,由于是人的本能,所以互相之间也不存在谁感谁的恩。但道德化的中国,却把人的自然而然的行为看成是不干净的事情,甚至进行恶意攻击,让人产生罪恶感和恐惧感。本来是可以堂而皇之地坦然接受,但却搞成偷偷摸摸的事情。在实际生活中,不少人又是无耻下流,荒淫无度。这也正是中国文化虚伪性的表现。鲁迅引导人们真诚地理解人生,抛弃虚伪的道德,大胆地生活,从最简单的角度去明白人生的意义。这样的启蒙方式自然能够深入人心,接受起来就水到渠成。所以,鲁迅非常自然地提出了自己的观点:"夫妇是伴侣,是共同劳动者,又是新生命创造者的意义。所生的子女,固然是受领新生命的人,但他也不永久占领,将来还要交付子女,像他们的父母一般。只是前前后后,都做一个过付的经手人罢了。"[10]鲁迅的这种观点既是对旧家庭观念的批判,也是对新家庭观念的建设。过去的三纲思想对女性的地位和作用是抹杀的,更没有重视子对父的延续作用。母亲和子女都是父亲的私有物,这样的家庭自然没有互爱互敬。在新家庭中,人与人是平等的,是相互尊重的,特别是夫妇关系,鲁迅的观点具有深远的价值和意义。中国人早就认为夫妇是人伦之始,也就是说人伦关系的好的坏的都是从夫妇开始的,不健康的夫妇关系导致不健康的人伦,健康的夫妇关系就会产生健康的人伦关系。鲁迅巧妙地化用了这种思想,提出只有夫妇能够像伴侣相互尊重,又能够共同劳动,创造自己的幸福生活,那么他们产生的后代就有了一个学习的榜样,这样代代相传,人伦关系就是健康而快乐的。这里,鲁迅强调了夫妇的重要性,也就是父亲母亲的重要性。由于鲁迅生活的时代,女性的地位较低,女性在社会的影响力没有男性大,鲁迅提出怎样做父亲,没有说怎样做母亲,但从整篇文章来看,鲁迅主要启蒙人们如何做人之父,培养人之子,从培养人之子方面,从夫妇是伴侣看,如何做一个好母亲同如何做一个好父亲是一致的。从这个意义上说,鲁迅立人的起点和启蒙的对象不仅指准备做父亲或将要做父亲的人,也指准备做母亲或将要做母亲的人。这样,鲁迅的启蒙对象显然比早期更为广泛。

对于准父母的启蒙,鲁迅从生物进化的角度,认为"后起的生命,总比以前的更有意义,更近完全,因此也更有价值,更可宝贵;前者的生命,应该牺牲于他。"[11]但旧家庭并不是这样,"本位应在幼者,却反在长者;置重应在将来,却反在过去。前者做了更前者的牺牲,自己无力生存,却苛责后者又来专做他的牺牲,毁灭了一切发展本身的能力。"[12]这样的父母连一般的生物都不如,鲁迅没有用粗语骂人,却会让人想起中国骂人最恶毒的话:这样的父母连畜生都不如。鲁迅的启蒙艺术可以说非常巧妙。如果想做父母的话,哪一个人愿意当畜生呢?所以,"此后觉醒的人,应该先洗净了东方古传的谬误思想,对于子女,义务思想须加多,而权利思想却大可切实核减,以准备改作幼者本位的道德。"[13]

幼者本位是鲁迅对中国文化的输入,也是对中国文化的纠正。中国文化中的长者本位思想是封建等级思想的突出表现。对幼者本位的提倡,就是要否定长者本位。长者本位追求的是孝道,是报恩思想,而幼者本位则提倡爱和尊重。对于爱,鲁迅认为首先是"爱己"。"这便是保存生命的要义,也就是继续生命的根基。因为将来的运命,早在现在决定,故父母的缺点,便是子孙灭亡的伏线,生命的危机。"[14]这个爱己,其实就是鲁迅立人思想的另一种表述。所谓爱己,就是每个人把自己当做人来爱,就是让自己具有人的健康生活,让自己更健康,更有修养,具备更多的学识和能力,只有这样,这些准父母才能成为人之父。如果准父母没有人的思想,没有爱和平等、没有尊重和理解,没有做人的尊严和责任,自然就没有将来的人之子。鲁迅还专门举出文学创作中的实例,说明父母的健康和品质对子女的健康和品质的影响是多么深远! 鲁迅提出的爱己,也是爱人,只有爱己,也才能爱人,爱己与爱人是一体的,对自己的爱就是对将来子女的爱。"谁也喜欢子女比自己更强,更健康,更聪明高尚,——更幸福;就是超越了自己,超越了过去。"[15]

懂得了爱,还要知道怎样去爱。旧家庭中很多父母并不是不知道爱,不是不知道让自己的子女更有出息,望子成龙也可以说是天下父母的共同愿望,而是不知道怎样去爱。他们理解的爱多是从自身的经验出发,把自己的愿望强加在孩子身上,这样不但不能产生爱,反而是一种伤害。"所以觉醒的人,此后应将这天性的爱,更加扩张,更加醇化;用无我的爱,自己牺牲于后起新人。"[16]鲁迅关于如何去爱,首先强调了爱的态度。旧家庭的爱是一种自私的爱,他们把孩子看成是自己的私有物,以占有为手段,以获利为目的。鲁迅在这里强调爱是一种本能表现,是无我,是一种牺牲。鲁迅希望人们在爱的时候首先要改变以往的观念,只有观念改变了,才能改变我们的行动。在爱的具体方法上,鲁迅提出了爱的三原则:理解、指导和解放,并做了具体的解释:理解就是"一切设施,都应该以孩子为本位"。[17]也就是想孩子之所想,做孩子之所做,按照孩子成长心理和成长需要去说话做事,不应该以成人的心理和需要去对待孩子。指导就是对孩子的一切行为须是指导和协商,而不是命令,更多的是一种思想和精神的引导,以便"养成他们有耐劳作的体力,纯洁高尚的道德,广博自由能容纳新潮流的精神"。解放就是放权,就是让孩子"全部为他们自己所有,成一个独立的人。"[18]这一点可能是最难做到的,因为权利是同利益结合在一起的,由于人的自私本性,对于很多人来说都是不愿意放弃的。

鲁迅的爱的三原则,看起来是父母针对孩子而言的,其实包含着父母自身的素养和精神。如果没有人的独立意识,就不可能有对孩子的解放;如果没有对儿童的全面了解,没有相关的心理学和教育学知识,也不可能知道孩子的心理和需要,理解自然也做不到;如果父母个人的品质和能力有限,怎么可能去指导孩子在新世界里游泳不被淹死呢?显然,鲁迅在这里依然是一种对父母的启蒙。在鲁迅看来,只有父母做好了,才可能有将来孩子的幸福。这个起点非常重要,而这样的起点不是一次性的,因为有了这样的起点,才会有无数个起点产生。每个做父母的都把自己的起点做好,那么鲁迅渴望的人国的建立自然就能够实现。

因为解放的艰难,鲁迅针对父母解放子女之后可能出现的顾虑进行了依次解答。有人担心,子女解放后,父母会一无所有,变得无聊。鲁迅认为,如果父母认识到人都是独立的,做父母之前就应该培养自己"不失独立的本领和精神,有广博的趣味,高尚的娱乐。"[19]这样解放子女之后,依然可以老有所乐,否则,那就不配做人之父,依然是旧家庭的父母。有人担心解放之后,父子间要疏隔。鲁迅指出,旧家庭中的父子之亲是一种强迫行为,并不是一种真诚相待,而真正的亲是一种相互尊重,如果父母能够把孩子当人看,给他们以独立的地位和爱,孩子对父母也会尊重并爱,况且亲人之间的爱是天然的,割舍不断的。有人认为,解放之后,父母就会吃苦。这实际是一个养老的问题。中国古训就是养儿防老,如果子女解放了,他们会不会养老呢?这个问题确实是人类的一个不可忽视的问题。针对这个问题,鲁迅的眼光是远大的。他认为,如果父母能够让子女过上健康幸福的生活,而子女的品质又是高尚的,那么这样的父母是不会吃苦的。但从社会发展来说,对老年人的照顾也不仅仅是年轻人的事情,因为年轻人在发展中,经济上可能会处于困难时期,或许没有能力照顾父母(中国的独生子女政策,形成了两个人赡养四个老人甚至六个老人,这几乎是不可能的。还有一些失独家庭,养老就更成问题),这就需要社会的帮助。所以,真正解决老年人养老问题就要改造社会制度,有了好的社会制度,就会有好的养老制度,老年人的生活才有保障。这样,即使一些没有子女的人,也能够安享晚年(鲁迅的这种思想在当下社会中,有许多国家都已经实现,中国正在努力中)。有人担心,"解放之后,子女要吃苦了",[20]对此,鲁迅指出旧家庭教育子女的弊端:"一种是锢闭,以为可以与社会隔离,不受影响。一种是教给他恶本领,以为如此才能在社会中生活。"[21]前一种必须是有一定的家产,否则依然受苦,但当父母老去,家产败尽,子女还是受苦;后一种并不是正常健康的生活,是一种倒退。其实,父母对子女的解放,并非放任自流,其中的指导是非常重要的,这个指导就是引导子女学会在新世界中能够游泳而不被淹死的本领,有了这样的本领,何尝会吃苦呢? 实际上,害怕子女吃苦的思想是不愿意解放子女,是为了追求所谓"五世同堂"的虚伪家族荣光。鲁迅认为,这种"旧道德旧习惯旧方法"是不符合生物学的规律的。

对于父母解放之后的顾虑的分析,可以说是对准父母的思想启蒙。在解除他们思想顾虑的同时,也引导他们去做一个合格的父母、幸福的父母。

此外,鲁迅还针对做父亲的另类现象进行了批判。有人打着"不孝有三无后为大"的旗号,追求多妻主义。鲁迅认为:"现在的社会,一夫一妻制最为合理,而多妻主义,实能使人群堕落。堕落近于退化,与继续生命的目的,恰恰完全相反。无后只是灭绝了自己,退化状态的有后,便会毁到他人。"[22]

通过对全文的梳理和分析,我们可以清楚地看到鲁迅在《我们现在怎样做父亲》一文中表述的新的启蒙路径:从人的自觉到父亲(父母)的自觉再到新的家庭关系的建立,最终指向民族的新生。这里的父亲的自觉同人的自觉是一致的,鲁迅没有像前期单纯地去说人,而是具体落实到父亲(其实也包含母亲,从而涵盖了所有觉醒的人)这样一个非常明确且很多人都必须面对的身份,用最简单朴素的方式去逼使人们反思自己的行为和思想。无论是有文化的人还是没有多少文化的人,只要是想做一个好父母,都会因为鲁迅的思想而有所行动。这样的启蒙比较前期更务实,自然也能够产生更好的效果。

鲁迅在《我们现在怎样做父亲》中所设想的启蒙路径既是对个体的启蒙,也是新家庭的重建。家从来就是中国社会中最核心元素。鲁迅也曾经认为,家是中国人的生处,也是中国人的死所。所以中国一直把家庭看得非常重要。在《大学》中,修身、齐家、治国、平天下,把家庭建设看成是治国平天下的基础。正是因为家的重要性,封建家庭也是封建道德最集中的地方,也是封建道德毒素最重的地方。鲁迅对封建制度的批判也是从对家庭礼教的批判开始。从本文看出,鲁迅并非要否定家,而是对旧家庭中的旧道德不满。鲁迅在批判旧道德之后,并没有忘记建立新家庭中的新道德。他在《随感录四十》中对封建家长随意安排子女的婚姻,导致没有爱情的悲剧,进行了批判。他认为在这方面男女都没有错,他们都做了各自的牺牲,错误在家长的专制。所以,他在文章的结尾处高呼:"我们还要叫出没有爱的悲哀,叫出无所可爱的悲哀。……我们要叫到旧账勾消的时候。旧账如何勾消?我说,'完全解放了我们的孩子!'"[23]这同《我们现在怎样做父亲》的思想是一致的。在《随感录四十九》中,鲁迅更是旗帜鲜明地提出:

老的让开道,催促着,奖励着,让他们走去。路上有深渊,便用那个死填平了,让他们走去。

少的感谢他们填了深渊,给自己走去;老的也感谢他们从我填平的深渊上走去。——远了远了。

明白这事,便从幼到壮到老到死,都欢欢喜喜的过去;而且一步一步,多是超过祖先的新人。[24]

这样的话在当时具有石破天惊的作用。鲁迅从进化论出发,彻底否定旧家庭中的长者本位思想，完全遵从幼者本位，长者不仅要解放幼者，而且要牺牲自己，为幼者的发展创造更好的基础。这也是《我们现在怎样做父亲》中提出的爱。由此看出，鲁迅在《我们现在怎样做父亲》中提出的家庭重建思想不仅清晰，也是非常坚定。如果说早期鲁迅的启蒙是为了个人的自觉，培养独立人格，而此时鲁迅的启蒙更多的是为了家庭重建，注重人的发展和思想的进化。当人们能够形成全新的家庭观念，个人的自我要求也自然会自觉提高，个人的自觉也会更有目的性和方向感。由于家庭同个人的利益相关，个体也更能接受现代思想和现代家庭观念，因此鲁迅设计的家庭重建同个人的自觉是一体。要想有一个健康快乐发展潜力巨大的家庭，就必须加强父母的自我修炼、自我提高；自我修炼、自我提高的内容和程度自然影响着家庭的发展方向，所以每一个渴望建立家庭、将要当父母的人都必须考虑自身的素质问题。这种启蒙策略对于新的父母观的建立具有非常重要的推动作用。换句话说，鲁迅的启蒙从西方模式转向了东方模式，这种启蒙对于中国人来说，可能更容易接受。

　　鲁迅的家庭重建并非是仅仅为了一个一个小家庭的幸福，其目的还是在于民族精神和民族文化的重建。鲁迅重建的家庭是包含现代文化的民主家庭，家庭成员之间是平等的，是互爱互敬的，家庭中的每个人都应该具有现代人格和现代思想。这种家庭的形成，也自然会带来民族精神和民族文化的新面貌。这同鲁迅对国民劣根性的批判形成了互补。鲁迅的批判也是为了重建完善，而家庭重建正好体现了批判目的。这也说明了鲁迅并不是一味地否定和颠覆，其建设的思想也是非常明显的，而且两者是统一的，不可分割的。

　　在整个现代文学史上，对家庭的描写是一个分量很重的题材。一方面是对家庭的批判和颠覆。曹禺的《雷雨》，老舍的《北京人》《四世同堂》，巴金的《家》《寒夜》，路翎的《财主家的儿女们》

等等，都在不同程度上批判家庭对人的压制和摧残，批判封建道德和封建家长制；另一方面，也在不同程度上盼望新家庭关系的建立，如巴金的《憩园》，通过两种不同父子关系的描写，反映了作者对新型父子关系的渴望。但由于现实的缺陷和作者思想的局限，鲁迅渴望的新家庭似乎在现代文学作品中没有得到真正地展现。即使在当代文学中，我们也很难看到类似的描写。其主要原因，不是作者没有新家庭的观念，而是我们的生活中太缺少这样的家庭。

　　历史发展到今天，鲁迅发表这篇文章过去已近百年，重读这篇文章，不但不觉得过时，反而更能够让我们深思。当代中国，在西方利己主义文化的冲击下，在物质主义的诱导下，家的概念逐步被瓦解，家的意识变得非常淡漠，特别是家庭父母观的教育缺失非常严重。无论在城市还是在农村，教育都是针对子女的，而且这种教育又回到了旧家庭教育的方式：要么是禁锢式，只管让孩子埋头学习，两耳不闻那窗外事，把孩子培养成了只会读书的书呆子；要么是放任不管，孩子成为留守儿童，没上几年学就辍学在家，到处闲逛。这同鲁迅说的旧家庭的情况何其相似："穷人的孩子蓬头垢面的在街上转，阔人的孩子妖形妖势娇声娇气的在家里转。"很多人在还没有做好准备就当了爸爸或妈妈，他们只能按照他们父辈的方式对孩子进行教育，在物质主义的驱动下，很多人忙于追名逐利，根本没有时间对做父母进行思考和学习，他们实际上又回到了孩之父的状态。在农村，一种恶性循环正在形成，由于父母没有文化，只能到城市打工，而把对孩子的教育完全交给学校或者家里的老人，这些孩子大多疏于管理，最后放任自流，加之同龄人的相互影响，学校教育的排斥，他们很小就流落社会，有的很小就出去打工或瞎混，家长又在很早的时候就让他们结婚生子。这些本来还是没有长大的孩子，怎么可能会指导教育自己的孩子呢？在他们的心目中，自己的孩子只要养活就可以了。如此下去,只能是恶性循环。在农村,老人缺乏照顾,孩子缺乏教育,已经成为比较普遍的现象,家庭重建已经刻不容缓。[25]

鲁迅在《随感录二十五》中提出要建立父范学堂,现在看来是非常必要的了。如果要建立父范学堂,《我们现在怎样做父亲》这篇文章是最好的教材。

注释

[1][2] 鲁迅博物馆编:《鲁迅译文全集》第二卷,福建教育出版社 2008 年版,第 36 页、第 37 页。

[3][4][8][9][10][11][12][13][14][15][16][17][18][19][20][21][22] 鲁迅:《我们现在怎样做父亲》,《鲁迅全集》第一卷,人民文学出版社 2005 年版(下同),第 135 页、第 134 页、第 135—136 页、第 136 页、第 136 页、第 137 页、第 137 页、第 137 页、第 138—139 页、第 140 页、第 140 页、第 140 页、第 141 页、第 141 页、第 143 页、第 143 页、第 144—145 页。

[5][6][7] 鲁迅:《随感录二十五》,《鲁迅全集》第一卷,第 311—312 页、第 312 页。

[23] 鲁迅:《随感录四十》,《鲁迅全集》第一卷,第 339 页。

[24] 鲁迅:《随感录四十九》,《鲁迅全集》第一卷,第 355 页。

[25] 中央电视台 12 频道播出的《镜子》,以三个家庭的问题孩子为代表,展现了家庭教育带来的孩子辍学和性格怪异问题。父母们无奈将孩子送入一所特殊学校接受"改造",同时自己也在这个学校接受培训,最后父母们得到了教育。他们认识孩子的问题与父母自身的修养、能力、方法和态度有关,孩子没有做好其实是父母没有做好的结果,孩子成为父母的一面镜子,另一方面,父母也是孩子的镜子。纪录片在一定程度上警告现在的父母,如果不想让自己的孩子成为问题少年,那就在做父母之前能够懂得怎样做父母。

论鲁迅的学识储备与文学创作之间的内在联系
——以《阿长与〈山海经〉》《从百草园到三味书屋》《琐记》《藤野先生》为中心

吕周聚

鲁迅在人生的不同阶段接受了不同的教育,童年时期的家庭教育,少年时期的私塾教育,青年时期的中西合璧的洋学堂教育,后来到日本留学所接受的西化教育,不同的教育传授给鲁迅以不同的文化知识,这些文化知识成为滋养鲁迅心理、情感和思想成长的养分,对鲁迅的心理、情感和思想产生重要影响,对其后来的文学创作也产生了深远的影响。鲁迅所选择的求学道路改变了其人生历程,在很大程度上决定了鲁迅的爱好兴趣、人生轨迹与思想高度。因此考察鲁迅的学识与心理、情感、思想之间的复杂关系,对于研究鲁迅的文学创作具有重要的意义。

一

鲁迅在18岁之前接受的是中国传统的文化教育,这由两部分构成,一是童年时期的家庭教育,二是少年时的私塾教育。

鲁迅生于1881年,其童年正值晚清末期,中国虽然已经被迫向西方列强开放,西方的现代文化也开始传入中国,但在比较偏远的乡镇仍然是中国传统文化占着主导地位。在绍兴,家庭条件好的小孩主要在家庭里接受开蒙教育。周家在绍兴是大户人家,家庭条件优越。鲁迅的祖父周福清是进士,曾任江西金溪县知县、内阁中书等职。父亲周伯宜是秀才。周家非常重视孩子教育,作为周家的长子长孙,鲁迅身上自然寄托着家人的美好希望。童年鲁迅在家里所接受的教育主要来自两个方面:一是父亲的开蒙教育,二是长妈妈的民间启蒙教育。父亲是鲁迅的开蒙老师,父亲对鲁迅的教育是正统的[1];鲁迅的另一个启蒙老师,应该是他的保姆长妈妈,尽管阿长没有读过书,但她却从日常生活中掌握了许多传统礼节,听到了许多民间故事,她给鲁迅讲长毛的故事、美女蛇的故事、过年的规矩等,这些对鲁迅幼小的心灵产生了重要影响,多年之后鲁迅还记忆犹新,并将这些故事直接搬到作品中。

鲁迅年幼时,喜欢看带有图画的书籍。他有一个远房叔祖,喜欢种植花木,喜欢与小孩们交往,他家里有很多藏书,鲁迅最喜欢看的是《花镜》(《秘传花镜》,一本讲述园圃花木的书),他告诉鲁迅,他曾经有过一部绘图的《山海经》,画着人面的兽、九头的蛇、三脚的鸟、生着翅膀的人、没有头而以两乳当作眼睛的怪物,可惜现在不知道放在哪里了。这些新奇怪异的动物给鲁迅留下了深刻的印象,他很想看看这样的图画,但他不好意思逼着叔祖去找这本书,问别人,别人也不肯真实地回答他。自己有压岁钱,想买一本,又没有好机会。从此,他便渴慕能看到《山海经》。阿长知道鲁迅想要《山海经》,在告假回家时给鲁迅买了一本,鲁迅非常高兴,"我似乎遇着了一个霹雳,全体都震悚起来;赶紧去接过来,打开纸包,是四本小小的书,略略一翻,人面的兽,九头的蛇,……果然都在内。"[2]尽管这是一部刻印都十分粗拙的本子,但它却是鲁迅最初得到的最为心爱的宝书。从此,鲁迅便开始搜集绘图的书,于是有了《尔雅音图》和《毛诗品物图考》,又有了《点石斋丛画》和《诗画舫》,后来还买了一部石印的更加精致的《山海经》。童年时大量接触绘图书,培养了鲁迅对美术绘画的浓厚兴趣,鲁迅具有了很好的美术素养,这对他后来参加版画活动具有重要影响,而《山海经》等古代典籍为鲁迅后来的《故事新编》等作品的创作提供了素材和灵感。

鲁迅的童年是在快乐中成长的,在百草园中与大自然为伴,夏天听继祖母讲故事,下雪天与小伙伴们一起捕鸟、堆雪人,过节时参加迎神会、五猖会等活动,过着无忧无虑的生活。1892年,11岁的鲁迅进入三味书屋读书,这是绍兴城内最严厉的书塾,老师寿镜吾先生是城中极方正、质朴、博学的人。从此,鲁迅告别了无忧无虑的童年生活,开始踏上求学之路。鲁迅富有好奇心,听说东方朔认识一种名曰"怪哉"的虫子,是冤气所化,用酒一浇就消释了,就去问先生。先生很不高兴。先生只对中国传统经典感兴趣。从此,"我就只读书,正午习字,晚上对课。"[3]这是书塾中的三门主要功课,其基本特点是背诵、重复,在很大程度上抑制了鲁迅的好奇心。随着课程的深入,鲁迅读的书渐渐增加,对课也渐渐加上字去,从三言到五言,终于到七言。对课是旧时书塾中训练学生对仗的一种功课,用虚实平仄的字相对,这对鲁迅的诗歌创作产生深远影响。鲁迅虽然也曾一度创作过新诗,但他对新诗并不满意,后来便放弃新诗而创作了大量旧体诗,这与其早年所接受的传统诗歌训练密切相关。学生们在课堂上熟读《论语》《尚书》《周易》《幼学琼林》等古代典籍,在先生读书入神的时候,学生们便在私下做自己喜欢的事情:"我是画画儿,用一种叫作'荆川纸'的,蒙在小说的绣像上一个个描下来,像习字时候的影写一样。读的书多起来,画的画也多起来;书没有读成,画的成绩却不少了,最成片段的是《荡寇志》和《西游记》的绣像,都有一大本。"[4]鲁迅冒着被先生惩罚的危险在课堂上看小说、画画,说明小说、画画对他有着极大的吸引力,这是鲁迅在童年时的业余爱好。

鲁迅在18岁之前接受的是中国传统教育,他熟读中国传统典籍,有着很深的古典文学修养;同时,他在课余喜欢描绣像小说上的图画,这使他接触到中国传统小说和绘画,并对小说与绘画产生浓厚的兴趣,为他后来走上文学创作道路奠定了基础,并对其后来的文学创作产生了重要影响。此外,长妈妈的民间文化启蒙对鲁迅也有重要的意义,为他后来的文学创作提供了大量素材和灵感。

二

鲁迅13岁时,周家因祖父的科场舞弊案受到牵连,祖父周福清被判斩监候。为了营救祖父,周家花大量金钱疏通上下关系,由于案件持续了八年之久,周家后来不得不变卖田产维持祖父的性命,从此周家开始走向衰落。鲁迅的父亲受祖父科场舞弊案的牵连,不仅被革去秀才身份,而且以后不允许参加科举考试,这对父亲是一个重大的打击,断绝了他未来的仕途之路,父亲因此而气愤消沉,经常酗酒,后来生了重病,家里只好变卖各种值钱的东西筹钱遍请绍兴的名医为父亲治病,父亲最后还是不治身亡。此年父亲36岁,鲁迅15岁。在经历了家庭变故、父亲病亡这些沉重打击之后,周家从小康人家而坠入困顿,鲁迅经历了世态炎凉,由此看清了世人的真面目。鲁迅稚嫩的心灵受到极大的创伤,他不但要承受世人的嘲笑与白眼,而且要过早地承担家庭的重担。鲁迅被迫放弃科举考试之路,选择进入洋学堂接受教育。而鲁迅做出这样的选择主要有两个原因:一个原因是衍太太的造谣生事,另一个原因则是为家庭经济条件所困。

父亲故去后,少年鲁迅常到衍太太家里去,与衍太太和她的男人谈天。衍太太教唆鲁迅回家拿母亲的钱、偷母亲的首饰去变卖买自己喜欢的东西,后来便听到一种流言,说鲁迅已经偷了家里的东西去变卖了,鲁迅感觉自己仿佛真犯了罪一般,怕遇见人们的眼睛,怕受到母亲的爱抚。这种流言让鲁迅由一个好孩子变成了偷窃的坏孩子,不仅败坏了鲁迅的声誉,而且给鲁迅造成了巨大的心理伤害。对于少年鲁迅来说,他无法也无能力来反抗社会上的流言蜚语,只好采取逃避的态度离开家乡。然而,去哪里呢?"总得寻别一类人们去,去寻为S城人所诟病的人们,无论其为畜生或魔鬼。那时为全城所笑骂的是一个开得不久的学校,叫作中西学堂,汉文之外,又教些洋文和算学。"[5]这所中西学堂成为人们攻击的目标,一些熟读圣贤书的秀才们还集了"四书"的句子,做一篇八股来嘲消它。此时鲁迅尚处于青春叛逆期,这种叛逆心理使他选择了站在绍兴城人的对立面,甘愿做绍兴城人所诟病的一类人,"我要到N进K学堂去了,仿佛是想走异路,逃异地,去寻求别样的人们。"[6]鲁迅选择做一个叛逆的另类,并非出于自愿的选择,而是一种被迫的选择。

经济因素是导致鲁迅选择进洋学堂的另一个主要原因。以前,只有家庭比较富有的人家子弟才有机会接受教育,才有机会参加科举考试。母亲本不愿让鲁迅去南京读书,希望他能继续参加科举考试,但因家里已无钱供他继续读书,只好给他筹办了八元的川资让他去南京,"因为那时读书应试是正路,所谓学洋务,社会上便以为是一种走投无路的人,只得将灵魂卖给鬼子,要加倍的奚落而且排斥的,而况伊又看不见自己的儿子了。"[7]当时国内已出现一批洋学堂,但去那所学堂读书,鲁迅也颇费一番心思:杭州的求是书院功课较为别致,但学费贵,无法前去;只好选择去南京的江南水师学堂(创办于1890年),因为这所学堂不仅不交学费,而且还给学生发津贴。

鲁迅于1898年5月初考入江南水师学堂。这所学堂功课简单,一星期中几乎四整天是简单的英文;一整天是读汉文,主要是《左传》等古代典籍;一整天做汉文,如《知彼知己百战百胜论》等。后来鲁迅觉得这个学校乌烟瘴气,便离开水师学堂,于1898年10月考入江南陆师学堂附设矿务铁路学堂(创办于1898年,1902年停办),这儿的功课与水师学堂差不多,但有一些变化:英文变成了德文,汉文除了《左传》外,还有《小学集注》,论文题目也变成了

《工欲善其事必先利其器论》,此外还有所谓格致、地学(地质学)、金石学(矿物学)、画铁轨横断面图等,鲁迅觉得非常新鲜;第二年学校的总办是一个新学,看《时务报》,考汉文时自己出《华盛顿论》等有新意的题目,学校里出现看新书的风气,鲁迅不仅知道了《天演论》,而且到城南花五百文买了一本,一口气读下去,"'物竞''天择'也出来了,苏格拉第,柏拉图也出来了,斯多噶也出来了。"[8]学堂里还设立了一个阅报处,除了《时务报》之外,还有《译学汇编》。《时务报》1896 年 8 月由黄遵宪、汪康年创办于上海,梁启超主编,1898 年 7 月底改为官报,8 月出至第六十九期停刊,宣传维新变法;《译书汇编》创刊于 1900 年 12 月 6 日,是中国留日学生最早出版的一种杂志,分期译载东西各国政治法律名著,如卢骚的《民约论》、孟德斯鸠的《万法精理》等,后改名《政治学报》。《天演论》《时务报》《译学汇编》等不仅开阔了鲁迅的阅读视野,而且赋予鲁迅维新思想,从此鲁迅变成了一个维新派、洋务派。

这两所学校都是洋务派为了富国强兵而兴办的,其中开设了数学、物理、化学等传授自然科学知识的课程。除了课堂上所学的相关专业课程之外,鲁迅还阅读了一些外国文学和社会科学方面的著作,开拓了视野。特别是严复翻译的英国人赫胥黎著的《天演论》,更给予鲁迅深刻的影响。进化论既是一种新的科学理论,又是一种新思维方式,它成为鲁迅的一个重要的思想来源,鲁迅用进化论来观察思考中国的诸多问题,并得出了自己的答案;它不仅改变了鲁迅这一代知识分子的命运,而且改变了中国未来发展的命运。

鲁迅当初选择进洋学堂,并非出于自觉和自愿,而是一种被迫和无奈。换言之,鲁迅在 1898 年前所接受的是中国传统教育,对西方文化了解并不多。在他的内心里,还是倾向于走科举考试的道路,因此在 1898 年 12 月 18 日,鲁迅在进入矿务铁路学堂之后还曾回乡与弟弟周作人、堂叔周伯文、周仲翔等一起参加会稽县考。在洋学堂中,鲁迅所接受的是中西合璧式的教育,既有汉文课程,也有德语、英语课程,同时还开设数学、物理、化学等科学课程及与铁路矿物有关的课程。在接受了西方的现代文化教育之后,鲁迅的知识结构发生重大变化,其重心已由传统文化向西方文化倾斜。叔祖周庆蕃看到鲁迅整天倾心于维新文化之中,便认为他有点不对,给他一份批判康有为的文章,嘱咐他抄下来去看,但鲁迅自己不觉得有什么"不对",仍继续阅读《天演论》,这说明鲁迅的思想已发生根本性的转变,从传统向维新转变。鲁迅接受了西方现代科学教育,具备了现代科学素养,引导他从传统的士大夫变成了现代知识分子。西方科学文化知识不仅改变了鲁迅的人生命运,而且改变了他的思想,他开始睁开眼睛看世界,并开始有了独立思考的能力:"在这学堂里,我才知道世上还有所谓格致,算学,地理,历史,绘图和体操。生理学并不教,但我们却看到些木版的《全体新论》和《化学卫生论》之类了。我还记得先前的医生的议论和方药,和现在所知道的比较起来,便渐渐的悟得中医不过是一种有意的或无意的骗子,同时又很起了对于被骗的病人和他的家族的同情;而且从译出的历史上,又知道了日本维新是大半发端于西方医学的事实。"[9]他对当时社会上流行的维新运动产生了浓厚的兴趣,并产生了走出国门到国外留学的想法。

三

1902年1月,鲁迅从矿路学堂毕业。与所有在校的学生一样,鲁迅在校时盼望尽快毕业,但临到毕业时又有些惘然若失:"爬了几次桅,不消说不配做半个水兵;听了几年讲,下了几回矿洞,就能掘出金银铜铁锡来么? 实在连自己也茫无把握,没有做《工欲善其事必先利其器论》的那么容易。爬上天空二十丈和钻下地面二十丈,结果还是一无所能,学问是'上穷碧落下黄泉,两处茫茫皆不见'了。所余的还只有一条路：到外国去。"[10]表面上看鲁迅选择毕业后去日本留学是因为找不到合适的工作,实际上并不尽然。当时晚清政府已认识到中国落后的现实,向国外派遣大量公费留学生,希望他们学成归来为国家建设效力。除了欧美等发达国家之外,日本也是中国留学生的重要派出国,这一方面与日本离中国近、学费便宜有关,另一方面则与日本的国情文化有关。日本的国情与中国有许多相似之处,在明治维新之前日本还是一个落后的国家,但经过明治维新之后日本迅速崛起,成为世界上非常先进的国家。中国的知识分子认为通过学习日本,能找到救治中国的良方。通过在矿务铁路学堂的学习,鲁迅对国外的形势有所了解,对中国的维新运动颇感兴趣。他决定到日本留学,与其所接受的维新运动的影响密不可分。

到日本后,鲁迅并没有继续读矿务铁路专业,而是选择了西方现代医学。之所以做这样的选择,一方面固然与当时认为日本维新是发端于西方医学的观点有关,另一方面则与鲁迅少年时的心理创伤有关。当年父亲生病之后,作为家中长子的鲁迅承担起为父亲请医买药的重要任务。鲁迅拿着家中值钱的物品去当铺当了钱之后为父亲治病,请遍了城中的名医,买了许多名字怪异的药物,但父亲的病并没有见好,而是越来越重,最后不治身亡。父亲的去世,让鲁迅对中国传统的中医非常失望,认为中医是一种有意或无意的骗子,他自己一生也拒绝看中医。他想学西医,"我的梦很美满,预备卒业回来,救治像我父亲似的被误的病人的疾苦,战争时候便去当军医,一面又促进了国人对于维新的信仰。"[11]

1902年2月,21岁的鲁迅前往日本留学。他先入东京弘文学院学习日语,两年后进入仙台医学专门学校(1912年改制东北大学医学部)学习现代医学。东京弘文学院里的速成班里都是清国留学生,"头顶上盘着大辫子,顶得学生制帽的顶上高高耸起,形成一座富士山。也有解散辫子,盘得平的,除下帽来,油光可鉴,宛如小姑娘的发髻一般,还要将脖子扭几扭。实在标致极了。"[12] 许多留学生忙于游玩、学跳舞,鲁迅不屑与他们为伍,在弘文学院结束学业后,没有留在东京等大城市中上学,而是选择到当时比较偏僻的仙台读书。

1904—1906年,鲁迅在仙台医专读书。因为在仙台医专读书的中国学生少,学校给鲁迅提供优惠政策——学校不收学费,几个职员还为他的食宿操心。在这儿,鲁迅见到许多陌生的先生,听到许多新鲜的讲义。藤野先生是鲁迅的授课老师,教授解剖学——骨学,他严谨治学,关心鲁迅的学习,要求鲁迅将上课所抄的讲义给他看,每一星期看一回,然后把批阅后的讲义还给鲁迅,"原来我的讲义已经从头到末,都用红笔添改过了,不但增加了许多脱漏的地方,连文法的错误,也都一一订正。这样一直继续到教完了他所担任的功课:骨学,血管学,神经学。"[13]鲁迅画的解剖图下臂血管移位,藤野先生把它改正过来,并告诉鲁迅,你这样画效果虽然比较好看些,但解剖图不是美术,要与实物相一致,叮嘱他以后要全照黑板上那样的画。鲁迅当时学习不太用功,成绩在一百余人中属于中游。

鲁迅在仙台医专的学习虽然得到了藤野先生的关心与帮助,但也遭到了周围同学的敌意与歧视。秋季学期开设解剖实习和局部解剖学,学生会干事要借鲁迅的讲义看,他们只翻检了一通,并没有带走,过后不久邮差送来一封很厚的信,"大略是说上年解剖学试验的题目,是藤野先生在讲义上做了记号,我预先知道的,所以能有这样的成绩。"[14]日本学生怀疑鲁迅考试作弊。这令鲁迅非常气愤:"中国是弱国,所以中国人当然是低能儿,分数在六十分以上,便不是自己的能力了:也无怪他们疑惑。"[15]当时日本人普遍歧视中国人,称中国人为东亚病夫,鲁迅亲自尝到了弱国子民在日本受歧视的滋味。1904年2月到1905年9月发生了日俄战争,这场战争是日本和俄国为了争夺中国东北地区和朝鲜半岛的势力范围而发生的,主要是在中国东北的土地上进行的,最后以日本的胜利而告终。战争期间,日本举国陷入迷狂状态,这在仙台医专的课堂里也有所体现。第二年开设霉菌学,教师用电影来显示细菌的形状,"一段落已完而还没有到下课的时候,便影几片时事的片子,自然都是日本战胜俄国的情形。但偏有中国人夹在里边:给俄国人做侦探,被日本军捕获,要枪毙了,围着看的也是一群中国人;在讲堂里的还有一个我。"[16]当看到这片幻灯片时,班里的日本学生们拍掌欢呼"万岁",而鲁迅听着却特别刺耳,画面上那些体格强壮而神情麻木的中国人给鲁迅留下了深刻的印象,鲁迅称他们为"看客","此后回到中国来,我看见那些闲看枪毙犯人的人们,他们也何尝不酒醉似的喝采,——呜呼,无法可想!"[17]中国"看客"们的愚昧、麻木、冷漠深深地刺伤了鲁迅的自尊心,他开始思考改造中国的国民性问题,萌生了弃医从文的想法。到第二学年结束,鲁迅去找藤野先生,告诉他自己将不学医,并且离开仙台。为了不让藤野先生失望,他说自己要到东京去学习生物学,但他内心已决定弃医从文,"因为从那一回以后,我便觉得医学并非一件紧要事,凡是愚弱的国民,即使体格如何健全,如何茁壮,也只能做毫无意义的示众的材料和看客,病死多少是不必以为不幸的。所以我们的第一要著,是在改变他们的精神,而善于改变精神的是,我那时以为当然要推文艺,于是想提倡文艺运动了"。[18]幻灯片事件不但中断了鲁迅的学业,而且改变了鲁迅的人生轨迹,奠定了鲁迅成为一位伟大作家的基础。他要用文艺来改变中国人的精神,改造中国的国民劣根性,通过文艺实现救国的理想,这在其后来的《阿Q正传》中得到了深刻体现,批判改造国民劣根性也成为中国现代文学中的一个重要主题。在20世纪初,中国的知识分子在探索各种不同的救国道路,诸如科学救国、教育救国、实业救国等等,而鲁迅所提出来的文艺救国好像虚无缥缈，但它却是切中时弊的一剂良方。因为科学也好，教育也好，实业也好，都是由人来完成的，没有现代化的人，就不可能有现代的科学、教育和实业，而一个人是否是现代的人，主要看他是否有现代的精神和思想。后来鲁迅提出了著名的"立人"思想，主张尊个性而张精神，将"立人"视为救国的良方，这其中的内在逻辑是一致的。

当时在日本的中国留学生大多学法、政、理、化以至警察、工业等实用专业，很少有人学文学和美术。鲁迅回到东京后，与许寿裳、袁文薮、周作人等一起，准备创办一个名曰《新生》的杂志，后来因人手不够加之缺少资金，只得半途而废。尽管这一时期鲁迅做了一些与文艺救国有关的工作，如创作小说《斯巴达之魂》张扬爱国精神，发表《文化偏至论》《摩罗诗力说》等文章宣传摩罗精神和立人思想，与弟弟周作人一起重点翻译第三世界国家的小说出版《域外小说集》等，但他在日本并没有施展文艺救国远大理想的舞台。由于生活所迫，鲁迅于1909年回国，先后在浙江两级师范学堂、绍兴府中学堂、浙江山会初级师范学堂等校任职，作为家中长子，他要挣钱养活母亲、朱安和两个正在上学的弟弟。1912年，受蔡元培邀请，鲁迅到教育部任职。此期正是中国社会比较黑暗的时期，鲁迅的救国理想破灭，经历了十年的沉默期，除了上班之外，便在家中抄古碑，文学似乎离他而去。然而，播种在心间的文学种子并没有死去，而是在不断地积蓄能量，到1918年新文化运动来临时，鲁迅接受钱玄同的邀请，成为《新青年》编辑部的一员，在《新青年》上发表了《狂人日记》，由此登上中国文坛，成为中国现代文学史上伟大的文学家。

鲁迅在日本接受的是西方现代教育，他学的是现代西医学专业，全新的知识结构改变了他的思维方式；鲁迅到日本之后，跳出中国来重新审视中国，发现了中国社会存在的诸多问题；他在日本所遭遇的种族歧视，使他更加关心中华民族的命运，坚定了他的爱国精神；他所做出的弃医从文的决定，不仅改变了他个人的人生轨迹，而且改变了中华民族的命运。

教育对一个人的成长具有重要的影响，它给一个人的成长提供精神营养，因此，是否接受过教育，接受过什么样的教育，会在很大程度上决定一个人的人格特质，改变一个人的命运。鲁迅在1906年决定弃医从文，在1918年37岁时才正式踏上文学创作之路，这里面好像是偶然因素在起作用，实际上并不尽然。鲁迅最终走上文学创作道路，成为中国现代文学史上伟大的文学家，有其必然性，与其求学历程和学识储备密切相关。鲁迅在童年和少年时期接受的是传统的文化教育，熟读中国传统典籍，打下了深厚的国学基础，对绣像小说的爱好培养了他的文学兴趣，为他后来走上文学创作之路奠定了基础；青年时期进入洋学堂接受西方现代文化教育，在南京江南水师学堂和铁路矿务学堂接收西方现代科学知识，《时务报》《天演论》等课余读物对他产生了深刻影响，他睁开眼睛看世界，对当时的维新运动产生了浓厚的兴趣，这种知识结构的变化与当时中国方兴未艾的洋务运动相契合，初步形成了现代思维方式，具有了现代思想；到日本留学，鲁迅接受了西方现代医学教育，不仅对人的生理结构有了深刻认识，而且开始关注人的精神世界，思考中国的国民性问题，在经历了幻灯片事件之后，他做出了弃医从文的决定，要用文学来医治中国人精神上的创伤，改造中国的国民劣根性，这不仅改变了他自己的人生轨迹，而且在相当程度上改变了中国国民性的走向。鲁迅将中国传统的文化知识和西方现代知识融为一体，在经过去芜存菁的"拿来"之后，形成一种新的知识体系，在这种新的知识体系基础上形成一种新的人格特质，从而使他成为一位具有独立人格和独立思想的现代作家。

注释

[1] 鲁迅在《五猖会》中回忆到,他7岁那年,正兴高采烈地准备去东关看五猖会时,父亲让他拿来《鉴略》,教他一句一句地读下去,读了二三十行,命他背熟,背不出就不准去看五猖会。尽管鲁迅很快背熟了,也去了五猖会,但这件事却让他很不高兴,以至多年仍耿耿于怀。

[2] 鲁迅:《阿长与〈山海经〉》,《鲁迅全集》第二卷,人民文学出版社 2005年版(下同),第 254 页。

[3][4] 鲁迅:《从百草园到三味书屋》,《鲁迅全集》第二卷,第 290 页、第 291 页。

[5][8][10] 鲁迅:《琐记》,《鲁迅全集》第二卷,第 303 页、第 306 页、第 307 页。

[6][7][9][11][18] 鲁迅:《呐喊·自序》,《鲁迅全集》第一卷,第 437 页、第 437—438 页、第 438 页、第 438—439 页。

[12][13][14][15][16][17] 鲁迅:《藤野先生》,《鲁迅全集》第二卷,第 313 页、第 315 页、第 316 页、第 317 页。

走在鲁迅研究的路上

刘运峰

从本科到博士,我所学的专业都是政治学,而且,在大学毕业后相当长的一段时间里,我的职业也和鲁迅研究没有直接的联系。不熟悉的朋友都以为我在大学里念的是中文系,搞鲁迅研究是顺理成章;熟悉我的朋友则往往很诧异地说:"你怎么研究起鲁迅来了?"

研究谈不上。只能说是一粒深埋的种子逐渐发芽、成长起来而已。

1973年,我十岁的时候,公社给老家的大队部分配了一些图书,大哥借了几本回家,其中就有鲁迅的《且介亭杂文》,这是人民文学出版社出版的那种白文本,既没有背景介绍,也没有注释,我当然读不懂,但却从此知道了鲁迅这个名字。后来,父亲为我们买了《鲁迅的故事》及其连环画,这种书看起来就省力多了,我渐渐知道了更多的有关鲁迅的事情。之后,我还买了连环画《祝福》《鲁迅在广州》等,算是不断加深了对鲁迅的印象。

中学期间,学过鲁迅的《"友邦惊诧"论》《文学和出汗》《答托洛茨基派的信》等杂文,虽然不能全懂,但对鲁迅文章的风格有了一些了解,说不上为什么,我很喜欢鲁迅的这种文风。

高中没有上完,我就辍学来到天津,顶替父亲当了一名工人。那一年,我十六岁。

工厂的生活很单调,下班后无所事事,便到工厂的图书室找书看。那个时候,"文革"刚刚结束,图书室的书很少。一位年长我五岁的同事和我一起读鲁迅的那些不带注释的单行本,一年多下来,基本上读了一遍,对鲁迅也有了更多的了解。1981年国庆节期间,我和两位同事骑自行车去北京旅游,专门去鲁迅博物馆参观了一次,买了一枚铜质的鲁迅像章和几枚印有鲁迅头像和手迹的书签,对鲁迅有了更多的感性认识。

1983年,我考入天津财经学院财政系,一年后转入南开大学政治学系。虽然大学期间的所有课程都和鲁迅无关,但我仍然不能忘怀以前的阅读体验,于是在大学三年级的时候,买了一部四卷本的《鲁迅选集》,放在床头,时时翻阅。

1987年我从南开大学毕业后,分配到天津财经学院从事共青团的工作。起初,工作很顺利,我也很想施展抱负,做出一番成绩,但好景不长,我就遇到了一次不小的挫折。精神的苦闷需要找到一种自我调适的途径,于是我再次翻开了鲁迅的书。1989年9月10日教师节那天,我下决心买了一套人民文学出版社1981年版的《鲁迅全集》。这套书,如同镇宅之宝,给我狭小、阴暗的房间带来了光亮,我自己似乎也变得强大起来,因为,我相信《鲁迅全集》会给我带来精神上的助力。

大约在1990年的早春时节,《人民日报》副刊发表了新发现的鲁迅致江绍原信,我大为惊奇,原来《鲁迅全集》并不全,仍有没有收入的内容。于是,把这封信和相关介绍文章剪存了下来。这可以说是我辑录鲁迅佚文佚信的开始。

1990年4月12日,我到思想品德教研室担任专职教师,由于不坐班,时间充裕了许多,可以做自己的事情。一个偶然的机会,我在旧书摊上买到了一本许广平写的《欣慰的纪念》,这是20世纪50年代人民文学出版社出版的,书很破旧,但很有可读性。我逐字逐篇地读了,发现其中所引的鲁迅谈话很有意思,于是萌生了抄录鲁迅谈话的念头。我的志愿很宏伟——仿照《歌德谈话录》

和《罗丹艺术论》,辑录一本《鲁迅谈话录》。我甚至想好了封面设计,想象这本书出版之后会引起轰动,产生不小的影响。我像着了魔似的,到处搜集鲁迅的资料,从中抄录鲁迅的谈话。天津财经学院图书馆有关鲁迅的书很少,我又不得要领,往往上午借出,看看没有什么需要的,下午就还回去,为此引起了管理员的反感,还发生了一次口角。

我那时一门心思辑录鲁迅谈话,在几个月的时间里就抄了一大堆资料,既没有体例,也没有分类,我渐渐变得心里没底,于是很冒昧地给唐弢先生写了一封信求教,因为他在《琐记》中引述了不少鲁迅的谈话。唐弢夫人沈絜云于1990年12月29日给我回信说:"唐弢因病住院,我不在家中,前天才见到信,迟复为歉。唐弢自5月中旬得肺炎,病情急剧变化,并发脑血栓,加上本来是严重心脏病号,病情十分危急,最近稍微稳定,但后遗症严重,神志尚不清楚,不能作答。"我立即回信,祝愿唐弢先生早日康复。大约一年之后,唐弢先生就去世了。

同一教研室的王之正老师得知我在辑录鲁迅谈话,主动提出为我引见天津师范大学的李永寿教授。李教授是鲁迅研究专家,很认真地看了我那一堆又乱又杂的稿子,建议我分一下类。我很不自信地问:"这种工作有价值吗?"李教授很干脆地回答说:"当然有价值!"

1991年11月,在几位师友的鼓动下,我调到了天津市财政局所属的财政税收科学研究所工作。到新单位工作,待遇提高了不少,但需要坐班,没有自由时间,而且,新单位和鲁迅研究更是不搭界,我也只好暂时中断了鲁迅谈话的辑录,忙于熟悉新的工作。

1992年4月,单位派我到财政部科学研究所进修。一天下午,我利用没课的机会独自到鲁迅博物馆去了一次,那是相隔十一年后的第二次参观。那一天,鲁迅博物馆非常冷清,参观者连我在内仅有三人。我到楼内去了一趟卫生间,见一个房间亮着灯,门上挂着鲁迅研究室的牌子,便敲了敲门,听到"请进"的声音,我推开门,一个身材高大的先生问我找谁,我说随便看看,问他贵姓,他说他是陈漱渝。陈先生的名字我很熟悉,他早年毕业于南开大学,我在辑录鲁迅谈话的过程中曾经看过他的书。陈先生听说我是南开的校友,非常热情,我又把辑录鲁迅谈话的想法征求他的意见,他说,以前有人做过,但规模不大,你可以接着做。我临走时,他送我几本《鲁迅研究月刊》。回到住处,我在翻看这几本杂志的时候,发现其中有一个《拾遗与补正》的栏目,大多是对1981年版《鲁迅全集》校勘、注释的正误和讨论,其中也有新发现的鲁迅佚文。于是,我萌生了一个搜集这些补正材料和鲁迅佚文的念头。

回到天津之后,我便有意识地开始了这项工作,但所获甚微。有一天,在高等教育书店,我买到了一本《周作人平议》,作者是张铁荣,看书后的跋语,得知张老师在南开大学中文系任教,于是,我很冒昧地给张老师写信,希望到他那里查阅《鲁迅研究月刊》(以前叫《鲁迅研究动态》)。张老师很快回信,说他有全部的《鲁迅研究月刊》,欢迎我去查阅。我立即和张老师通电话,约定时间去拜访了张老师。

张老师家中的鲁迅研究资料非常整齐也非常齐全,我分批借阅,将有关鲁迅佚文、《鲁迅全集》补正的资料全部复印下来,然后进行分类整理。

通过阅读这些资料,我逐步加深了对鲁迅生平经历、文本校勘、著作版本变迁等方面的了解,也从中学习到了一些学者治学的方法。最使我受益的是陈漱渝和朱正两位先生的文章,他们的文章都以史料见长,钩沉索隐,条分缕析,驾轻就熟,令人佩服。我曾经给朱正先生写信请教一些问题,朱先生每次都及时回信并给我不少鼓励。有一次还寄来了一包他在湖南人民出版社总编辑任上编的有关鲁迅的书,对我颇有用处。大约有五六年的时间,我把搜集鲁迅佚文和《鲁迅全集》的补正资料作为自己最大的业余爱好。

2000年,我将搜集到的有关1981年版《鲁迅全集》补正的资料编了一个目录,给人民文学出版社写信希望能够出版。很快,就接到了出版社的回复,说《鲁迅全集》准备修订,这些资料单独出版没有必要。过了些日子,李文兵、罗君策、王海波三位同志专程到天津找到我,希望我把这些资料提供给人文社,作为修订时的参考。自己的工作能够得到承认,总是一件令人高兴的事情。我答应下来,按照1981年版《鲁迅全集》对应的卷数,将这些资料分成16份,交给了人民文学出版社。

时隔不久,天津开明书店的经理魏光志兄得知我搜集了不少鲁迅佚文,便主动向群言出版社的吴志实副总编辑推荐,建议单独出版。吴先生很感兴趣,但对我有些不放心,因为我毕竟不是科班。一个政治学专业出身,在财税部门工作的人搜集鲁迅佚文,实在令人匪夷所思。吴先生不好直接拒绝,提出可否请鲁迅研究界的一位专家写一篇序言,以证实这本书的价值。我首先想到了朱正先生。在电话中,朱先生说:"鲁迅的书,我怎么能够作序呢?"我解释说,是出版社对我不太相信,认为我太年轻,又不是专业出身。朱先生随后说:"你跟他们讲,很多事情都是年轻人干成的,不是专业出身又有什么关系呢?"说完就挂断了电话。无奈之下,我给陈漱渝先生写信求助,陈先生在参加全国政协会议的间隙给我回信说,如果这本书(那时连书名也还没有确定)确实能够出版,而且不嫌篇幅短,他可以作序,以表示对一个业余从事鲁迅研究的年轻人的支持。但在写序之前,他要看一遍稿子。

和陈先生约定后,我背着一包稿子来到北京鲁迅博物馆。陈先生将这些稿子一一过目,建议我删去了一些过于零碎和不大可靠的篇目。

陈先生的序很快就写来了,有三千来字。我如获至宝,出版社也很高兴,《鲁迅佚文全集》的选题得以顺利通过,很快就发了稿。我特意请了一周的干休假,到群言出版社和编辑一起调整篇目,核对清样。其间,我还到人民文学出版社拜访了李文兵先生,见他的书架上有一本《中国矿产志》的第三次印刷本,便借来复印了一册。

2001年6月12日—18日,在中宣部和新闻出版总署的直接领导下,"《鲁迅全集》修订工作座谈会"在北京召开,参会者均为中国现代文学和鲁迅研究界的教授和学者,其中有许多有影响的先生。我应邀与会,是与会者中最年轻的一位,也是唯一的业余鲁迅研究者。会上,我从佚文、校勘、注释等方面就1981年版《鲁迅全集》的修订做了一个较长的发言,得到了大家的肯定和鼓励。

2001年9月,我编辑的58万字的《鲁迅佚文全集》分上下册,由群言出版社出版。9月25日,由于陈漱渝先生的举荐,我应邀到绍兴参加了鲁迅诞辰120周年国际学术研讨会,提交了《鲁迅佚文辑录工作的回顾与展望》论文。看到与会代表拿着刚出版的《鲁迅佚文全集》,有的还找我签名,使我体会到了成功的喜悦。

同年12月,我又应人民文学出版社的邀请,参加了《鲁迅全集》佚文佚信增补工作研讨会,会上,我逐篇介绍了收录在《鲁迅佚文全集》中作品,并说明了收录的依据。

回想起来,2001年真是我的幸运之年。在这一年中,出版了《鲁迅佚文全集》,参加了三次重要的会议,眼界大为开阔,信心也有了很大的提升,10月中旬,我还随财政部专家代表团出访了俄罗斯和波兰,也就是在那一年,我考入南开大学,在职攻读博士研究生。从此,我的时间分为三个板块:在单位编杂志,去南开读博士,在家中研读鲁迅。虽然有些顾此失彼,应接不暇,但感到充实和快乐。随着阅读的深入,我在鲁迅研究方面也渐渐有了一些发现,渐渐地也尝试着写一些文章,发表了《〈鲁迅全集〉的一处误注》《〈鲁迅书信集〉的三个版本》《〈两地书〉中缺少的第六封信》

《名片上的书简》《鲁迅、茅盾致红军信及其他》《〈苏曼殊全集〉广告为鲁迅所拟考》等。

2003年"非典"期间,我急于求成,将有关鲁迅的大小文章编排在一起,自费印了一个小册子,取名《鲁海夜航》。

2004年,我根据姜德明先生的一篇书话《〈鲁迅序跋集〉的命运》,参照一些序跋集的编排体例,编辑了《鲁迅序跋集》(上、下),由山东画报出版社出版。

2005年,我又以鲁迅的《〈自选集〉自序》为线索,对鲁迅的22篇作品进行了校勘和注释,完成了《鲁迅自选集》(校注),由天津人民出版社出版,转年重印。

2005年11月,我应邀到人民大会堂参加了《鲁迅全集》(修订版)出版座谈会暨首发式,会后又到西山八大处参加新版《鲁迅全集》的研讨。看到新版《鲁迅全集》,我依然感到它虽然比1981年版有了明显的提高,但仍有许多遗憾,特别是在鲁迅佚文的收集上,还存在许多遗漏,于是,我在《鲁迅佚文全集》的基础上,编辑了《鲁迅全集补遗》,主要是对2005年版《鲁迅全集》的补充,2006年由天津人民出版社出版。这本书出版之后,很受欢迎,许多书店都把这本书和《鲁迅全集》摆放在一起出售。

2006年5月,在获得博士学位不久,我正式调入南开大学文学院,任传播学系主任,主讲编辑出版学、中国编辑出版史,从此可以堂而皇之、光明正大地研究鲁迅了,算是由业余步入了专业的领域。除了出版《鲁迅全集补遗》,我还受鲁迅、郑振铎编辑《北平笺谱》的启发,编写了一个《文房清玩——笺纸》的小册子,由天津人民美术出版社出版。

2007年,我编写的《鲁迅书衣百影》由人民文学出版社出版;此外,我在1937年版《鲁迅纪念集》《鲁迅先生纪念集》的基础上,进一步搜集资料,编辑完成了《鲁迅先生纪念集》(上、下),由天津人民出版社出版。

2009年1月,我将十余年来研究鲁迅的文章正式结集,题为《鲁迅著作考辨》,由天津人民出版社出版。该书收录文章45篇,分为《鲁迅全集》评说、鲁迅佚文钩沉、鲁迅著作考订、鲁迅史实探寻。算是我研究鲁迅的一个小结。此书于2010年获天津市社会科学研究成果三等奖。

　　任教南开之后,除了承担教学任务和管理工作外,我研究鲁迅的重点主要集中于鲁迅佚文的搜集和考证,鲁迅作品的校勘,鲁迅著作版本的比较等。十余年的时间里,先后完成了《〈鲁迅译文集〉的编辑与出版》《再谈新版〈鲁迅全集〉的"得"与"失"》《鲁迅〈集外集〉编辑出版始末》《关于鲁迅佚文的辑录与辨伪》《1938年版〈鲁迅全集〉编辑出版述略》《〈鲁迅诗稿〉的版本变迁》《〈北平笺谱〉和〈北京笺谱〉区别何在》《〈救亡情报〉对鲁迅的报道》《意在扶植刚健质朴的文艺——鲁迅对外国版画的编辑与出版》《浅谈鲁迅作品的汇校》等。同时,我对鲁迅生平史料也进行了研究,发表了《鲁迅和白莽初次相见的日期》《鲁迅到天津考察现代戏剧》《鲁迅周作人兄弟失和探微》《鲁迅与马裕藻、马衡兄弟交往考》《鲁迅和易培基交往考》等。此外,我还对鲁迅著作出版中的乱象提出了批评,发表了《残缺与凌乱:"光明版"〈鲁迅全集〉》。

　　2010年,我申报的"《鲁迅全集》编辑出版研究"获得了国家社科基金立项资助,于2016年结项。

　　2014年,我将《鲁迅著作考辨》出版之后所写的有关现代文学和传播的论文结集为《版本·文本·故实——中国现代文学与传播论丛》一书,由南开大学出版社出版。

　　2015年7月,受学校委派,我到南开大学出版社任副总编辑,2016年6月任总编辑,2017年11月任社长兼总编辑。到出版社工作后,除了一般性的选题,我策划了"鲁迅研究新视野"和"鲁迅编辑版画丛刊"丛书,前一种由我选择图书并组稿,包括陈漱渝的《血性文章——鲁迅研究序跋集》,张铁荣的《寄意寒星荃不察——比较文化研究中的鲁迅》,马蹄疾的《鲁迅生活中的女性》,王友贵的《翻译家鲁迅》,常晓宏的《鲁迅作品中的日文借词》;后一种包括《艺苑朝华(附《木刻纪程》)》《引玉集》《死魂灵百图》《苏联版画集》《梅斐尔德木刻士敏土之图　凯绥·珂勒惠支版画选集　一个人的受难〈城与年〉插图》,这五本版画集,均由我校订,并为每一册撰写了前言和校订后记。

近年来,鲁迅的佚文佚信又有了一些发现,我在 2006 年版《鲁迅全集补遗》的基础上,编辑完成了《鲁迅全集补遗》(增订本),于 2018 年 7 月由天津人民出版社出版。

从最初接触鲁迅,已经过去了四十多年;从开始研究鲁迅,也经历了三十年;从发表有关鲁迅的文章,距今也超过了二十年。总结起来,我的工作大概可以归为这样几项:一是对鲁迅佚文的辑录和考证,在前人工作的基础上,我将鲁迅佚文做了最大限度的搜集和整理,出版了《鲁迅佚文全集》《鲁迅全集补遗》和《鲁迅全集补遗》(增订本),其中的一些成果,已经被 2005 年版《鲁迅全集》和后来出版的《鲁迅著译编年全集》《鲁迅大全集》等吸纳。二是对鲁迅著作版本的研究,主要涉及《集外集》《鲁迅诗稿》,不同版本的《鲁迅全集》的编辑出版过程,包括文本校勘、注释补正、编辑体例、优劣得失等。三是对鲁迅生平及相关史料的钩沉和辨正,主要包括鲁迅的社会交往、鲁迅的编辑出版活动、鲁迅周作人兄弟失和的成因等,发现了以往鲁迅研究中存在的遗漏,澄清了一些史实。

也许是天性使然,也许是知之愈深爱之愈切,对于鲁迅研究,我的确有着浓厚的兴趣。鲁迅研究之路漫长而没有止境,我还要继续走下去,力争有一些新的发现,把一些问题搞得明白一些。

浅析鲁迅与翻译

陈 哲

鲁迅的一生共翻译了十五个国家一百多位作家的作品,翻译字数达三百多万,与他的创作字数几乎相等。

据现有资料显示,鲁迅的翻译生涯始于日本东京弘文学院求学时期,最早的翻译作品是法国大作家雨果的小说《悲惨世界》中的节译,取名《哀尘》,于1903年6月发表在《浙江潮》第五期上。此后不久,在同年十月,翻译完成的法国作家儒勒·凡尔纳的科幻小说《月界旅行》由东京进化社出版,十二月,儒勒·凡尔纳的另一部科幻小说《地底旅行》的前两回也翻译发表在《浙江潮》第十期上。1906年3月,翻译完成的该书由南京启新书局出版。除了早期创作的旧体诗外,鲁迅最早写作的科学性论文《说铂》《中国地质略伦》发表在《浙江潮》第八期上,迟于他的翻译作品发表时间。虽然没有证据证明鲁迅的首篇翻译作品一定比首篇科学性论文完成得早,但绝对不会迟于首篇科学性论文,这是不容置疑的。而标志着他文学创作开始的文言短篇小说《怀旧》,更是迟至1911年才完成。在鲁迅生命最后一年的1936年2月,他还开始翻译果戈里《死魂灵》的第二部,去世前的第三天,还为曹靖华翻译的《苏联作家七人集》作序。可以说,鲁迅的翻译生涯是和他的创作生涯融合在一起,相辅相成的。本文试从选材、标准及目的三个方面,论述鲁迅的翻译工作。

一、翻译的选材

清末,随着列强的炮声,中国的国门被迫打开,被闭塞了多年的人们迫切想要了解外面的世界,也由此开启了中国翻译历史上的第三个阶段。当时的翻译界在翻译的选材上,呈现出两种态势。一是以林纾为代表的以翻译欧美小说为主,采用文言文,传统的章回体形式,迎合的是普通大众;二是以严复为代表的翻译西方哲学理论书籍为主,其目的是为了西学东用,改良社会。鲁迅在江南水师学堂就读时,就对严复翻译的《天演论》大加赞赏:"原来世界上竟还有一个赫胥黎坐在书房里那么想,而且想得那么新鲜"[1]。但两者均有各自的缺陷之处。林纾翻译的作品,受众确实很多,但为了迎合普通读者的阅读习惯、审美需求,往往改头换面,注重故事情节,大量删减描述类文字,又经常以大团圆作为结局。并且林纾本人并不懂外文,他是通过别人翻译、口述,再进行加工,经过这样一番操作完成的作品,肯定会与原作有较大的差距。而严复为代表的翻译作品,多是理论性著作,受众狭隘,稍识字的读者,对此类书籍不可能有很强烈的阅读欲望和兴趣。

鲁迅显然是看到了上述两种翻译现象的不足:"我国说部,若言情谈故刺时志怪者,架栋汉牛……智识荒隘,此实一端",而"独于科学小说,乃如麟角"。所以,为了"欲弥今日译界之缺点,导中国人群以进行",鲁迅在其翻译生涯的初始,选择儒勒·凡尔纳的科幻小说作为翻译题材,是有其远见卓识的。他认识到"盖胪陈科学,常人厌之,阅不终篇,辄欲睡去,强人所难,势必然矣。"只有用小说的口吻来宣扬科学知识,"去庄而谐",才能使读者在"不知不觉间,获一斑之智识",最终达到"破遗传之迷信,改良思想,补助文明"[2]的目的。

1906年,鲁迅二弟周作人随同鲁迅一起赴日留学,鲁迅有了一位亲密的翻译伙伴。两人共同商讨翻译问题,针对林纾等人翻译的外国小说"误译很多",决定"加以纠正",准备翻译一些"词致朴讷,不足方近世名人译本"[3],因此有了那两册《域外小说集》。这两册小说集选择翻译的篇目,既不是那些在欧美文学史上名噪一时的传世佳作,也非纯理论或实用性的著作,所选择的作家并不是个个文豪,所选择的作品也并不是当时国内读者喜爱的长篇小说,他们所选择翻译的作品,据鲁迅为第一册《域外小说集》撰写的广告语所言,除了篇幅均是"短篇"以外,还因为这些作品"结构缜密,情思幽眇",而且"文体以记事与二人自叙相间,尽其委屈,中国小说中所未有也。"同时还由于别的国家已经"竞先选译"这些作品,而"我国独阙如焉",为了将这些代表着那时候的"文学之新宗"的这些国外优秀短篇小说介绍给国人,使国人能够了解别国的人们的生活,因此才"慎为译述",费尽心力将十六篇各国短篇小说翻译出版,并在上海和东京两地寄售。但由于选材超前等缘故,销量并不理想,原来的美好设想也不得不中止。

20世纪二三十年代,时值我国东西方文化激烈碰撞的时期,此时的鲁迅正生活在上海这一东西方文化的交融中心,各种思潮在这里互相碰撞、论争、交融,鲁迅身处这样一个环境,必然也会受其影响。尤其是1928年开始的太阳社和创造社部分社员与鲁迅展开的有关"革命文学"的论争,受到青年们的指摘、攻击,虽然也令鲁迅感到愤怒,但他采取的方法,更多的正如他劝慰翻译后辈徐懋庸那样:"我以为应该对于那些批评,完全放开,而自己看书,自己作论,不必和那些批评针锋相对。否则,终日为此事烦劳,……于自己,于社会,都无益处。"[4]因此,鲁迅逼着自己把大量的时间花费在阅读并翻译一些文艺理论作品上,从国外的这些文艺理论中汲取营养,为的是"从这论文中摄取得进向正当的解决的许多的启发"[5]。

鲁迅在他不同时期,对翻译作品的选择,并不是追捧社会热点,迎合普通大众的喜好,而是有着他自己的想法和坚持的。他所选择的翻译作品,往往是能解决当时的社会所欠缺的,同时又是迫切需要解决的问题的那些作品。

二、翻译的标准

晚清外交家、语言学家马建忠在他的《拟设翻译书院议》中,曾提出翻译的三个标准:第一,译者首先要对两种语言有一定的研究,熟知两种语言的异同;第二,弄清原文的意义精神和语气,把它传达出来;第三,译文与原文毫无出入。可以说,鲁迅在他的翻译过程中所坚持的"硬译""宁信而不顺",与马建忠所提出的三个翻译标准是一脉相承的。

鲁迅曾提出:"凡是翻译,必须兼顾着两面,一当然力求其易解,一则保存着原作的丰姿"[6]。为了"保存着原作的丰姿",在他早年所作的《域外小说集》广告语中,就提出了"抽意以期于信,译辞以求其达"的翻译准则。尽可能将原作的本来面目呈现给读者,减少虚构的成分,因此在语言的表述上,力求"直译的,也极愿意一并保存原文的口吻。"[7]为了保持原样,有时甚至连一句话的前后顺序也不颠倒,这在鲁迅是为了"保存原书的口吻"[8],但欧文和中文的语法结构的不同,常常使国人对鲁迅的这种直译方式难以接受。梁实秋就曾认为鲁迅的这种翻译标准是"死译",因此两人曾进行过一番论争。但鲁迅认为"若译者另外加些解释,申明,摘要,甚而至于阐发",会引起听说双方的厌恶,因为这会使听者不能完整地接收到说者所要表达的含义。翻译,如同一个搬运工,将某处的物品,原原本本地从一处搬往另一处,这是他应尽的工作职责,若中途在物品里面加入其他物质,不但不再是原本纯粹的物品,而且也不能使别处的人们享受到物品它本来的美妙感觉,也就失去了搬运的意义。鲁迅在翻译绥甫林娜的作品《肥料》时,因为这部小说"所写的是十月革命时一个乡村中的贫农和富农的斗争",作者为了塑造人物真实性的需要,从农民口中说出来的语言是地地道道的乡下土语,这就无形中增加了翻译的难度:非身处乡下的环境中,无法理解这些土语。再者,鲁迅又是从日译本转译过来的,那个日译文的译者又译成了日本乡下的土话。为了忠实于原作,"保持原作的丰姿",鲁迅"只得求教于生长在日本乡下的 M 君",在充分理解了那些乡村俗语后,将这篇写得很生动的作品译介给国内的读者。但鲁迅依然遗憾于因为"不再用某一地的土话"而使"原作的精采,恐怕又损失不少了。"[9]

当然,鲁迅也意识到欧文与中文在语法、结构等上面的差别,如在翻译《鱼的悲哀》《池边》等童话时,就感叹"中国话又最不易做天真烂漫的口吻的文章""可惜中国文是急促的文,话也是急促的话,最不宜于译童话",等终于将这些童话翻译完成后,觉得与原作相比,失去了很多美妙之处,使读者无法完整地领略和感受"原作的从容与美"[10]。鲁迅也注重译文的"易解"。像在翻译《春夜的梦》时,文中有"露草"一词,意境很美,但与之相对应的中文名字叫"鸭跖草",带有一股土气,如果直接翻译过来,意思明白了,但会有损文章的美感,而且最主要的是,不翻译成"鸭跖草"对文章本身并没有任何影响,所以鲁迅"仍用了原名"。[11]在翻译《小约翰》中人物名字时,鲁迅也采用了同样的方式:"和文字的务欲近于直译相反,人物名却意译,因为它是象征。"[12]在翻译《月界旅行》一书时,鲁迅得到的原文本的书名,按照逐字逐句翻译的意思,是"从地球到月球在九十七小时二十分",如果照实翻译,不但作为书名的篇幅太长,而且拗口,不容易令人一目了然,鲁迅因此将它简略地称之为《月界旅行》。在翻译这篇小说之初,鲁迅曾想采用口语化的形式来翻译,后来考虑到会有烦琐的嫌疑,因此还是采用了当时人们习惯阅读的文言,用十四回的章回体形式翻译出版。

为了将原作原汁原味地翻译出来,完整地呈现给国人,鲁迅也深刻地体会到了在翻译过程中,所遇到的种种困难:"看去似乎已经懂,一到拔出笔来要译的时候,却又疑惑起来了"[13]特别是有些动植物名称,是原作者所处国度所特有的,要如何将它们翻译过来,使国人明白指的是什么,是一件非常费心思的工作:"动植物的名字也使我感到不少的困难。"[14]为此,鲁迅在文末,专门辟出一节,附以动植物的解释,为的是让读者能够知道这生长在别国的动植物究竟是怎么样的。鲁迅还曾将创作与翻译作比,认为某些时刻,翻译会比创作更艰难:"我向来总以为翻译比创作容易,因为至少是无须构思。但到真的一译,就会遇着难关,譬如一个名词或动词,写不出,创作时候可以回避。翻译上却不成,也还得想,一直弄到头昏眼花,好像在脑子里面摸一个急于要开箱子的钥匙,却没有。"[15]正因为他坚持"直译"的翻译标准,才绞尽脑汁地翻译每一个词、每一个句子,否则完全可以回避过去或者再创造一个另外的单词或句子。

三、翻译的目的

1971年,德国著名翻译理论家凯瑟琳娜·赖斯在其著作《翻译批评的可能性与限制》一书中,首次将"功能"这一概念引入翻译批评研究,并首先提出要把"翻译行为希望达到的特殊目的"作为翻译批评的新模式。翻译行为可以有多个目的,但通常情况下的"目的"指的是译文的交际目的,即"译文在译入语社会文化语境中对译入语读者产生的交际功能"。鲁迅在他的翻译工作中,遵循的是"不但移情,也要益智"[16]原则。

1936年7月,鲁迅应捷克汉学家普实克之请,为他的《呐喊》捷克译本作序时,就曾提出"人类最好是彼此不隔膜,相关心。然而最平正的道路,却只有用文艺来沟通"[17]。由于地域的阻隔、语言的差异,世界上的人们不可能每一个人都有时间和精力去周游世界,懂得世界上所有的事物,了解各地的风土人情,而要弥补这一缺憾,最直接简便的方式,就是通过阅读各地区作者撰写的书籍，由此得知那个地区的人文风情、思想内涵。鲁迅在翻译《域外小说集》时，就认为小说中"所描写的事物，在中国大半免不得很隔膜；至于迦尔洵作中的人物，恐怕几于极无，所以更不容易理会。同是人类，本来决不至于不能互相了解；但时代国土习惯成见，都能够遮蔽人的心思，所以往往不能镜一般明，照见别人的心了。"[18]正应为要消除这种人与人之间的隔膜，鲁迅将国外那些优秀的作品翻译给国人，"冀以考见其国之风土景物，诗人情性，与夫著作旨趣之一斑云。"[19]鲁迅在翻译苏联儿童文学作家班台莱耶夫的《表》时，也表达了他想将这崭新的童话介绍给中国的父母、师长，以及教育家们作参考的心愿。当时中国国内给儿童阅读的书籍，宣扬的还是儒家传统思想的那一套，既没有考虑到儿童身心发展规律，更没有将新的理念和思想融合进儿童书籍。与新的时代结合，以新的眼光看待这世界的作品少之又少，鲁迅将这些优秀的国外儿童文学作品引进国内，其目的就是为了"移情"。其实早在鲁迅担任教育部社会教育司第一科科长期间，有感于当时国内儿童教育理论的欠缺，将"立说浅近，颇与今日吾情近合"[20]的日本心理学家上野阳一所作的《艺术玩赏之教育》《社会教育与趣味》等文翻译过来，希望为人父母、师长等人能够从中受益，学到教育的方法和思维。

除了让国人阅读翻译作品得到移情的目的外，鲁迅还非常希望国人能够从国外的这些作品中达到益智的目的。在将《域外小说集》介绍给国内读者时，除了所翻译的"是被压迫的民族中的作者的作品"[21]，从中能够听到那些抗争的声音，希望能够唤醒中国国内沉睡的人们外，还在于"结构缜密"，会给当时习惯于阅读动辄几十回的章回体小说的读者带来不一样的阅读体验。《会友》也在着重介绍"作者的技艺"[22]，因为在不长的篇幅里，几个人物都描写得非常生动，能够给读者留下非常深刻的印象。契诃夫的

《坏孩子和别的奇闻》也是"字数虽少,脚色却都活画出来了"[23]。

学习国外作者的写作技巧是一方面,"医许多中国旧思想上的痼疾"[24],更是鲁迅将国外作品翻译成中文的目的。高尔基的《俄罗斯的童话》描写了俄罗斯国民性的各种表现,厨川白村的《苦闷的象征》指出了日本国内的种种缺陷,其实在中国国民身上出现的种种弊端,在俄罗斯、日本国民身上也同样存在,他认为要消除国民性中的愚弱部分,不妨学学别国的做法,"如金鸡纳霜既能医日本人的疟疾,即也能医治中国人的一般。"[25]将这些作品翻译过来,如同"从外国药房贩来的一帖泻药"[26],以使国人能够割除思想上的病变,成为一个不但体格健全,思想也完善的人。

鲁迅曾说过,"一面有残毁者,一面也有保全,补救,推进者,世界这才不至于荒废。我是愿意属于后一类,也分明属于后一类的。"[27]在翻译工作中,他一直从"别国窃得火来",给铁屋子里的人们带来光明。

注释

[1] 鲁迅:《琐记》,《鲁迅全集》第二卷,人民文学出版社 2005 年版(下同),第 306 页。

[2] 鲁迅:《〈月界旅行〉辨言》,《鲁迅全集》第十卷,第 164 页。

[3] 鲁迅:《〈域外小说集〉序言》,《鲁迅全集》第十卷,第 168 页。

[4] 鲁迅:《19340621 致徐懋庸》,《鲁迅全集》第十三卷,第 155 页。

[5] 鲁迅:《〈文艺与批评〉译者附记》,《鲁迅全集》第十卷,第 332 页。

[6][15][16] 鲁迅:《"题未定"草(一至三)》,《鲁迅全集》第六卷,第 364—365 页、第 362 页、第 364 页。

[7] 鲁迅:《〈苦闷的象征〉引言》,《鲁迅全集》第十卷,第 257 页。

[8] 鲁迅:《〈出了象牙之塔〉后记》,《鲁迅全集》第十卷,第 271 页。

[9] 鲁迅:《〈一天的工作〉后记》,《鲁迅全集》第十卷,第 402 页。

[10] 鲁迅:《〈池边〉译者附记》,《鲁迅全集》第十卷,第 221 页。

[11] 鲁迅:《〈春夜的梦〉译者附记》,《鲁迅全集》第十卷,第 222 页。

[12] [13] [14] 鲁迅:《〈小约翰〉引言》,《鲁迅全集》第十卷,第 285 页、第 283 页、第 285 页。
[17] 鲁迅:《〈呐喊〉捷克译本序言》,《鲁迅全集》第六卷,第 544 页。
[18] 鲁迅:《域外小说集序》,《鲁迅全集》第十卷,第 178 页。
[19] 鲁迅:《〈裴彖飞诗论〉译者附记》,《鲁迅全集》第十卷,第 457 页。
[20] 鲁迅:《〈社会教育与趣味〉译者附记》,《鲁迅全集》第十卷,第 461 页。
[21] 鲁迅:《我怎么做起小说来》,《鲁迅全集》第四卷,第 525 页。
[22] 鲁迅:《〈会友〉译者附记》,《鲁迅全集》第十卷,第 429 页。
[23] [27] 鲁迅:《〈坏孩子和别的奇闻〉译者后记》,《鲁迅全集》第十卷,第 448 页、第 451 页。
[24] 鲁迅:《〈一个青年的梦〉译者序二》,《鲁迅全集》第十卷,第 212 页。
[25] 鲁迅:《〈出了象牙之塔〉后记》,《鲁迅全集》第十卷,第 271 页。
[26] 鲁迅:《〈从灵向肉和从肉向灵〉译者附记》,《鲁迅全集》第十卷,第 278 页。

《野草》所受中国古典文学的影响

赵献涛

鲁迅散文诗集《野草》是受到诸如尼采、波德莱尔、厨川白村、蒙克等国外哲学、文学、艺术的影响而具有现代性的文本,也是深受中国古典文学情节原型、意象原型、抒情模式与构词方式的影响而具有古典性的文本。《野草》所受中国古典文学的影响,肖剑南《取精用宏:〈野草〉对中国古典文学的多元接受》一文已经做出了详尽的论述,笔者这里略做补充。

一、化用中国古典文学的情节原型

熟悉中国古典文学的读者会发现它的世界里反复出现"求乞"的情节、母题,如《庄子·外物》所言庄周家贫贷粟于监河侯,《史记·淮阴侯列传》所载韩信乞食漂母,《史记·范雎蔡泽列传》所记伍子胥鼓腹吹篪乞食于吴市,陶渊明因"饥来驱我去"而乞食,《红楼梦》中刘姥姥进荣国府打秋风……文学世界里反复出现的情节、意象、形象等文学单位构成原型,这些反复出现于中国古典文学中的乞食、乞物的文学情节可以概括为求乞原型。

将鲁迅的《求乞者》放在中国求乞文学原型的系列长河中可以看出它是对以往求乞原型的一种化用,当然并不排除现实生活中真实求乞情景对创作这篇散文诗的刺激。在这种创造性地化用集体无意识所表现的求乞原型的时候,鲁迅灌注了自己思想、艺术的思考。以往的求乞原型,或表现人物身处困境亟待援助

(如庄子),或表现列传人物、诗人自我的知恩图报(如韩信、陶渊明),或写出人物的忘恩负义与人情的世态炎凉(如应伯爵、吴典恩),或彰显一种"似月心常净"的伟岸人格(如贯休《乞食僧》)……语言、描写等艺术手法服从清晰、明净而单一的主题,可以说是巴赫金所言独白型作品。鲁迅的《野草》及《求乞者》正如竹内好所论述的鲁迅小说一样:"是不同质的东西的混合。这并不是说它没有中心,而是说有两个中心。它们既像椭圆的焦点,又像平行线,是那种有既相约又相斥的作用力的东西。"[1]产生于鲁迅精神深处的两个声音在散文诗中奇妙地纠葛在一起,使得散文诗《野草》具有复调性、多声部性。《求乞者》属于复调型作品,表层故事和深层意蕴通过隐喻的手法缠绕、融合在一起,形象而深刻地表现了鲁迅面对爱情的矛盾心理——是有所为还是无所为?《求乞者》将中国古典文学世界里独白型的求乞原型深化为复调性原型,这是鲁迅对传统文学原型的创造性转化;可惜的是,鲁迅这种源于心灵冲突而产生的具有复调性的求乞原型,并没有在其身后随着历史进程而得到继承、深化和发展,反而随着历史的脚步而弱化了,如电影《武训传》就将求乞原型突出地政治化了,电影《武状元苏乞儿》又将求乞原型突出地无厘头化了。

我们再看《这样的战士》是如何化用神魔小说叙事模式的。《这样的战士》叙述战士与无物之阵的战斗:

> 那些头上有各种旗帜,绣出各样好名称:慈善家,学者,文士,长者,青年,雅人,君子……。头下有各样外套,绣出各式好花样:学问,道德,国粹,民意,逻辑,公义,东方文明……
> 但他举起了投枪。
> ……
> 一切都颓然倒地;——然而只有一件外套,其中无物。无物之物已经脱走,得了胜利,因为他这时成了戕害慈善家

等类的罪人。[2]

这样一种敌人变出各式花样被战士击中后剩下一件外套逃走,而战士却成为罪人的叙事方式延续着神魔小说的模式。神魔小说中,鬼怪在被打杀降服的过程中落下一个替身性的物件落荒而逃的情节屡见不鲜,熟悉中国古典小说的鲁迅将它化用在了《这样的战士》中。如《西游记》讲述孙悟空降妖除魔的故事基本模式就是遇到妖怪、与妖怪战斗,妖怪落下一个替身性的物件落荒而逃,悟空受到肉眼凡胎的唐三藏指责,妖怪最终被降服。就第二十七回"尸魔三戏唐三藏,圣僧恨逐美猴王"而言,师徒四人行至白虎岭,悟空远走摘桃子之际,白骨夫人变作个花容月貌的女子来戏唐僧。谁知赶上悟空回来,悟空认得那女子是个妖精,不听唐三藏阻拦,"掣铁棒,望妖精劈头一下。那怪物有些手段,使个解尸法,见行者棍子来时,他却抖擞精神,预先走了,把一个假尸首打死在地下。"[3]妖怪一计不成,不肯罢休,第二次变作为一个老妇人,行者认得她是妖精,举棒照头便打,"那怪见棍子起时,依然抖擞,又出化了元神,脱真儿去了,把个假尸首又撇在路傍之下。"[4]第三次那妖怪才被悟空打死,脊梁上有一行字,叫做白骨夫人。悟空虽然降服了妖怪,但唐三藏到底禁不住八戒撺掇,最终还是将悟空逐回去了。散文诗《这样的战士》无痕有影地化用了神魔小说的叙事模式。

二、借用中国古典文学的意象原型

《野草》里的许多意象或为鲁迅独创,或借自异域,或来源于中国古典文学世界,明白了这些意象在中国传统文化里的含义,散文诗《野草》的主题也就容易把握。

在无边的旷野上,在凛冽的天宇下,闪闪地旋转升腾着的是雨的精魂……

是的,那是孤独的雪,是死掉的雨,是雨的精魂。[5]

曲心曲笔的《雪》是一篇爱情散文诗,学者多有阐释,但上述这句话却多语焉不详,孤独的雪为什么"是死掉的雨,是雨的精魂"?欲理解这句话,需要明白作为自然界现象的"雨"这一意象在中国传统文化中所获得的初始性象征含义。

《卫风·伯兮》:"伯兮揭兮,邦之桀兮。伯也执殳,为王前驱。自伯之东,首如飞蓬。岂无膏沐?谁适为容!其雨其雨,杲杲出日。愿言思伯,甘心首疾。焉得谖草?言树之背。愿言思伯,使我心痗。"本篇乃闺怨始祖,诗的第三章以"其雨其雨,杲杲出日"起兴,兴而兼比,以大旱之望云霓喻女子与丈夫久别而盼重逢。[6]

以"雨"譬喻爱情,著名的典故尚有宋玉《高唐赋》的赋序,序中宋玉对楚襄王解释高唐之观上的云气"何谓朝云"曰:

昔者先王,尝游高唐,怠而昼寝,梦见一妇人曰:"妾巫山之女也,为高唐之客。闻君游高唐,愿荐枕席。"王因幸之。去而辞曰:"妾在巫山之阳,高丘之阻,旦为朝云,暮为行雨。朝朝暮暮,阳台之下。"旦朝视之,如言。故为立庙,号曰朝云。[7]

明白了"雨"的文化原型意义,《雪》中所言朔方的雪"那是孤独的雪,是死掉的雨,是雨的精魂"这句话的意蕴也就豁然开朗:雨的精魂就是爱情的精魂,由雨化作的孤独的雪比喻鲁迅的爱情,那北方蓬勃奋飞的雪就是一种爱情的化身,它旋转升腾、闪烁弥漫的状态象征鲁迅面对新的爱情的兴奋与热烈。《雪》借用了中国文化中"雨"意象的象征含义。

我们再看斐然烂漫的《好的故事》。又央首先将《好的故事》确定为爱情主题,李天明、胡尹强、余放成踵武前贤,笔者将解释"船"和"虹霓"两个意象的含义,来进一步印证其为一篇爱情散文诗。

> 我仿佛记得曾坐小船经过山阴道,两岸边的乌桕,新禾,……都倒影在澄碧的小河中,随着每一打桨,各各夹带了闪烁的日光,并水里的萍藻游鱼,一同荡漾。
>
> ……
>
> 我正要凝视他们时……水波陡然起立,将整篇的影子撕成片片了。我无意识地赶忙捏住几乎坠地的《初学记》,眼前还剩着几点虹霓色的碎影。
>
> 我真爱这一篇好的故事,趁碎影还在,我要追回他,完成他,留下他。我抛了书,欠身伸手去取笔,——何尝有一丝碎影,只见昏暗的灯光,我不在小船里了。[8]

"我"坐小船在澄碧的小河中打桨,清醒后发现"我不在小船里",这里的"坐船渡水"都是爱情的隐喻。"在《诗经》中,渡是一种象征性行为。渡水过来或渡过水去都意味着成就好事与完成婚姻,或者是男从女,或者是女获男。"[9]再说,舟船本身就有象征女子的意义,因为据弗洛伊德精神分析理论,中空、容器状的意象一般可视为女性自我、身体的隐喻。坐在小船中的"我"所见美丽、幽雅、有趣的"好的故事"隐喻作者获得"船"(隐喻所指为许广平)的爱情的美好憧憬,不在小船里指涉现实中的鲁迅不在"船"所象征的许广平的爱情世界里。

"虹霓色的碎影"象征什么?雄曰虹,雌曰蜺。霓就是今天所言副虹。虹在《诗经》里为《曹风·候人》里的"隮",为《鄘风·蝃蝀》里的"蝃蝀"。"在《诗经》中,虹是婚媾欢爱的象征。"[10] 如《鄘风·蝃蝀》:

> 蝃蝀在东,莫之敢指。女子有行,远父母兄弟。
> 朝隮于西,崇朝其雨。女子有行,远父母兄弟。
> 乃如之人也,怀昏姻也。大无信也,不知命也!

"船"和"虹霓"两个意象都是爱情的隐喻,熟悉中国古典文化的鲁迅在《好的故事》里借用了这两个意象,坐船与不在船里、虹霓色碎影的残存与追回这些表述,曲折深隐地表达了鲁迅对爱情憧憬而担心的复杂感情。笔法委婉,情感蕴藉。

三、暗用中国古典诗文的抒情模式

《野草》的抒情方式暗用中国古典诗文的抒情模式,我们以《一觉》为例来加以说明。

散文诗《一觉》是爱情散文诗集《野草》的最后一篇,具有总结性的意义,但题目"一觉"是什么意思呢?笔者以为"一觉"就是"一下惊觉爱情美梦的环境昏黑"之意,而这也就是这篇散文诗的主题,这种"梦中一觉"的抒情方式恰恰是中国古典诗文世界里屡见不鲜的抒情模式。

在散文诗的开首,鲁迅使用了障眼法,用飞机每日在北京城上飞行引起惊觉来开始,随后过渡到编校青年的文稿:

> 我照作品的年月看下去,这些不肯涂脂抹粉的青年们的魂灵便依次屹立在我眼前。他们是绰约的,是纯真的,——阿,然而他们苦恼了,呻吟了,愤怒,而且终于粗暴了,我的可爱的青年们!

>   魂灵被风沙打击得粗暴,因为这是人的魂灵,我爱这样的魂灵;我愿意在无形无色的鲜血淋漓的粗暴上接吻。[11]

这里所说的青年们与《希望》篇里所说的"身外的青春"一样,特指许广平。《野草》自首篇《秋夜》到此为止,隐晦曲折地记录了鲁迅、许广平道路艰难、心理矛盾的爱情历程,到这个时候,爱情基本上成熟,鲁迅经历了艰难的挣扎之后,决定以"叛逆的猛士"的姿态出于人间,要让爱情的天地变色,紧随《淡淡的血痕中》的《一觉》终于呐喊出了"我爱这样的魂灵"这样明白而坚决的告白。这一坦白很容易让读者察觉那难以直说的爱情,所以在这之后,鲁迅不得不再次使用曲笔,续写编校青年文稿有关的《沉钟》故事以自掩,但心底的爱情毕竟在涌动着,需要找到喷发的出口,受情感的驱使,鲁迅笔端再次出现坦白爱情的呼告"我爱这些流血和隐痛的魂灵":

>   是的,青年的魂灵屹立在我眼前,他们已经粗暴了,或者将要粗暴了,然而我爱这些流血和隐痛的魂灵,因为他使我觉得是在人间,是在人间活着。[12]

了解许广平在"驱杨事件"、三一八惨案中经历的读者不难明白,这"已经粗暴了,或者将要粗暴了""屹立在我眼前"的青年的魂灵虽是泛指,其实专指许广平个人,鲁迅向许广平直接呼告"我爱这些流血和隐痛的魂灵",其实就是向她直接表白。

四方的小书斋窗明几净,如果不是因为飞机的光顾,鲁迅也许不会有"深切地感着'生'的存在"的一觉;爱情的梦是美好的,如果没有身外的现实如"隐约听到一二爆发声"的刺激,鲁迅也许会沉浸在爱情美梦的快乐之中,正是因为身外现实的刺激,鲁迅惊觉了美好爱情的周围还是环绕着昏黄:

> 我疲劳着,捏着纸烟,在无名的思想中静静地合了眼睛,看见很长的梦。忽而惊觉,身外也还是环绕着昏黄……[13]

年长许广平 17 岁,并且具有丰富人生经历的鲁迅到底具有知性,对未来具有清醒的现实感,他不会像一般的恋人那样在明确得到爱情之后陶醉得忘乎所以,而是清醒地意识到爱情这一"很长的梦""身外也还是环绕着昏黄",到底"是在人间活着"。这篇散文诗完全是鬼斧神工地化用杜牧"十年一觉扬州梦"、唐传奇《枕中记》等中国古典文学"梦中一觉"的构思方式:回首往事、梦中惊觉、认识现实,梦中惊觉后,作者(或主人公)感情与思想变得更加成熟,对未来人生道路的认识也就更加清楚。

四、借鉴中国古典文学的构词方式

寄托遥深的《野草》使用繁多的反义词语组合来表现抒情主体情感上的矛盾、纠葛,与此同时,使用由"大"构成的系列词语来表达一种难于直说的情感,这种由"大"构成的词语不是如《鲁迅全集》注释所言"模仿古代汉译佛经的语气",而是模仿汪洋恣肆的《庄子》,如关于《失掉的好地狱》"醉心的大乐",2005 年版《鲁迅全集》延续 1981 年版的注释:

> 使人沉醉的音乐。这里的"大"和下文的"大威权"、"大火聚"等词语中的"大",都是模仿古代汉译佛经的语气。[14]

这条关于"大"的一系列词语来源的解释是不准确的,不得不辩,因为这关系到《野草》所受影响的问题。《野草》里一些由"大"构成的词语确实为佛家语,如"大欢喜",但更主要是受到《庄子》的影响,甚至可以这样说,即使古代汉译佛经大量使用"大"来构词也是受到《庄子》之影响的结果,因为古代汉译佛经大量使用"大"来构词之前,《庄子》里已经出现了大量使用"大"来构词的现象,如:

《逍遥游》:小知不及大知,小年不及大年。

《齐物论》:夫大道不称,大辩不言,大仁不仁,大廉不嗛,大勇不忮。

《天地》:大惑者,终身不解;大愚者,终身不灵。……大声不入于里耳。

《天道》:夫明白于天地之德者,此之谓大本大宗,与天和者也。

《知北游》:天地有大美而不言。

《徐无鬼》:奉事而大有功者不可为数。

《外物》:饰小说以干县令,其于大达亦远矣。

略举数例,可见一斑。当然《庄子》这样的构词方式又是受到《老子》影响的结果,众所皆知的《老子》"大器晚成,大音希声,大象无形""大直若屈,大巧若拙,大辨若讷"就是例证,但《庄子》关于"大"的使用更为普遍、灵活、多样,更具有文学色彩,所以笔者主张《野草》中"大"的构词所受影响为《庄子》。

从上面的论述可以看出,《野草》巧妙地化用、借用了中国古典文学的情节模式、抒情模式、文学意象,借鉴了古代汉语的构词方法,所以可以得出这样的结论:展示鲁迅灵魂深处冲突与挣扎的《野草》固然受到尼采、波德莱尔、厨川白村等东洋、西洋哲学文学的影响而具有现代性,但同样因为深受中国古典文学浸润而具有传统性。"《野草》不仅同中国古典散文诗,而且还同中国古典散文、诗歌、小说等各种文体有着密切的联系。"[15]"实在呢,假如我们研究一个诗人,撇开了他的偏见,我们却常常会看出:他的作品,不仅最好的部分,就是最个人的部分也是他前辈诗人最有力地表明他们的不朽的地方。"[16] T. S. 艾略特这句话应用于评论《野草》的传统性,恰如其分。

2020 年 7 月,借琐庵

注释

[1] 竹内好:《鲁迅》,李心峰译,浙江文艺出版社 1986 年版,第 91 页。
[2][5][8][11][12][13] 鲁迅:《野草》,《鲁迅全集》第二卷,人民文学出版社 1981 年版,第 214—215 页、第 181 页、第 185—186 页、第 223 页、第 224 页。
[3][4] 吴承恩:《西游记》,岳麓书社 2006 年版,第 210 页、第 211 页。
[6] 吴桂美:《〈诗经〉"雨"意象分析》,《荆楚理工学院学报》2011 年第 10 期。
[7]《先秦文观止》编委会编:《先秦文观止》,学林出版社 2015 年版,第 120 页。
[9][10] 王政:《〈诗经〉文化人类学》,黄山书社 2010 年版,第 75 页、第 44 页。
[14]《鲁迅全集》第二卷,人民文学出版社 2005 年版,第 206 页注释[2]。
[15] 肖剑南:《取精用宏:〈野草〉对中国古典文学的多元接受》,《龙岩师专学报》2000 年第 1 期。
[16] 艾略特:《传统与个人才能》,卞之琳译,《星星》2019 年第 2 期。

新时期重温鲁迅对方言的研究与运用

孙可为

新时期,特别是网络普及以来,网络语言大量地进入汉语体系;与此同时,一些地方兴起了重温或复活方言的热潮。在鲁迅故乡,媒体开辟了"绍兴话"专栏,民众在微信中也常以使用绍兴"土话"为乐。有鉴于此,笔者以为回顾鲁迅对方言的研究与运用,重温他在吸收非主体语言元素方面的见解与实践,颇具现实意义。

鲁迅是杰出的语言大师,对于我国现代汉语的发展作出了重大贡献。他的文字,无论小说、散文、杂文,以至学术论著;无论状物、写人、叙事,以至分析议论,总不失准确、传神、锐利、幽默的特点,成为我国现代文学史上最具光彩、最有影响力的文学语言之一。

鲁迅之所以能取得这种高度的语言成就,除了思想深刻、对客观事物有精准感知、对语言艺术不懈探索和善于活用古代文学语言以外,注重对方言的研究、吸收和运用,也是一个不可忽视的因素。

鲁迅对方言问题的关注和探索是一贯的、长期的。其见解散见于多种论著中,其中比较集中的有:《门外文谈》《汉字和拉丁化》《关于新文字》《人生识字胡涂始》《答曹聚仁先生信》《关于翻译的通讯》《答〈戏〉周刊编者信》等。

他认为之所以要重视对方言的吸收,是因为:

首先,方言是主体语言和文学语言的重要源泉。

1926年,他在回顾《坟》的写作时提出要"将活人的唇舌作为源泉,使文章更加接近语言,更加有生气。"[1]以后在讨论语言文字时,更加明确地告诫人们:"方言土语里,很有些意味深长的话,我们那里叫'炼话',用起来是很有意思的,恰如文言的用古典,听者也觉得趣味津津。"[2]这既是他的理性认识,也是他的写作经验。他经常有意识地使用鲜活的绍兴方言,使作品充满原生态和地方特色。

直到逝世前一年,他还倡导注意吸收方言成分,他说"这于文学,是很有益处的,它可以做得比仅用泛泛的话头的文章更加有意思。"[3]

其次,重视对方言的吸收,有利于民族共同语的形成和发展。

鲁迅生前还没有统一的现代汉语,为此他与许多志士仁人一直在进行探索。他深入考察了当时的语言实际,分析了各大方言语系的关系与地位,及时指出了向"普通话"发展的方向。他说:"现在在码头上,公共机关中,大学校里,确已有着一种好像普通话模样的东西,大家说话,既非'国语',又不是京话,各各带着乡音,乡调,却又不是方言,即使说的吃力,听的也吃力,然而总归说得出,听得懂。如果加以整理,帮它发达,也是大众语中的一支,说不定将来还简直是主力。"[4]又说:"中国究竟还是讲北方话——不是北京话——的人们多,将来如果真有一种到处通行的大众语,那主力也恐怕还是北方话罢。"[5]

这里,他不仅揭示了普通话与各地方言的关系,而且指明普通话应以北方话为"主力"。这是极有见地的。1956年,我国通过法律程序,规定普通话"以北京语音为标准音,以北方方言为基础方言,以现代典范白话文为语法规范。"很显然,这个规定是吸收了包括鲁迅在内的前辈学者的研究成果的。

鲁迅说:"我是绍兴人,所写的背景又是绍兴的居多"。[6]因此在他的作品中,使用的方言大都为绍兴方言。

绍兴话属于吴语体系,经过数千年的演变发展,极其丰富。它既存在于人们的口头上,亦大量保存于《越谚》《越缦堂日记》等文籍中。鲁迅在绍兴土生土长,对于当地市井俚语、乡言俗谚非常稔熟,且又披阅过大量越地古籍,在头脑中自有一个丰富的绍兴方言宝库,使他得以从容地开掘、取用。

他运用绍兴方言主要有三个方面:

其一,选用精彩的方言(例句中用下划线表示)词语。例如:

"我看出他话中全是毒,笑中全是刀。他们的牙齿,全是白厉厉的排着,这就是吃人的家伙。"(《狂人日记》)

"四婶洗着碗,一见面就愤愤的说,'你自己荐她来,又合伙劫她去,闹得沸反盈天的,大家看了成个什么样子?你拿我们家里开玩笑么?'"(《祝福》)

"在这些中间第一眼就看见一个人,这一定是七大人了。虽然也是团头团脑,却比慰老爷们魁梧得多;大的圆脸上长着两条细眼和漆黑的细胡须;头顶是秃的,可是那脑壳和脸都很红润,油光光地发亮。"(《离婚》)

"愤激便有揭竿而起的可能,而'可叹也夫'则瘟头瘟脑,即使全国一同叹气,其结果也不过是叹气,于'治安'毫无妨碍的。"(《谈"激烈"》)

"象心纵意的躺倒,四肢一伸,大声打一个呵欠,又将全体放在适宜的位置上,然后弛懈了一切用力之点,这真是一种大享乐。"(《"这也是生活"……》)

"马自然而然地停在垃圾堆边;羿一看,仿佛觉得异样,不知怎地似乎家里乱纷纷。迎出来的也只有一个赵富。"(《奔月》)

其二,采撷方言土语里的"炼话"。古越劳动人民在长期实践中,发挥自己的聪明才智,巧妙地运用状物、比拟、夸张、双关等等修辞手法,创造了许多生动活泼的口语。它们结构简练,内涵丰富,生动形象,回味无穷,当地叫做"炼话"。鲁迅钟爱这种"炼话",把它们大量地吸收到自己的作品中,使文字活起来,读之回味无穷。譬如:

"吃了几筷,滑溜溜的不知是鱼是人,便把他兜肚连肠的吐出。"(《狂人日记》)

写吐出食物,不是一般的呕吐,而是夸张成整个肚腹内的东西,包括肠子全部吐出,从而把主人公意识到可能在吃人肉时的那种恐惧、恶心,表现得极度强烈,对于揭示小说主题起了很好的心理暗示作用。

再如,"从小以来,什么'乾隆是从我们汉人的陈家悄悄的抱去的'呀,'我们元朝是征服了欧洲的'呀之类,早听的耳朵里起茧了"。(《中秋二愿》)

用"听得耳朵里起茧了",讽刺陈词滥调长期重复,令人生厌。试想,语音引起的空气震动原本微乎其微,现在居然把耳朵冲击得起了老茧,这要反复多少次呀!

这种"炼话",鲁迅采用过很多,如"半个铅钱也不值""马蚁扛鳌头""一双空手见阎王""平生不作亏心事,半夜敲门不吃惊""麒麟皮下露出马脚""黄胖和尚念经""讨饭怕狗咬,秀才怕岁考""螺蛳壳里做道场"[7]等等,极大地丰富了他的作品语言。

其三,吸收方言语法。有些方言语法,虽为一地所独有,但在总体上,与民族共同语的主体部分保持着基本一致,如果有选择地加以融合、吸收,对增强共同语的表达功能是有益的。人们读鲁迅的文章,常觉得它有一种独特的神韵,这固然有多方面的原因,而参考一些方言创造新颖别致的句子结构,也是一个重要因素。例如:

"杂感之于我,有些人固然看作'死症',我自己确也因此吃过一点苦,但编集是还想编集的。"(《三闲集·序言》)

此处最末一句，按一般句法应是"还想编集的"，现在参照绍兴话常见的句法，将"编集"重复，并用"是"加以联系，变成"编集是还想编集的"，使其具有紧缩复句的形式，丰富了语意表达：一是强调了"编集"；二是以舒缓的结构增强了转折语气。这类句式，鲁迅用得很多，如"我虽然一无所有，寻求是还在寻求的。""至于宋版书呢，有是有的。"印象所及，现代汉语中这类"M 是还 M 的"句式，现在已经极为普遍了。

鲁迅研究和采用方言的目的非常明确，没有探奇猎胜之心，也没有哗众取宠之意，而是始终为着丰富语言，增进文字表达和文学创作。综观他的著作，可以发现他在采用方言上坚持着一些原则：

第一，避免冷僻。语言是交际的工具，若达不到交流思想的目的，那么再"妙"的语言也是无意义的。鲁迅告诫人们说："太僻的土语，是不必用的。"[8]又说："只在一处活着的口语，倘不是万不得已，也应该回避的。"[9]1921 年，他创作《阿Q正传》写到阿Q摸小尼姑头皮时，想用绍兴方言里的"攎"字。为此还同几个绍兴籍学生讨论过"攎""摩""摸"等三个字的含义。他很欣赏"攎"字，连连说"实在好！"但最后割爱没有用，而用了"摩"。他说："因为太土气，也太冷僻，恐怕许多人不会懂，很可惜。"[10]可见，他采用方言是多么地审慎。

第二，避免扰乱普通话的规范体系。规范化是每种语言存在的立足点，没有规范化也就没有健康的语言。人们在拓展语言时，应当自觉地维护这一点。鲁迅在吸收方言成分时，十分注意。例如，绍兴方言中把房屋前面较大的空地称做"稻地"或"道地"。前者很易与"麦地"类比而理解成种稻的地，后者则又易与表"纯正"义的"道地"混淆。因此他在《风波》中写到七斤家门口的"道地"时，将它写成"土场"，避免了对原有词语的干扰。

同时，他还采用叙事用普通话、人物对白用方言的方法，把某

些难以割舍的方言限在特定语境中,如:

"我道 nga 阿嫂哭得悲伤,暂放他还阳半刻。
大王道我是得钱买放,就将我捆打四十!"
……
"难是弗放者个!
那怕你,铜墙铁壁!
那怕你,皇亲国戚!"

这是《无常》中活无常的独白,其中一些方言词语是很冷僻的,如"我道 nga 阿嫂哭得悲伤"中的"道",相当于普通话中"觉得""以为"的意思;"难是弗放者个"中的"难",相当于普通话中"现如今……""这下可……"的意思。为了逼真地反映无常的神情和语气,鲁迅把它们引到了作品中,但严格限定在"无常独白"这个特定的语境中,在其他场合,则坚决摒弃使用这类词句。

第三,注意对方言成分的改造。鲁迅指出:方言是可以采用的,"但一面仍然要改进。譬如'妈的'一句话罢,乡下是有许多意义的,有时骂骂,有时佩服,有时赞叹,因为他说不出别样的话来。先驱者的任务,是在给他们许多话,可以发表更明确的意思,同时也可以明白更精确的意义。如果也照样的写着'这妈的天气真是妈的,妈的再这样,什么都要妈的了',那么于大众有什益处呢?"[11]正是本着这样的精神,他做了大量加工、提高的工作。

一是改造方言词语,使其与普通话中的同类词语在结构上保持一致。小说《药》中,夏四奶奶与华大妈上坟时用的"纸锭",是外面呈银色的纸元宝,绍兴人叫"银锭"。普通话中有"铜锭""金锭"等词,若直接用"银锭",极易误解为白银铸成的锭块。鲁迅将其改成"纸锭",避免混淆。

二是以方言为基础,熔铸新词。绍兴民间,把受到一点小伤害就装模作样要挟别人的,叫做"卖佯"或"装假死"。鲁迅在《二十四孝图》中,以这两个词语为基础,融会糅合出"装佯"一词,使读者更易理解。

三是把方言中可以有不同写法的同一词语,分别选用于不同的语境中。如绍兴方言中的"象心纵意"与"象心中意";"烟尘陡乱"与"烟尘斗乱";"趁队有哄"与"趁队起哄";"盈反飞天"与"沸反盈天"等等。鲁迅在不同著作中,作了不同选用:

"但到傍晚,有一间的地板便常不免要咚咚咚地响得震天,兼以满房烟尘斗乱;问问精通时事的人,答道:'那是在学跳舞。'"。(《藤野先生》)

"天下太平。我坐在烟尘陡乱,乱七八糟的小房里,悟出我的两位同胞开手的捣乱,倒并不是恶意。"(《再谈香港》)

以上的"烟尘斗乱"和"烟尘陡乱",前者用在舞步踏起的烟尘,用"斗";后者用于警察突击翻查引起的烟尘,用"陡",均十分贴切。

四是推陈出新,给方言词语注入全新的含义。这方面最著名的例子是"打落水狗"。这个俗语,越地原有"投井落石"或"乘人落水跟着也去捅他几下"的意思,主要是用来讥讽"打"者的无聊的,有时甚至隐含对落水者的些许同情。鲁迅在《论"费厄泼赖"应该缓行》中,反其意而用之,广征博引,详论"痛打落水狗"的必要性,使之成为表示正义之举的词语。

注释

[1] 鲁迅:《写在〈坟〉后面》,《鲁迅全集》第一卷,人民文学出版社 2005 年版(下同),第 302 页。

[2][3][4][5] 鲁迅:《门外文谈》,《鲁迅全集》第六卷,第 100 页、第 100—101 页、第 99 页。

[6] 鲁迅:《答〈戏〉周刊编者信》,《鲁迅全集》第六卷,第 149 页。

[7] 分别见《杂忆》《复仇》《无常》《无花的蔷薇之三》《我还不能带住》《法令和歌剧》《〈阿Q正传〉的成因》《理水》。
[8][11] 鲁迅:《答曹聚仁先生信》,《鲁迅全集》第六卷,第79页。
[9] 鲁迅:《关于翻译的通信》,《鲁迅全集》第四卷,第393页。
[10] 见川岛:《和鲁迅相处的日子》。

祖父之死与鲁迅对中医的批判

李城希

鲁迅以小说艺术、文化反思、生活回忆三种不同方式对中医展开的严厉批判引起了持续广泛的关注和讨论[1],但迄今为止尚未见到人们对鲁迅批判中医的原因及其合理性提出质疑。据周建人回忆,何廉臣1904年替初病的祖父首诊即下惊人的死亡结论并拒绝作任何治疗的努力。如果周建人的回忆属实,何廉臣的行为就可谓相当残酷,隐含着人性恶,无论与中医还是中国传统伦理道德都构成严重冲突,这或许才是鲁迅批判中医的重要原因。

一、"药引奇特":鲁迅批判中医的理由难以成立

1922年鲁迅在《〈呐喊〉自序》中从自己少年时代替父寻医问药的经历与体验出发对中医展开了空前严厉的批判,认为"中医不过是一种有意的或无意的骗子"[2],不仅对曾经为其父亲治病的医生的努力和付出毫不留情地一笔勾销,更重要的是对千百年来以悬壶济世为使命的中医的能力作了彻底否定,如周作人所说,这是"对于江湖派的旧医生下了一个总攻击,其意义与力量是不可以小看的"[3]。因为鲁迅的巨大影响,深信他的严厉批判让人们从此对中医而不仅仅是"江湖派旧医生"从无条件信任甚至依赖到多了一份怀疑与不安,在相当大的程度上是对中医存在与发展的严重打击。但是,深入分析鲁迅的相关回忆和表达就会发现,鲁迅批判中医的理由很难成立,主要表现在:

(一) 医术与中医的用药

1922年鲁迅首先在《〈呐喊〉自序》一文中指出曾经替他父亲治病的中医的用药存在问题,其中主要是药引奇特,"开方的医生是最有名的,以此所用的药引也奇特:冬天的芦根,经霜三年的甘蔗,蟋蟀要原对的,结子的平地木,……多不是容易办到的东西"[4],1926年在《父亲的病》一文中他再次对这一问题作了详细回忆和陈述。在他看来,中医似乎是故意用这些奇特"药引"来制造神秘感以掩盖医术的不足,由此对中医产生怀疑并成为他批判中医的核心理由。

但是,鲁迅批判中医的这一理由很难成立,关于用药引奇特这一问题,如今有专业人士从中医的角度对它们的性能作了一一具体的专业解释:(1)"芦根、甘蔗",中医认为"用药以芦根、甘蔗为引,可知是有肺热。甘蔗经霜,如霜桑叶一样,清热之力增强,也非是故弄玄虚"[5]。(2)"蟋蟀与平地木",中医认为,"蟋蟀,又名'促织'……性通利,治小便闭……何廉臣取其通利小便的功效治疗周氏水肿是对症的。平地木是一种常绿小灌木……《本草纲目拾遗》载其治吐血劳伤……何廉臣取其'治吐血'的功效也无不可"[6]。应该说,从不断变换方药来看,当时为鲁迅父亲治病的两位医生都在尽力而为。

(二) 中西医比较与中医的局限

1898年鲁迅到南京求学时开始接触西医知识,"生理学并不教,但我们却看到些木版的《全体新论》和《化学卫生论》之类了"[7],这促成他与不久前亲历的中医相比较,使他看到中医的局限并由此得出对中医的批判性认识和结论。

但是,鲁迅在南京期间所接触的西医无疑是初级知识,这从1909年鲁迅在浙江两级师范学堂任教时所编《人生象教》即可看出:"《讲义》着重于生理学基本知识的普及教育"[8],七年前他在南京求学期间所阅读的《全体新论》和《化学卫生论》之类当更是如此[9]。以这样的初级西医知识与历经千年的中医相比较并由此否定中医显然很勉强。与西医相比中医固然有其局限,但即使是西医已有巨大发展的今天中医仍然有其存在的空间,在治疗疾病与维护人的健康方面仍然有其不可替代的作用。同时,无论中医还是西医都无法包医百病。

(三)"骗子"与中医的医德

鲁迅所说"中医不过是一种有意的或无意的骗子"不仅是对中医医术的否定,更是对中医医德的否定。但是,仅从先后为鲁迅父亲治病的三位医生的行为来看,除第一位姓冯的医生"大概只来了两三回,就不再请了"[10]之外,另外两位医生在治病过程中不仅竭尽全力而且态度诚实。如姚芝仙,周作人说他"医方的花样最多,仿佛是江湖派的代表"[11],其实不然,此人不仅医术高超,"据说姚芝仙做过太医,给慈禧太后治过病,绍兴人称之'姚半仙'"[12],而且态度热忱,在给鲁迅父亲治病大约两年的过程中,与鲁迅"渐渐地熟识,几乎是朋友了"[13]。当时的鲁迅不过是十三四岁的少年且家庭已"坠入困顿"[14],但作为医生的姚芝仙只管治病,没有偏见更没有歧视,可见其医德。从鲁迅所说"'药引'的难得,新方一换,就得忙一大场"[15]来看,这正是姚芝仙针对鲁迅父亲不断变化的病情临症用药的表现。更重要的是,当他觉得"所有的学问,都用尽了。这里还有一位陈莲河先生,本领比我高。我荐他来看一看,我可以写一封信"[16],可见他的诚实和热情,目的是治病救人。何廉臣也是如此,不仅医术高超,"是清末民初的中医名家,'绍派伤寒'的代表人物,一生勤于诊疗,又致力于古籍整理……在绍兴乃至中国近代医学史上颇有医名"[17],为鲁迅父亲"看了一百多天"[18],不仅尽力而为而且态度同样相当诚实,"陈莲河先生开方之后,就恳切详细地给我们说明"[19]。由此,鲁迅认为"中医是一种有意的或无意的骗子"显然难以自圆其说。曾经为鲁迅父亲治病的这两位医生自始至终都没有"骗"过鲁迅的父亲及家人。

（四）诊费昂贵与中医的价值

鲁迅在回忆少年时期替父寻医问药的经历与体验时特别强调当时的医生诊费昂贵，这涉及中医的医德更涉及中医自身的价值。1926年鲁迅在《父亲的病》一文开篇即用列举数据的方式详谈曾经替他的父亲治病的中医诊费昂贵这一问题，如姚芝仙，"他出诊原来是一元四角，特拔十元，深夜加倍，出城又加倍"[20]，他特别强调"那时是一元四角已是巨款，很不容易张罗的了；又何况是隔日一次"[21]，这给鲁迅当时的家庭造成了沉重经济负担。但是，如果这位医生是明码标价且一视同仁，那就无可指责，同时这也是他作为一方名医的价值表现，一定已为当地人所认可。因此，充其量只能说他对鲁迅当时的家庭缺乏应有的同情，未能酌情减免，但不足以此断定中医就是一种有意的或无意的骗子。

（五）名医与不治之症

鲁迅批判中医的理由之所以难以成立，最为重要的原因就是他回避了一个无法回避的客观情况，那就是他父亲自身的病情。鲁迅父亲的病大约"起于甲午年的四五月间……最早的病象是吐狂血。因为是吐在北窗外的小天井里，不能估量共有几何，但总之是不很少，那时大家狼狈的情形至今还能记得"[22]，病发时"吐狂血"的状态，可见病情初起即已相当严重并且不断发展，"随后脚背浮肿，渐至小腿，乃又作水肿医治……终于肿到胸腹之间"[23]，终成不治之症。鲁迅的回忆也显示了这一点，"父亲终于躺在床上喘气了"[24]，医生的药已经失去作用，"药……灌下去，却从口角上回了出来"[25]。今人据周作人的回忆分析，"周伯宜的疾病发展到最后，大概是肝硬化……本就难治，又加之情志抑郁、酗酒、吸食鸦片等,换做任何高明的医生恐怕都难以妙手回春了"[26]。

(六)孤证与批判的依据不足

鲁迅对中医批判的理由之所以难以成立,其原因还在于他的批判主要依据是少年时代替父寻医问药的个人经历及体验,无论经验的范围还是体验的深度都有限,从逻辑论证来看近乎孤证,批判的依据显然不足。同时,鲁迅对中医的批判更多的是久经压抑的个人情绪情感的宣泄而不是历数千百年来中医故意误人性命的案例,深入分析其原因并与西医展开严格的科学实验与比较,由此对中医展开深刻的理性认识和批判。

尽管鲁迅批判中医的理由难以成立,但其中三个问题特别值得注意:(1)为何独提何廉臣并持久关注他的行踪。曾经为鲁迅治病的医生有三位,但鲁迅在《父亲的病》中却用隐晦的方式独提何廉臣并持续关注他的行踪。(2)两个"何医生"的原型与何廉臣。《狂人日记》和《明天》中两个"何医生"形象的连续出现决非偶然,他们的原型与何廉臣是否相关值得注意。(3)鲁迅对中医的"私怨"。鲁迅在《从胡须说到牙齿》中提到,"到现在,即使有人说中医怎样可靠,单方怎样灵,我还都不信。自然,其中大半是因为他们耽误了我的父亲的病的缘故罢,但怕也很挟带些切肤之痛的自己的私怨"。鲁迅在这里所说的"切肤之痛"的"私怨"当是曾经的某个中医的行为对鲁迅以及他的家庭乃至家族构成了严重的精神创伤,是他批判中医的根本原因。

然而,从鲁迅及周作人的回忆中我们很难明白鲁迅所说"私怨"的真实内容,但是,周建人的《鲁迅故家的败落》一书中有关何廉臣1904年替初病的鲁迅祖父诊断的相关回忆中或许能找到上述问题的答案。

二、周建人的回忆：何廉臣为初病的
　　鲁迅祖父诊断的行为及过程

鲁迅的小说中连续出现两位"何医生"以及回忆中独提何廉臣决非偶然，何廉臣不仅曾经替鲁迅的父亲治病，更重要的是1904年5月间曾替初病的鲁迅祖父治病，并且首诊即当鲁迅祖父及家人的面下直白惊人的死亡结论并拒绝作任何治疗的努力，鲁迅祖父也放弃治疗，后不久在日益加重的病情和日渐炎热的天气中饱受折磨致死，周建人的回忆简略但较完整地记述了这一过程。

（一）突发疾病

1904年5月间，鲁迅祖父突发疾病，"我祖父五月间生了病，看样子好像感冒，发热，有点气急。人倒似乎还有精神，并不十分狼狈"[27]。

周建人的这一回忆很重要，鲁迅祖父此次是突发疾病而非旧病复发、或因身体衰老、尤其是八年监狱生活而引起的疾病，这是因为鲁迅祖父此前：(1)身体健康。1901年鲁迅祖父出狱回绍兴时身体健康，"他离家八年，头发花白了，音容没有大改变"[28]。(2)能完成武术动作。鲁迅祖父回绍兴时不仅身体健康而且能完成一定的武术动作，"在明堂里戏棍给我看。他这时已65岁，关了八年牢，但居然还很灵活矫健。他戏了几路，停了下来，说：'多年不戏，已经忘记了'"[29]，这里值得注意的是"他戏了几路"，也就是完成了连续性的武术动作，由此可以看出他的身体应该是相当好。(3)生活有家人照料。"我祖父回家以后，每顿下饭的菜，总要好一些，不能这么将就了"。(4)精神状态很好。"我的祖父出狱回家以后，兴致勃勃，他去了祠堂，到老台门拜了致公祭、佩公祭"，关心家族事务，精神状态很好。(5)乐于交流。出狱后的鲁迅祖父并没有封闭自己而是乐于与家人交流，"我祖父……常常和我谈天"[30]。

(二) 及时延请何廉臣

鲁迅祖父生病之后,家人无疑相当重视:一是此时的鲁迅祖父已六十九岁;二是鲁迅的父亲去世已经八年,长子长孙鲁迅在日本留学且年轻,祖父再次成为这个家庭生活与精神的支柱,因此,"祖母和母亲商量,请一个专门医治伤寒感冒杂症的名医何廉臣"[31],及时为祖父治疗。值得注意的是,此次决定再次延请八年前为鲁迅父亲治病的何廉臣,一方面是对祖父生命的重视,另一方面是对何廉臣的充分信任并把希望寄托在他的身上,此时何廉臣的医术一定比八年前更加精湛,再就是,何廉臣曾为鲁迅的父亲治病一百多天,对鲁迅所在家庭应该相当熟悉,有利于彼此之间的交流,同时也一定经过鲁迅祖父的同意。

(三) 诊断过程

周建人关于何廉臣治病过程的回忆,简短但清晰呈现了当时祖父的身体与精神状态、何廉臣的诊断行为及过程。

1. 鲁迅祖父就诊时的身体与精神状态。鲁迅祖父"人倒似乎还有精神,并不十分狼狈"[32],何廉臣到来时仍然如此,"医生来的时候,祖父还从床上坐起来,伸手让他把脉"[33],从这一连续行为可以看出鲁迅祖父:一是病后已安静休养而不是仍然四处活动从而加重病情;二是身体与精神状态正常,能自己"坐起来",且能主动配合医生的诊断;三是因为鲁迅祖父此时的身体与精神状态仍然正常,因此能清晰理解、感受何廉臣对他的情感态度。这相当重要,是鲁迅祖父放弃治疗的重要原因。

2. 何廉臣的诊断行为及过程。当鲁迅的祖母及母亲满怀希望延请何廉臣为初病的鲁迅祖父治病时,这位名医的诊断行为及过程大大超出他们的意料之外:

一是诊断过程草率。"医生把了脉,看过舌苔,想了一想"便

"对我祖父说"[34],如果周建人的回忆没有遗漏,何廉臣此次为鲁迅祖父诊治的过程可以说是相当草率。中医诊断过程"主要包括望、闻、问、切'四诊'"[35],但何廉臣的诊断过程只运用了"四诊"中的"切诊"及"望诊"中的"舌诊",这显然违背了中医诊断的基本原则。面对鲁迅祖父这样一位长者,何廉臣理应细致诊察,反复询问病情及病人当前的感觉。这不仅是诊断的必要,也直接反映医生对病人的情感态度,是对病人及家属的重要安慰。

二是结论生硬惊人。其一,鲁迅祖父的病无法可医。"你这毛病,医药书中没有这样的方子留下来"[36],意思是鲁迅祖父的病已是不治之症;其二,直接作惊人的死亡结论。在与鲁迅祖父及家人没有更多交流和安慰的情况下,当面对鲁迅祖父作出生硬惊人的死亡结论,"你可以料理后事了"[37];其三,作结论的同时表现出自信的神情。在作出惊人结论时给周家人的感觉是"好像很有把握的样子"[38]。如果周建人的回忆属实,何廉臣的这一行为可以说相当野蛮无礼,这不是精心诊断后的医学结论而是对病人及家属的恶意诅咒。即使鲁迅祖父已病入膏肓,也应通过家人甚至周围人委婉告知,这是人伦道德的基本要求。

三是拒绝作任何治疗的努力。"随便开方也不好,我不开了"[39]。何廉臣的这一行为令人无法理解:其一,作为一方名医,医术精湛,完全有能力选择合适的治疗方案以缓解病情并延续病人生命。其二,八年前面对鲁迅父亲的不治之症仍然积极治疗了一百多天,但此次却放弃一切努力。其三,如果何廉臣确认鲁迅祖父此次属重症,自己实在无能为力的情况下可如曾经的姚芝仙那样建议鲁迅的家人另请高明。如果这样,何廉臣的结论及无能为力就无可怀疑。

四是照常收费且费用昂贵。在替鲁迅祖父草率诊断,作出惊人死亡结论并拒绝作任何治疗的努力之后,何廉臣若无其事照常收费,"他拿了一元四角钱的诊费,就走了"[40],他的这一行为是对病人及家属的冷酷无情,对病人及家属再次构成精神打击。

五是不再过问鲁迅祖父的生死。在首诊并给出死亡结论之后直到7月鲁迅祖父去世,未见何廉臣直接间接过问鲁迅祖父的病情。无论首诊时因何种原因让何廉臣放弃一切努力,当他离开之后,出于医生的职责与良知,对鲁迅祖父的病情应当有所过问,但周建人的回忆没有提及。如果事实如此,那只能说,何廉臣对鲁迅祖父当怀有切实的负面情感以至决绝地放弃鲁迅祖父的生命。

总之,何廉臣为初病的鲁迅祖父诊断的过程正是让鲁迅祖父及家人从满怀希望到瞬间坠入绝望的过程,对鲁迅祖父及家人构成沉重精神打击。两个多月之后,鲁迅祖父在日渐炎热的天气和无任何治疗的情况下饱受折磨去世,这实在令人难以接受。

三、无法调和的冲突:鲁迅对何廉臣诊断行为的知晓及可能反应

鲁迅祖父从初病到去世时鲁迅正在日本留学,他对这一过程是否了解是一个问题;同时,鲁迅与祖父不仅年龄相差很大,而且相处的时间很少,祖孙之间的感情如何同样需要认识;祖父生病及何廉臣前来诊断时鲁迅并不在场,但当鲁迅对这一问题不断深入了解之后,他的认识和情感反应当会成为他后来批判中医的重要甚至根本原因。

(一)鲁迅对祖父的病及何廉臣前来诊断的行为及过程当有详尽了解

祖父生病时鲁迅正在日本留学,去世时鲁迅"未回国参加丧仪"[41]。但是,鲁迅对祖父出狱回家、生病直到去世的前后经过当有详细了解,这是因为:

1. 长子长孙地位决定了家中大事会及时向鲁迅告知。如周建人所说,"我大哥在日本留学,时常有信来……我也有信给他"[42],像祖父生病和去世这样的大事周建人当随时通过书信告诉鲁迅。周作人也当如此,祖父去世时他正值暑假从南京回到家中,"甲辰年放暑假回家去,刚遇着祖父的病殁"[43],周作人此次在家中住了四个多月,当与鲁迅通信并告知祖父生病及去世的前后情况[44],如他返校后的日记就明确记载与鲁迅通信,"十二月……'十三日:得索士信。'(十四日项下记有寄索士函)'"[45]。

2. 1906 年鲁迅回绍兴时对祖父的病及何廉臣前来诊断的过程当会作详尽了解。如果说鲁迅在日本期间通过通信方式对祖父的病及何廉臣前来诊断的情形了解不够全面,或者说,此前家人为不影响鲁迅在日本的学习和生活,把祖父的病及去世的消息暂缓告知,那么,时隔祖父去世大约两年后的 1906 年,鲁迅从日本回绍兴后对这一问题当有详尽了解。"光绪三十二年(1906),大约六月初,我大哥从日本回来了"[46],不久周作人也从南京回绍兴。三兄弟齐聚家中,还有祖母和母亲,关于祖父的病及何廉臣前来诊断的过程一定有详细交谈。

3. 与周作人同赴日本,对祖父的病及何廉臣前来诊断过程的认识会不断加深。1906 年鲁迅回国"在家仅停留四天即重返东京"[47],同时,由于"当时,周作人已被批准赴日留学,即随鲁迅一同赴日本"[48],因此,如果说鲁迅回家期间对祖父的病及何廉臣前来诊断过程的了解只停留在事实层面,那么,他们在日本期间对祖父的病及何廉臣前来诊断的行为过程当有更加深入的反思和认识。

4. 1909 年鲁迅留学回绍兴后,为彻底了解祖父的病及何廉臣的诊断过程,鲁迅可能会详细阅读祖父的日记,对祖父的病及何廉臣的诊断行为及过程的了解会更加深入详尽,进一步强化他对何廉臣曾经的行为认识和判断从而对后来批判中医产生决定性影响。

(二) 鲁迅对祖父的情感

鲁迅祖父 1838 年出生,鲁迅 1881 年出生,祖孙之间相差四十三岁。1893 年科场案之前,鲁迅祖父居北京,科场案后入狱八年。1902 年鲁迅赴日本留学时回绍兴与出狱回家的祖父相处过一段时间,此后直到 1904 年祖父去世未曾见面。从这些重要时间点可以看出,鲁迅与他的祖父直接相处的时间很少,祖孙之间的感情如何是个问题。如果没有感情,对祖父的生死就不可能有太多的关心。

但是,由于祖孙之间的血缘关系,再加上如下情况:1893 年虽然年幼但亲历科场案对祖父及整个家庭乃至家族的打击,1896 年父亲去世后祖父成为家庭生活与精神支柱,1899 年祖父在狱中撰写《恒训》,表达对鲁迅等后辈的深切关怀[52],1902 年鲁迅到日本留学之前曾回家中与祖父交谈,此次祖孙之间的短暂相处与离别并不容易,"祖父看了听了,'唔'了一声,不反对大哥去留学"[49],从中鲁迅一定能感受到祖父难舍难分与关怀备至的情感,随着时间的推移和个人的不断成长,鲁迅对祖父曾经的科举成功及其给家庭、家族带来的影响,祖父本身的人生经历、性格、知识修养、多方面能力以及充满个性的行为方式的认识会不断加深,作为长子长孙,在父亲去世后,鲁迅对祖父尤其是出狱回家后的祖父会更加自觉地关心,等等,这些都会不断强化鲁迅与祖父之间的情感。

(三) 鲁迅对何廉臣诊断行为及过程的可能认识

当鲁迅对祖父初病之后何廉臣首诊即作出惊人死亡结论并拒绝治疗这一情形有所了解并反复确认之后,他对何廉臣这一行为的性质和背后的动机,尤其是对祖父生命的直接影响等问题一定有持久深入的反思和认识。但是,由于祖父曾经的科场案以及八年的狱中生活使鲁迅无法直接谴责何廉臣的行为,于是用艺术、生活回忆、文化批判等曲折隐晦的方式表达他的极度不满并上升文化与人性层面对中医展开持续深刻的批判。

1. 两个"何医生"的原型与何廉臣。《狂人日记》与《明天》中连续出现的两个吃人的"何医生"形象不会偶然,当是鲁迅对中医批判性认识的艺术表现,他们的原型即使不能断定是何廉臣也一定与何廉臣密切相关。在为鲁迅祖父诊断的过程中,何廉臣扮演的正是现实生活中的吃人者。距鲁迅祖父去世十四年之后,曾经的何廉臣被艺术化为《狂人日记》和《明天》中的"何医生"。

2. 何廉臣拒绝治疗的行为与人性恶。1922年鲁迅在《〈呐喊〉自序》中所说"有谁从小康人家而坠入困顿的么,我以为在这途路中,大概可以看见世人的真面目"有着复杂的意义。鲁迅所说的"从小康人家而坠入困顿"是科场案后鲁迅所在家庭延续较长的不断崩溃的过程,祖父之死正是这一过程的重要构成部分。在这一过程中他"看见世人的真面目"即人性恶的种种表现,曾经的何廉臣替自己祖父诊断的过程正是如此,面对年事已高初病的鲁迅祖父,何廉臣在给出惊人的死亡结论后拒绝治疗。他的这一行为可以说相当残酷,透露出人性恶,根本原因当在于鲁迅祖父曾经的科场案及八年的狱中生活对自己的人生价值所构成的深度毁灭性影响。

3. 何廉臣曾经的行为与鲁迅的"切肤之痛的自己的私怨"。鲁迅在严厉批判中医的过程中毫不掩饰中医曾经对他自己及所在家庭构成的现实与精神伤害,他所说的"切肤之痛的自己的私怨"正是这一严重精神伤害的深切表达。由于祖父曾经的科场案及八年狱中生活成为鲁迅表达他自己在科场案过程中的感受、体验和认识的重要障碍,以致他所说的"私怨"没有也不便确指,很难为一般人所理解。有人把它看作是鲁迅自己牙痛等经历和体验,这未免失之简单[50]。从鲁迅、周作人及周建人的诸多回忆来看,1922年鲁迅对中医展开明确严厉批判之前,对鲁迅及家人构成严重现实和精神伤害的中医莫过于何廉臣。作为一方名医,曾经为鲁迅父亲治病的过程中应该说是尽心尽力,无法引起鲁迅的任何"私怨"。但是,当何廉臣受鲁迅祖父及家人所托并满怀希望时他所实施的言行,是对鲁迅祖父及其所在家庭乃至家族迟到却是最严重的蔑视、羞辱和伤害,让鲁迅祖父及所在家庭乃至家族的尊严与价值受到空前打击。由于鲁迅祖父的科场案及八年狱中生活,何廉臣的这一行为成为鲁迅终生无法公开表达的对中医"切肤之痛的自己的私怨",并在批判中医及传统文化的过程中上升到人性与文化的高度而不是止于"私怨"。

需要再三强调的是,如果周建人的回忆属实,何廉臣1904年为初病的鲁迅祖父诊断的行为及过程,就是在今天依然与中医及传统伦理道德严重冲突,都应当受到严厉谴责。

注释

[1] 1922年12月鲁迅在《呐喊》自序中从人性与道德而非严密的专业论证出发对中医的质疑与批判引起了持久广泛的讨论,主要表现在:1.跨界、跨专业。鲁迅对中医的质疑与批判不仅早已引起鲁迅研究界的关注和研究,同时也引起中医药界的关注和讨论。如中国中医科学院的张立平2018年在《中国中医药报》发表《"药引"漫谈》一文,对鲁迅在《父亲的病》中所谈中药的"药引"问题作了相当专业化的解释,对认识鲁迅对中医的质疑与批判具有特殊意义。此外如上海中医药大学施鸣捷、楼绍来在2001年第4期《医古文知识》发表的《直面人生看中医——鲁迅的中医观探析》、贵州中医药大学孙达、陈烨文在2019年第6期《陕西中医药大学学报》发表的《鲁迅医学观对中医药发展的启示及思考》等,都是从专业角度对鲁迅的观点展开讨论,很有意义。2.跨国、跨地区。鲁迅的质疑与批判不仅在中国大陆引起持久广泛的讨论,这一问题还引起不同地区、不同国家学者的关注和研究。如中国台湾

学者皮国立2012年在南开《中国社会历史评论》(年刊)发表长篇论文《医疗与近代社会——试析鲁迅的反中医情绪》,从鲁迅的个人经历及近代中国文化变动论述鲁迅对中医批判的原因。日本研究者丸尾胜2018年、2019年在《绍兴鲁迅研究》(年刊)连载《关于鲁迅对中医中药的看法》(上、下)一文,对鲁迅与中医中药之间的关系及认识的发展作系统深入的研究。3. 跨世纪、跨时代。可以说,自《呐喊》出版后,凡读过自序的都会为鲁迅对中医的批判所震动并有所思考,因此也可以说,对鲁迅批判中医问题的研究和讨论至今已有百年之久,跨越鲁迅的生前与身后,20世纪、21世纪两个世纪,民国与共和国两个大时代。1949年之后不久周作人即对这一问题予以特别关注,认为鲁迅"关于伯宜公的病,《朝花夕拾》中有专写的一篇,但那是重在医药,对于江湖派的旧医生下了一个总攻击,其意义与力量是不可小看的"。"文革"结束之后不久,朱鸿铭即在《文史哲》1977年第2期发表《略论鲁迅对中医的态度》一文重新关注这一问题但沿袭了"文革"时期阶级斗争的观点。改革开放之后,对这一问题的研究转向学术自身,如王德林、裘士雄1984年在《绍兴文理学院学报》第2期发表《鲁迅与绍兴名医何廉臣》一文,讨论鲁迅批判中医的深层原因并为何廉臣辩护,"我们不能因为他前期的过失和鲁迅对他有过批评指责,而轻易地将他归入骗人弄钱的庸医之列,加以排斥,理应抱着'知人论世''顾及全人'的科学态度,对他的一生作出正确而公允的评价,恢复他在中国医学史上应有的一席地位,而不至于湮没于世"。新世纪到来之后,中医与鲁迅研究界对这一问题的关注不仅没有减弱反而进一步强化。如前所述,新世纪之初中医界不断有人讨论这一问题,鲁迅研究界也是如此,如2018年邓小燕发表《鲁迅中医批判策略的形成与演变》一文,对鲁迅曾经对中医的批判与1949年之后的时代相冲突,"鲁迅的中医观在新中国成立后成为'问题'",由此引起鲁迅亲属的焦虑等问题作了系统论述。4. 亲属关注参与。鲁迅对中医的批判不仅引起学者的关注和讨论,更是引起鲁迅亲属的关注并参与讨论。周作人1952年在回忆鲁迅童年时代及所在家庭的生活时即表达了自己关于这一问题的认识。许广平更是相当关心并投入了重要精力为鲁迅辩护(参见邓小燕:《鲁迅中医批判策略的形成与演变》,《中国现代文学研究丛刊》2018年第11期)。进入新世纪之后,周海婴再次关注这一问题并为鲁迅辩护(参见周海婴:《我与鲁迅七十年》,南海出版公司2001年版)。

[2][4][7][14]鲁迅:《〈呐喊〉自序》,《鲁迅全集》第一卷,人民文学出版社2005年版(下同),第438页、第437页、第438页、第437页。

[3][10][11][18][22][23][43][45]周作人著、止庵编:《关于鲁迅》,新疆人民出版社1997年版,第76页、第127页、第76页、第76—77页、第77页、第357页。

[5][6][12][17][26]张立平:《"药引"漫谈——从鲁迅先生"父亲的病"说起》,《中国中医药报》2018年3月9日。

[8]刘再复、金秋鹏、汪子春:《鲁迅和自然科学》,科学出版社1979年第2版,第88页。

[9]目前尚未见到对鲁迅所说《全体卫生论》和《化学卫生论》两本书内容的介绍,如薛绥之主编:《鲁迅生平史料汇编》第1卷,天津人民出版社1981年版;鲁迅博物馆、鲁迅研究室编:《鲁迅年谱》(增订本)(第1卷),人民文学出版社1981年版;南京师范学院中文系资料室、附中语文组编:《鲁迅在南京》,(未注明出版社)1979年5月,等,这些与鲁迅在南京求学期间的著作均未提及或介绍鲁迅所说"木版的《全体卫生论》和《化学卫生论》"。

[13][15][16][19][20][21][24][25]鲁迅:《父亲的病》,《鲁迅全集》第二卷,第295页、第297页、第294页、第295页、第297页、第297—298页。

[27][28][29][30][31][32][33][34][36][37][38][39][40][42][46][49]周建人口述、周晔整理:《鲁迅故家的败落》,湖南人民出版社1984年版,第193页、第155页、第175页、第190页、第194页、第193页、第194页、第177页、第218页、第165页。

[35]朱文锋主编:《中医诊断学》,中国中医药出版社2002年版,第1页。

[41][47][48]鲁迅博物馆、鲁迅研究室编:《鲁迅年谱》第1卷,人民文学出版社1981年版,第131页、第179页。

[44]参见周作人著、止庵编:《关于鲁迅》,新疆人民出版社1997年版,第356—357页。另参见《周作人日记·一九○四年》(上册),大象出版社1996年版,第399—406页。注:1904年的日记时间是"旧历甲辰年一

月一日至三月二十九日,十二月一日至十二月二十九日"。

[50] 参见邓小燕:《鲁迅中医批判策略的形成与演变》,《中国现代文学研究丛刊》2018 年第 11 期。

鲁镇苦人论
——从孔乙己到祥林嫂

谷兴云

鲁迅有五篇小说,故事发生在鲁镇,或者与鲁镇有关。最早是《孔乙己》,1919 年 4 月问世。最后是《祝福》,刊发于 5 年后,1924 年 3 月。主人公分别是孔乙己,祥林嫂,一为读书人,一是山村女人。二人身份虽不同,却都属于"不幸的人们"[1],也就是苦人,"描写一般社会对于苦人的凉薄"[2]的苦人。在鲁镇,孔乙己和祥林嫂,怎么成了苦人?

一、苦人的生死场

(一)鲁镇的不同形态

查阅《鲁迅全集》,"鲁镇"出现于 7 篇作品,共 22 见。分开说,在小说 5 篇中有 20 见:《孔乙己》(1918)1 见,《明天》(1920)3 见,《风波》(1920)4 见,《社戏》(1922)2 见,祝福(1924)10 见,另在《答〈戏〉周刊编者信》及《19190813 致钱玄同》里,各出现 1 次。

鲁迅小说中的鲁镇,呈现不同形态。在《孔乙己》中,鲁镇是咸亨酒店所在地,故事发生的处所;文本开头,说"鲁镇的酒店的格局"如何,对鲁镇本身没说什么。《明天》的鲁镇,是单四嫂子和儿子居住地,其特点是僻静,有些古风:关门睡觉早。《风波》的主人公七斤和家人,生活在鲁镇,他"早晨从鲁镇进城,傍晚又回到鲁镇",干着帮人撑航船的营生;相比于城里,鲁镇比较闭塞,信息不灵通。《社戏》中的少年"我"系鲁镇人,他从鲁镇搭船,到外祖母家平桥村看社戏,而在平桥村人眼中,鲁镇是大市镇,在那里读过书的"我"才识货;文中又说,"我们鲁镇的戏比小村里的好得多"。以上几篇中的鲁镇,在文本中的情况虽然不同,却都是为适应写作需要而设置的地名。主要用意在于:作者"鲁迅"写鲁镇的人和事,给读者以亲切、真实感,增加可信度。

《祝福》中的鲁镇不同——在文本中出现的次数,相等于前四篇之和。它不仅是一个地名,而且和篇中人物,他们的日常生活,为人处事,乃至生死存亡等,均息息相关。

比如,故事叙述人"我",就和鲁镇关系密切。小说开始,"我"以返乡游子的身份,"回到我的故乡鲁镇"。"我"最关注的是故乡人。"我"看到:"在鲁镇所见的人们中,改变之大,可以说无过于她的了",此人就是故事主人公祥林嫂。至于其他人,包括鲁四老爷在内,"都没有什么大改变,单是老了些"。"我"大失所望,因此定下心,"明天要离开鲁镇",而且要探究:鲁镇如何"改变"了祥林嫂,于是,将其"半生事迹的断片……联成一片",追述种种往事。由此而引出一个使人纠结,发人深思的故事,即祥林嫂的半生遭际,悲惨命运。

(二) 酒店的"别人"和"全镇的人们"

孔乙己与祥林嫂都生存、活动于鲁镇,但所处特定空间及人文环境不同。孔乙己活动范围小,仅限于咸亨酒店,店内店外。祥林嫂的活动空间大,不只局限在做工的主人(鲁四老爷)家,如,她要到门外河边淘米、洗菜,此时能观察对岸出现什么人,她可以在镇上,"和大家讲她自己日夜不忘的故事",另外还有,去镇东头的河边,盼望遇见回到故乡的"我"[3],到镇西头土地庙,用十二元鹰洋捐门槛,等等。

在鲁镇，孔乙己和祥林嫂更大的不同，在于所接触的鲁镇人迥然相异。

孔乙己在酒店，"品行却比别人都好"——此所谓"别人"，第一是所有买酒喝的人，即诸多顾客。这些顾客区别为两类，一类是短衣帮，他们花四文铜钱买一碗酒，靠柜外站着热热的喝了休息；一类为穿长衫的，他们踱进店面隔壁的房子里，要酒要菜，慢慢地坐喝。第二是卖酒的人，含酒店掌柜，酒店伙计，包括小伙计"我"，他们属于店方。另外就是店内外的其他人，这些人与顾客、掌柜等合而为众人，再就是有时聚集来的"几个人"，即邻居、路人等等。以上各类人组成"别人"，孔乙己到酒店喝酒时，处于被"别人"围看的境地，发生种种交集与纠葛。

祥林嫂置身于鲁镇，主要时间是在鲁四老爷的宅子里，干各种各样费体力的活，受鲁四老爷监视，听从女主人四婶使唤，扫尘，洗地，洗菜，淘米，等等，还要坐在灶下烧火。在宅子里，祥林嫂接触的就是这些人。除去在宅子里干活，祥林嫂还要跑街，到外面活动，接触的人就多了。如鲁镇的男人，女人们，"特意寻来，要听她这一段悲惨的故事"的老女人，以及"最慈悲的念佛的老太太们"，等等。祥林嫂在外面时，对所遇见的鲁镇人，反复讲自己的故事，以致"全镇的人们几乎都能背诵她的话……"。

两篇小说的两个主人公，生存于鲁镇不同的人群圈。这不同的人群圈，影响乃至决定了二人的生存状态，连同他们的生命结局。

（三）无法逃离的生死场

从个人与鲁镇的关系看，孔乙己和祥林嫂有所不同。孔乙己，文本没说他是哪里人，品读人物关系和情节，可以看出他是鲁镇人。祥林嫂则不然，"我"在追述祥林嫂故事时，首句说："她不是鲁镇人。"此语显示其特殊性：她属于外来户。但两人在鲁镇的处境与遭遇,大致相同或说近似:都苟活在鲁镇边缘,同为饱受凉薄的苦人,差异只在凉薄的形式,在具体事由和情节。

孔乙己承受凉薄,主要是在到酒店喝酒的时候,而"他又有一样坏脾气,便是好喝懒做",即离不开杯中物。他必得常到酒店,以满足生理、心理所需,从而屡受凉薄。孔乙己之于鲁镇,就是带给"别人"一点快活:"孔乙己是这样的使人快活,可是没有他,别人也便这么过。"祥林嫂两次到鲁镇,都是为远离险境,在山村活不下去而异地求生。两次的遭遇却不同:前一次,因为"安分耐劳","简直抵得过一个男子",所以被四婶留下做佣人,鲁镇人的舆论是,"人们都说鲁四老爷家里雇着了女工,实在比勤快的男人还勤快";后一次,"她的境遇却改变得非常大""镇上的人们也仍然叫她祥林嫂,但音调和先前很不同;也还和她讲话,但笑容却冷冷的了。"祥林嫂的感受是:"从他们的笑容和声调上,也知道是在嘲笑她"。

在鲁镇,两人各自结束了卑微的人生,结束得悲惨凄凉。

孔乙己生为鲁镇人,死为鲁镇鬼,竟不知所终。按"我"的叙述,最后在酒店看到的孔乙己:"黑而且瘦""穿一件破夹袄,盘着两腿,下面垫一个蒲包,用草绳在肩上挂住""他满手是泥,原来他便用这手走来的"。随后是,"他喝完酒,便又在旁人的说笑声中,坐着用这手慢慢走去了。""自此以后,又长久没有看见孔乙己。""我到现在终于没有见——大约孔乙己的确死了。"

祥林嫂为寻活路而到鲁镇,鲁镇却夺走她的性命。故事叙述者"我"记述,他回到鲁镇所见祥林嫂:"五年前的花白的头发,即今已经全白,全不像四十上下的人;脸上瘦削不堪,黄中带黑,而且消尽了先前悲哀的神色,仿佛是木刻似的;只有那眼珠间或一轮,还可以表示她是一个活物。她一手提着竹篮,内中一个破碗,空的;一手拄着一支比她更长的竹竿,下端开了裂:她分明已经纯乎是一个乞丐了。"嗣后,就在鲁镇人准备举行祝福大典中,祥林嫂"老了"——即"死了"的替代隐语,鲁镇人忌讳极多。至于是什么时候死的,则"说不清","昨天夜里,或者就是今天罢。"问"怎么死的?"回答曰:"还不是穷死的?"即饥寒交迫,冻饿而死于街头或路边。祥林嫂死了还受诅咒:"不早不迟,偏偏要在这时候,——这就可见是一个谬种!"

苦人之苦

(一) 读书人之苦

孔乙己遭遇之苦,与他的读书人身份相关联,表现形式是几种不同的笑。

最多、最经常的,是来自那些喝酒人的嘲笑。参与嘲笑者,不分短衣帮或者穿长衫的(长衫主顾)。据文本,"孔乙己一到店,所有喝酒的人便都看着他笑。"为什么笑?——孔乙己带来快活,增加酒兴。笑他什么?——"孔乙己,你脸上又添上新伤疤了!""你一定又偷了人家的东西了!""什么清白?我前天亲眼见你偷了何家的书,吊着打。"等等。即笑他身体所受伤害,笑他的痛苦。这是群体性(合众)嘲笑,在场喝酒的人统统加入。酒客的嘲笑,还具有连续性,即不停地嘲笑:"孔乙己喝过半碗酒,涨红的脸色渐渐复了原,旁人便又问道,'孔乙己,你当真认识字么?'""你怎的连半个秀才也捞不到呢?"何以如此?——原因是,他们不愿意看到,孔乙己平静地把一碗酒喝完。

其次,是来自酒店掌柜的取笑。对酒客们肆意嘲笑孔乙己,酒店主人看在眼里喜在心头,如此这般,活跃了酒店气氛,可吸引并留住顾客;他自己也这样做:"掌柜见了孔乙己,也每每这样问他,引人发笑。"比如,当孔乙己"用这手走来",最后一次到酒店喝酒时,"掌柜仍然同平常一样,笑着对他说,'孔乙己,你又偷了东西了!'"孔乙己虽然以"不要取笑!"回绝,掌柜的取笑却没有停止,反而继续下去:"取笑? 要是不偷,怎么会打断腿?"孔乙己以"跌断,跌,跌……"解释,用眼色恳求掌柜,不要再提,而面对孔乙己的窘急,"此时已经聚集了几个人,便和掌柜都笑了。"掌柜这种取笑,是对酒客嘲笑的补充,发生在生意清淡,没有酒客嘲笑的时候。

第三,是来自众人的哄笑,以及"旁人"的说笑。这两种笑,是上述嘲笑、取笑的延伸,即引发的效果。先说众人的哄笑。这由酒客的嘲笑引起,文本中写有两次。前一次是:当一酒客出面证实,亲见孔乙己因偷何家的书,被吊着打。孔乙己以"窃书不能算偷……"进行争辩,接着"便是难懂的话,什么'君子固穷',什么'者乎'之类,引得众人都哄笑起来:店内外充满了快活的空气。"后一次是,酒客们问孔乙己:"你怎的连半个秀才也捞不到呢?"孔乙己"嘴里说些话;这回可是全是之乎者也之类,一些不懂了。在这时候,众人也都哄笑起来:店内外充满了快活的空气。"这两次哄笑发自于"众人",即所有在场的人,除店内的酒客、掌柜、伙计等之外,还包括其他一些鲁镇人,他们既不买酒、也不卖酒,只是站在店内或店外,欣赏酒客嘲笑孔乙己,也分享一点快活。再说"旁人"的说笑。这发生在掌柜取笑孔乙己之时:当掌柜取笑孔乙己被打断腿,"此时已经聚集了几个人,便和掌柜都笑了。"嗣后,孔乙己"便又在旁人的说笑声中,坐着用这手慢慢走去了。"

应关注的是,面对酒客嘲笑、掌柜取笑、众人哄笑、"旁人"说笑,等等,孔乙己作何反应。据文本显示,其反应有"涨红了脸,额上的青筋条条绽出",有"立刻显出颓唐不安模样,脸上笼上了一层灰色",有"很颓唐",等等。要之,他们笑孔乙己身体所受伤害,实则是对孔乙己进行精神伤害;他们笑孔乙己的痛苦,给予孔乙己的是更大、更深的痛苦。

如上文所引:"孔乙己是这样的使人快活,可是没有他,别人也便这么过。"这些"别人",因笑孔乙己而获得的快活,是短暂的、一时的,而施加给孔乙己的痛苦,却是长久,乃至终生的。

(二) 山村女人之苦

祥林嫂之苦,源于她的山村女人身世和不幸遭遇。

祥林嫂从第一次到鲁镇,至最后"老了",共十多年。其间有过两次舒心日子:一次是,初在鲁四老爷家做工,迎接新年时虽活多活重,"然而她反满足,口角边渐渐的有了笑影,脸上也白胖了。"一次是,再嫁贺老六后,据卫老婆子说,"看见他们娘儿俩,母亲也胖,儿子也胖;上头又没有婆婆;男人所有的是力气,会做活;房子是自家的。——唉唉,她真是交了好运了。"但为时均不长,而灭顶之灾却接二连三地降临。其苦,文本显示有:

1. 暴力逼嫁

祥林嫂第一次逃到鲁镇,做工仅三个半月,就被婆婆绑架回卫家山,强迫再嫁。其间,两度遭受暴力胁迫。

> 待到祥林嫂出来淘米,刚刚要跪下去,那船里便突然跳出两个男人来,像是山里人,一个抱住她,一个帮着,拖进船去了。祥林嫂还哭喊了几声,此后便再没有什么声息,大约给用什么堵住了罢。

> "祥林嫂可是异乎寻常,他们说她一路只是嚎,骂,抬到贺家墺,喉咙已经全哑了。拉出轿来,两个男人和她的小叔子使劲的擒住她也还拜不成天地。他们一不小心,一松手,阿呀,阿弥陀佛,她就一头撞在香案角上,头上碰了一个大窟窿,鲜血直流,用了两把香灰,包上两块红布还止不住血呢。直到七手八脚的将她和男人反关在新房里,还是骂,阿呀呀,这真是……。"

2. 痛失爱子

祥林嫂第二次失去丈夫,接着失去最后的亲人和后半生依靠——爱子阿毛,对她来说,这是深入骨髓的哀伤。为此,她椎心泣血地向鲁镇人哭诉——

"我真傻,真的,"祥林嫂抬起她没有神采的眼睛来,接着说。"我单知道下雪的时候野兽在山墺里没有食吃,会到村里来;我不知道春天也会有。我一清早起来就开了门,拿小篮盛了一篮豆,叫我们的阿毛坐在门槛上剥豆去。他是很听话的,我的话句句听;他出去了。我就在屋后劈柴,淘米,米下了锅,要蒸豆。我叫阿毛,没有应,出去一看,只见豆撒得一地,没有我们的阿毛了。他是不到别家去玩的;各处去一问,果然没有。我急了,央人出去寻。直到下半天,寻来寻去寻到山墺里,看见刺柴上挂着一只他的小鞋。大家都说,糟了,怕是遭了狼了。再进去;他果然躺在草窠里,肚里的五脏已经都给吃空了,手上还紧紧的捏着那只小篮呢。……"她接着但是呜咽,说不出成句的话来。

祥林嫂之向众人倾诉,本意在舒缓郁积在胸的悲痛,希望得到一点同情和安慰,可事实相反,她遭到的是烦厌和唾弃——

她就只是反复的向人说她悲惨的故事,常常引住了三五个人来听她。但不久,大家也都听得纯熟了,便是最慈悲的念佛的老太太们,眼里也再不见有一点泪的痕迹。后来全镇的人们几乎都能背诵她的话,一听到就烦厌得头痛。

她未必知道她的悲哀经大家咀嚼赏鉴了许多天,早已成为渣滓,只值得烦厌和唾弃;但从人们的笑影上,也仿佛觉得这又冷又尖,自己再没有开口的必要了。她单是一瞥他们,并不回答一句话。

3. 地狱恐怖

因为"败坏风俗",鲁四老爷家祭祀时候,不许祥林嫂沾手。这对祥林嫂是沉重打击。在失落和疑惑中,柳妈又以关于地狱的迷信邪说,教训并警告祥林嫂:

"祥林嫂,你实在不合算。"柳妈诡秘的说。"再一强,或者索性撞一个死,就好了。现在呢,你和你的第二个男人过活不到两年,倒落了一件大罪名。你想,你将来到阴司去,那两个死鬼的男人还要争,你给了谁好呢?阎罗大王只好把你锯开来,分给他们。我想,这真是……。"

"我想,你不如及早抵当。你到土地庙里去捐一条门槛,当作你的替身,给千人踏,万人跨,赎了这一世的罪名,免得死了去受苦。"

祥林嫂听后反应:

她脸上就显出恐怖的神色来,这是在山村里所未曾知道的。

她当时并不回答什么话,但大约非常苦闷了,第二天早上起来的时候,两眼上便都围着大黑圈。

4. 罪不可赎

遵照柳妈警示的赎罪方法,祥林嫂以十二元鹰洋,到土地庙里捐了门槛。她因此而神气舒畅,眼光分外有神,高兴地对四婶说,已经在土地庙捐了门槛,自认为可以参与祭祀了,于是"坦然的去拿酒杯和筷子。"但四婶依旧按鲁四老爷的告诫:"这种人虽然似乎很可怜,但是败坏风俗的,用她帮忙还可以,祭祀时候可用不着她沾手,一切饭菜,只好自己做,否则,不干不净,祖宗是不吃的。"立即制止:"你放着罢,祥林嫂!"这是对祥林嫂的当头棒喝,致命一击:

　　她像是受了炮烙似的缩手,脸色同时变作灰黑,也不再去取烛台,只是失神的站着。直到四叔上香的时候,教她走开,她才走开。这一回她的变化非常大,第二天,不但眼睛窈陷下去,连精神也更不济了。而且很胆怯,不独怕暗夜,怕黑影,即使看见人,虽是自己的主人,也总惴惴的,有如在白天出穴游行的小鼠;否则呆坐着,直是一个木偶人。不半年,头发也花白起来了,记性尤其坏,甚而至于常常忘却了去淘米。

一声"你放着罢,祥林嫂!"等于对祥林嫂的最后宣判:再嫁是一宗大罪,不可饶恕。人间无活路,到阴间也赎不了罪,祥林嫂彻底崩溃了。

苦人之死

鲁镇(即鲁镇人)在长时间里,以凉薄施于孔乙己和祥林嫂,最终夺去二人生命,但他们的直接死因并不相同。

(一) 孔乙己之死

在咸亨酒店,形形色色的"别人"(酒客、掌柜等),以各种不同的笑(嘲笑、取笑等),协同配合伤害孔乙己,使其饱受痛苦。对此,孔乙己均应之以抗拒:或者立即还击,"凭空污人清白",或者以"不回答""不屑置辩",作无言抗争。他活得顽强,鲁镇人的凉薄,只是影响他的精神与感情,并未危及生命。他最后的死另有原因:暴力摧残。

在饱受精神伤害的同时,孔乙己一直遭受躯体摧残。文本显示有,(1)经常性的,表现于颜面的:"青白脸色,皱纹间时常夹些伤痕"。(2)何家的毒打,一酒客说:"什么清白?我前天亲眼见你偷了何家的书,吊着打。"(3)最致命的暴力伤害,来自丁举人。相关情节是:

> 一个喝酒的人说道,"他怎么会来?……他打折了腿了。"掌柜说,"哦!""他总仍旧是偷。这一回,是自己发昏,竟偷到丁举人家里去了。他家的东西,偷得的么?""后来怎么样?""怎么样?先写服辩,后来是打,打了大半夜,再打折了腿。""后来呢?""后来打折了腿了。""打折了怎样呢?""怎样?……谁晓得?许是死了。"

丁举人的阴毒,在于"打了大半夜,再打折了腿",而并未干脆打死。此举,一方面发狠折磨孔乙己,使之活受罪,一方面避免承担人命案,不留后遗症(吃官司)。掌柜说,"孔乙己长久没有来了",实际他是在"长久"养伤。嗣后,他只能"盘着两腿","用这手走来","坐着用这手慢慢走去",至于无法生存而死。

(二) 祥林嫂之死

和孔乙己(暴力摧残致死)不同,祥林嫂在十几年里,只有卫家山人,受其婆婆指使,曾两次使用暴力手段胁迫她再嫁;鲁镇人从未对祥林嫂使用暴力,从未伤害过她的躯体,他们仅限于实施凉薄,从而置其于死地。对此致死案的性质和内容、特点和意义,应怎样认知?

1. 性质和内容

其性质,属于非正常死亡·他杀·精神虐杀,即语言暴力致死,软刀子杀人。

内容包含三个方面:理学和禁忌(代表人物是鲁四老爷);迷信邪说(代表人物是柳妈);冷酷的人性(表现于鲁镇人)。关于迷信邪说,上文已引述,兹不赘述。以下略谈理学和禁忌,冷酷的人性。

(1)理学和禁忌。关于理学,文本开头说,"我"寄住在本家鲁四老爷宅子里,这位四叔年纪不怎么大(没到留胡子的年龄),却是讲理学的老监生;两人见面后就对"我"大骂其新党(所骂的还是康有为):显示他是一个介于遗老和遗少之间的顽固派。书房的案头,摆着理学经典《近思录集注》和《四书衬》,表明其倡导理学教条,如"存天理灭人欲""饿死事小,失节事大"之类,宣称女子应从一而终,夫死要做节妇烈女,等等,因此,视祥林嫂被逼再嫁为"败坏风俗"。鲁四老爷作为鲁镇乡绅,以理学观念影响鲁镇人。如,柳妈说祥林嫂再嫁,是"一件大罪名""一世的罪名",其他人态度一致,因祥林嫂"失节""克夫克子"而鄙视她。

关于禁忌,鲁四老爷虽然读过"鬼神者二气之良能也",可忌讳极多。比如,临近祝福时候,不可提起死亡疾病之类的话;祥林嫂死在祝福之时,被他咒骂为"谬种";他虽然认可四婶收留祥林嫂(原因是,祥林嫂干活"抵得过一个男子"),但讨厌她是一个寡妇,两次为此皱眉;他叮嘱四婶,祭祀时候不许祥林嫂沾手,"否则,不干不净,祖宗是不吃的"……

鲁四老爷因自己的尊贵,而不屑于直接和用人(何况还是寡妇)说话,其信条和禁忌,通过四婶施之于祥林嫂。

(2)冷酷的人性。鲁镇人对待祥林嫂的态度,有一个发展变化过程。最初是欣赏:祥林嫂前一次来鲁镇,因为在鲁四老爷家干活好,都夸她"比勤快的男人还勤快"。当第二个丈夫和孩子先后死去,祥林嫂再来鲁镇,人们"也还和她讲话,但笑容却冷冷的

了"。对祥林嫂哭诉丧子之痛,他们曾有所同情,但为时不久,后来是"一听到就烦厌得头痛",最后发展为主动挑逗和嘲笑:

> 她久已不和人们交口,因为阿毛的故事是早被大家厌弃了的;但自从和柳妈谈了天,似乎又即传扬开去,许多人都发生了新趣味,又来逗她说话了。至于题目,那自然是换了一个新样,专在她额上的伤疤。
> "祥林嫂,我问你:你那时怎么竟肯了?"一个说。
> "唉,可惜,白撞了这一下。"一个看着她的疤,应和道。
> 她大约从他们的笑容和声调上,也知道是在嘲笑她,所以总是瞪着眼睛,不说一句话,后来连头也不回了。她整日紧闭了嘴唇,头上带着大家以为耻辱的记号的那伤痕,默默的跑街,扫地,洗菜,淘米。

鲁镇人的冷酷,是导致祥林嫂惨死的重要推力。

2. 特点和意义

特点可概括为三:隐蔽性,群体性,持续性。

隐蔽性,即罪案无形无影,没有确切证据,没有直接凶手。一切事实和情节,均发生在日常生活,在言谈话语中。即使直接的挑逗与嘲笑(如上引"一个说""一个看着她的疤,应和道"云云),也只能说态度恶劣,不怀好意;等于致命一击的"你放着罢,祥林嫂!"仅为四婶一句制止语言(不许拿酒杯和筷子),构不成刑责。但这一切,无不与致死有关联。

群体性,即社会犯罪,群体犯罪,任何个体均非凶手。文本中,"大家"一词频繁出现,如,"她的悲哀经大家咀嚼赏鉴了许多天,早已成为渣滓""阿毛的故事是早被大家厌弃了的""她整日紧闭了嘴唇,头上带着大家以为耻辱的记号的那伤痕"……由此显示,站在祥林嫂对面的是"大家",伤害祥林嫂而致其死的也是"大家"：何谓"大家"？乃"全镇的人们"之谓也。

持续性，鲁镇（人）置祥林嫂于死地，不是一蹴而就，瞬间完成的。即致死有一个时间，属慢性杀害。祥林嫂二十六七岁到鲁镇，四十上下惨死，由"抵得过一个男子"的壮硕村妇，变为"只有那眼珠间或一轮，还可以表示她是一个活物"的乞丐，这十几年时间，就是她一步步走向死亡的十几年。其中，直接致其惨死的过程，始于柳妈以迷信邪说警示祥林嫂，使之陷于恐怖状态，后来，鲁镇人的冷酷嘲讽，四婶不允许赎罪，等等，都在推进这一过程。祥林嫂之死的深层原因，是精神崩溃，是对生的绝望。

意义在于，祥林嫂之死可警示世人：施以凉薄（软刀子）亦可致死他人，杀人手段并非只有暴力摧残一种。

苦人余论

《孔乙己》写于1919年，5年后《祝福》刊布。在这期间，鲁迅亲历五四运动的潮起潮落，社会现实和政治、经济、文化等的种种变动，他的生活、思想、创作随之发生诸多变化。单就小说书写而言，其三篇代表性作品中的前两篇，《孔乙己》和《阿Q正传》，已经问世且产生广泛影响，至1924年创作《祝福》，塑造新的文学典型祥林嫂，在取材、立意、艺术表现等方面，相比于首篇《孔乙己》，已有明显不同。

（一）苦人典型：从男性到女性

1923年8月，鲁迅第一本小说集《呐喊》，由北京新潮社出版。其中作品，以女性人物为主人公的，只有《明天》一篇（单四嫂子），其他各篇的中心人物，均为不同身份的男性。次年，由《祝福》开始，陆续完成《彷徨》中诸篇作品的写作。从《呐喊》到《彷徨》，一个明显变化是，女性问题受到更多关注，以女性为主人公的，除《祝福》外，另有第9篇《伤逝》（子君），以及末篇《离婚》（爱姑）。就典型塑造而言,《祝福》将已有的男性典型,一改而为女性典型。

鲁迅关注国家、国人和国民性,为"不幸的人们"发声,自然包括女性在内。1918 年 8 月揭载的《我之节烈观》,是他为女性发出的一声强音,可谓振聋发聩。《祝福》和祥林嫂,是新文学首篇描写苦命女人的小说,女性苦人典型的第一个,其影响深刻而久远,对 20 世纪中国文学创作,对我国文艺事业(影剧、音乐、美术等)的发展和进步,在涉及女性命运方面,具有开创和引领作用。

(二)拷问施害者:从某些人到所有人

陀思妥也夫斯基"他布置了精神上的苦刑,一个个拉了不幸的人来,拷问给我们看。"[4]鲁迅反其意而用之,在《孔乙己》《祝福》等小说中,要拷问的是那些制造不幸的人,揭示施凉薄者的恶行和丑陋人性。

比较《孔乙己》和《祝福》,两者不同之一在于——前者拷问的对象,是活跃于咸亨酒店的人。他们主要出现在店内:不同身份的酒客,还有掌柜、伙计等;此外,那些店外邻居、路人,看热闹的人,等等,也是施凉薄的参与者,分享快活者。以上人群合起来,只是鲁镇的部分人。全鲁镇其他人,如何对待苦人?

《祝福》显示:施凉薄于祥林嫂的,既有"我"本家的宅子中人,贵人鲁四老爷、四婶,还有临时雇来,做帮手的善女人柳妈等,更多是在宅子外,那些身份不同、年龄相异、无姓无名的平民百姓,男男女女,即全镇的人们。

从拷问某些人,到拷问所有人,鲁迅是向全体国人发问:你怎样面对不幸的人?你是否对苦人施加凉薄?

(三)表现生活:从社会一角到社会整体

《孔乙己》以一家酒店为叙事空间,关注和描写的重心是店内日常情景,人物间的交集与纠葛。出场人物既有限,事件和情节也止于买酒、卖酒、喝酒之类酒事,以及酒客、掌柜等的话语纷争。

发生于酒店外的事,如何家、丁举人等的残暴行径,均在暗场处理。在短约2600字的篇幅中,读者从小镇一角,可推想全鲁镇状况,但全镇面貌,社会风气,人群关系,等等,无法见于文本,只由读者想象和推断。

《祝福》的视野在整个鲁镇,展示全镇情形。篇中既有对鲁四老爷宅子内生活的描写,如,"我"与四叔的会面寒暄,书房所见,晚饭前谈话,饭中沉闷等;祥林嫂两次被四婶许诺做用人,两次不同境遇,和柳妈灶下对话;而更多是展现在宅子外,全鲁镇各种景象,如,"我"在镇东头河边,与祥林嫂相遇,有问有答,祥林嫂去河边淘米,被捆被掳,到镇西头土地庙捐门槛,尤其是:她在所到之处,反复向鲁镇男女哭诉,被他们嘲笑、摒弃……

揭示全鲁镇,就是展现更大范围旧中国的社会生活,启发人们关注全国、全社会、全局,分析和认识社会整体面貌,种种问题。

注释

[1] 鲁迅:《我怎么做起小说来》,《鲁迅全集》第四卷,人民文学出版社1981年版(下同),第512页。

[2] 孙伏园、孙福熙:《孙氏兄弟谈鲁迅》,新星出版社2006年版,第172页。

[3] 此处参阅了郜元宝的新见:"这五年里祥林嫂一直在等待一个人。这个人,就是第一人称叙述者'我'。"见《鲁迅研究月刊》2020年第1期:《"连自己也烧在这里面"——读〈祝福〉》。

[4] 鲁迅:《忆韦素园君》,《鲁迅全集》第六卷,第67页。

史海钩沉

鲁迅学笔记(六题)

顾 农

一、关于鲁迅早年的拟购德文书目

鲁迅曾经多次说过,他的文学活动是从翻译和介绍外国文学开始的,现存史料也充分支持这样的说法。鲁迅在留学日本的后期(起于从仙台医专退学回到东京,下迄归国),主要通过德文翻译外国文学作品,在东京的新旧书店里买过不少德文书,有时候还要托书店到德国去邮购,例如他有匈牙利诗人裴多菲的一本诗集、一本散文,就是托丸善书店从德国买来的,视为珍宝,多年后送给了青年诗人白莽(详见《南腔北调集·为了忘却的记念》)。他起意翻译荷兰作家望·蔼覃(Frederik van Eeden 1860—1932,今或译为弗雷德里克·凡·伊登)的长篇童话《小约翰》,缘起则是先从德文杂志《文学的反响》上看到该书的部分内容,后来又设法买到原书的,鲁迅写道:

> 偶然看见其中所载《小约翰》译本的标本,即本书的第五章,却使我非常神往了。几天以后,便跑到南江堂去买,没有这书,又跑到丸善书店,也没有,只好就托他向德国去定购。大约三个月之后,这书居然在我手里了,是弗垒斯(Anna Fles)女士的译笔,卷头有赍赫博士(Dr. Paul Rache)的序文,

《内外国文学丛书》(Bibliothek die Gesamt-Litteratur des In- und-Auslandes, verlag von Otto Hendel, Halle a. d. S.)之一,价只七十五芬涅,即我们的四角,而且还是布面的!(《小约翰·引言》)

其时鲁迅买书读书、研究外国文学的干劲之高,有如此者。1961年,周作人提供过两份鲁迅手写的书目,并有说明道:

此为鲁迅手写拟购德文书目,系在东京时所写,后方则随手记旧绍兴八县乡人著作,当是回国后所记,其时当在民国以前。 一九六一年八月廿六日 启明

鲁迅早年这份拟购德文书目后来收入了《鲁迅研究资料》第4辑(天津人民出版社1980年版),原文全是德文,已由韩耀辰先生译为中文。这份书目的双语本后来又收入了《鲁迅全集补遗》一书(刘运峰编,天津人民出版社2006年版)。

德文本《小约翰》正在这份周作人提供的鲁迅早年拟购德文书目中,这里涉及五家出版社的书目,其中哈勒(萨尔河畔),奥托·亨德尔出版社之《内外国文学丛书》条下有:

阿荷《青年之恋及其他小说》
安德列耶夫《深渊及其他小说》
阿普莱尤斯《爱神与赛基》
巴尔茨《希腊小说集》
巴莱尔《中国的智慧与美》
望·霭覃《小约翰》
埃尔斯特《短篇小说集》
厄特伏斯《乡村公证人》

埃特拉尔《外国短篇小说集》
格里戈罗维奇《三篇中篇小说》
格林《儿童和家庭童话(全本)》
N. D. 雷恩《印度童话》
莫泊桑《中篇小说和速写》
穆尔塔图里《马克思·哈弗莱尔》
穆尔塔图里《指给我那地方》
穆尔塔图里《思想和随笔》
诺伐里斯《亨利希·封·奥夫特丁根》
黑克《匈牙利中篇小说集》
A. 魏斯《波兰中篇小说集》
里特贝格《最后一个雅典人》
黑克《匈牙利抒情诗》
斯洛瓦基《叙事诗与抒情诗》
斯洛瓦基《莉拉·文纳达》
托莱森《挪威中篇小说集》
乌叶斯基《圣经的旋律》
弗洛肆玛蒂《察兰的硕果》
魏斯《波兰诗歌》
蔡耶《故乡》
契诃夫《决斗》
契诃夫《女巫及其他中篇小说》

据此可以推知,鲁迅正是根据有关书目,托东京的丸善书店到德国去邮购书籍的。他一共购得了多少,目前还没有材料能够明确地加以说明,尚待进一步挖掘资料;但我们分明可以看出他的兴趣之广,也能够由此推测他后来从事外国文学译介的若干苗头。例如这里有安德列耶夫(1871—1921)的一部短篇小说选《深渊及其他小说》；这位俄国作家对鲁迅的影响很大，鲁迅先后翻译过他的《谩》《默》（收入《域外小说集》）、《黯淡的烟霭里》《书籍》四篇小说，而在他自己的《狂人日记》《药》等创作里也都可以看出他得到这位俄国文豪之启发的消息（详见顾农《鲁迅学笔记（八则）》，《绍兴鲁迅研究》2017年卷）。

契诃夫是较之安德列耶夫更加著名的大作家，鲁迅晚年翻译过他若干早期作品，结集出版时题为《坏孩子和别的奇闻》，鲁迅是从德文转译过来的。另一位短篇小说的高手是法国的莫泊桑，鲁迅书目中提到他的《中篇小说和速写》。

鲁迅书目中又有一批文学史著作，在莱比锡的格辛出版社条下列出的有：

M. 柯赫《德国文学史》
K. 魏泽尔《英国文学史》
A. 格雷克《希腊文学史》
K. 福斯勒《意大利文学史》
W. 戈尔特《北欧文学史》
K. 封·莱因哈特勒特纳《葡萄牙文学史》
H. 约阿希姆《罗马文学史》
G. 波兰斯基《俄国文学史》
L. 卡拉塞克《斯拉夫文学史》
R. 贝尔《西班牙文学史》

在莱比锡的托伊布纳出版社条下列出的又有文学批评方面的著作，如：

哈古埃宁《法国文学主潮》
佐尔姆森《十九世纪俄国文学》

B. 卡勒《易卜生、般生和他们的同时代人》

鲁迅后来介绍自己早年的文学工作道：

……也不是自己想创作，注重的倒是在绍介，在翻译，而尤其注重于短篇，特别是被压迫的民族中的作者的作品。因为那时正盛行着排满论，有些青年，都引那叫喊和反抗的作者为同调的。所以"小说作法"之类，我一部都没有看过，看短篇小说却不少，小半是自己也爱看，大半则因了搜寻绍介的材料。也看文学史和批评，这是因为想知道作者的为人和思想，以便决定应否绍介给中国。和学问之类，是绝不相干的。（《南腔北调集·我怎么做起小说来》）

这样的回顾，正与他早年开列的书目互相印证。

在鲁迅这份书目中，还有若干神话、哲学、历史、美学、绘画史、民族学、人类学等方面的著作，又有动物、植物、地质、化学、物理、医学、卫生学等等方面的书。鲁迅兴趣甚广，眼界开阔，其知识结构显示了渊博阔大的气象，对人们了解和研究早期鲁迅具有重要的意义。

二、鲁迅杂文中的"古典"与"今典"

陈寅恪先生研究古代文史，对于文本中的典故极为重视，他说诠释这些典故固然要指明其来由，而尤为着力者应在探究这些典故在当下之所指及其来龙去脉，这后一方面他称为"今典"。陈先生晚年在《柳如是别传》中写道："自来诂释诗章，可别为二。一为考证本事，一为解释辞句。质言之，前者乃考今典，即当时之事实。后者乃释古典，即旧籍之出处"（《柳如是别传》上册，生活·读书·新知三联书店2001年版，第7页）；"若钱（牧斋）柳（如是）

因缘诗,则不仅有远近出处之古典故实,更有两人前后诗章之出处。若不能探河穷源,剥蕉至心,层次不紊,脉络贯注,则两人酬和诸作,其辞锋针对,思旨印证之微妙,绝难通解也"(《柳如是别传》上册,第12页)。按此说不仅适用于解释古代作品,还具有更普泛的方法论意义。

研究鲁迅杂文也面临类似的任务;其中常常运用些古典,解释起来不算很困难,基本可以通过翻检工具书来解决;较为难办的是那些"今典",简直注不胜注,其来龙去脉要细加清理也颇费力。在诗词中往往"古典"与"今典"合二为一,须就其表里曲折作出细致的分析;而现代散文中则往往分别用之,其中"古典"的来源则不限于中国的传统典籍,还有外国的故实。

兹以鲁迅1935年4月所作《人生识字糊涂始》(后收入《且介亭杂文二集》)为例,略加说明。鲁迅在该文中写道:

> 自以为通,别人也以为通了,但一看底细,还是并不怎么通,连明人小品都点不断的,又何尝少有?

这里讽刺的对象当是其时周作人的若干追随者。周作人在20世纪二三十年代曾大力鼓吹明人小品,特别是公安派的文章,他说"公安派的人能够无视古文的传统,以抒情的态度作一切的文章,虽然后代的批评家贬斥他们为浅率空疏,实际却是真实个性的表现……在这一点上与现代写文章的人正是一致"(《〈杂拌儿〉跋》,1928年5月),"中国新散文的源流我看是公安派与英国的小品文两者所合成"(《〈燕知草〉跋》,1928年11月),"降至明季公安竟陵两派的文章也很引动我的注意,三袁虽然自称上承白(居易)苏(轼),其实乃是独立的基业,中国文学史上言志派的革命至此乃初次成功,民国以来的新文学只是光复旧物的二次革命……"(《〈苦茶随笔〉小引》,1931年11月)。1932年春天,他在辅仁大学讲《中国新文学的源流》(记录稿之单行本于当年 9 月由北京人文书店印行),则更进一步肯定了公安派文学与五四以来新文学的渊源关系;后来到 1935 年 8 月,他又把这些主张统统抄进了《中国新文学大系·散文一集》的导言。

周作人在北京很有些弟子追随其后;而上海方面的林语堂、刘大杰、施蛰存诸先生也纷纷起而响应,标点重印明人小品文成了一时的热门。其时刘大杰编辑并标点了袁中郎的全集(由林语堂校阅),可惜错误很多,该书有周作人的序言,已经承认书中"标点……错误殆亦难免"(《重刊〈袁中郎集〉序》,1934 年 11 月),但未作任何订正。此书出版后鲁迅曾作《点句的难》(后收入《花边文学》)一文予以批评,指出"并不艰深的明人小品,标点者又是名人学士,还要闹出一些破句,可未免令人不遭蚊子叮,也要起疙瘩了";当时文化界还有些人也撰文指出他们标点的错误。稍后刘大杰标点张岱的《琅嬛文集》,也很有些错误,鲁迅在《题未定草》等文中有所批评。近年来有知情人介绍说,这些书的点校者另有其人,大杰先生乃是代人受过;但这些内情外人无从得知,书上印着他的大名,非承担相关的责任不可,鲁迅的批评不受这些内幕掌故的影响。

鲁迅在《人生识字糊涂始》一文中又写道:

> 我们虽然拼命的读古文,但时间究竟是有限的,不像说话,整天的可以听见;而且所读的书,也许是《庄子》和《文选》呀,《东莱博议》呀,《古文观止》呀,从周朝人的文章,一直读到明朝人的文章,非常驳杂,脑子给古今各种马队践踏了一通之后,弄得乱七八遭,但蹄迹当然是有些存留的,这就是所谓"有所得"。

这里提到的几部古书,虽然是信手拈来的,但也有些掌故。

例如《庄子》和《文选》,乃是施蛰存先生在《大晚报》上向青年郑重推荐"为文学修养之助"的,稍后施先生又说:"汉以后的词,秦以前的字,可以拼成功我们光芒的新文学。"鲁迅不赞成他那种"以'古雅'立足于天地之间"的主张,指出"现在的青年,大可不必舍白话文不写,却另去熟读了《庄子》,学了他那样的文法来写文章";鲁迅尤其反对他"在古书中寻活字汇"的提法,他着重强调向口语学习,赞成"大众语",并为此写了一系列文章,如《答曹聚仁先生信》《门外文谈》《关于新文字》等等。《人生识字糊涂始》一文的宗旨也在于此。

鲁迅把乱七八糟地读古书比为脑子给古今各种马队践踏了一通,乃是活用了一个洋典故。德国哲学家叔本华在《读书与书籍》一文中说过这样几句话:"我们读书时,是别人在代替我们思想。我们只不过反复了他们的思想活动的过程而已……在读书时,我们的头脑实际上成为别人的思想的运动场了"(《叔本华论文选》,陈晓南译,百花文艺出版社1987年版,第13页)。对于不动脑筋死读书的人来说,这确实是很好的当头棒喝。鲁迅很注意他这一意见,1927年曾在《读书杂谈》的讲演中说过:"听说英国的培那特萧(Bernard Shaw 今通译萧伯纳),有过这样意思的话:世间最不行的是读书者。因为他只能看别人的思想艺术,不用自己。这也就是勋本华尔(Schopenhauer 今通译叔本华)之所谓脑子里给别人跑马。"鲁迅用意译的办法把"我们的头脑实际上成为别人的思想的运动场"说成是"脑子里给别人跑马",十分生动传神。既然不动脑筋的读书是脑子里给别人跑马,那么胡乱地读各种书而不动自己的脑筋就是头脑给各种马队践踏一通了。这种引申活用相当巧妙,容易令人忘记它自有其出处。不知道出于何典仍然能懂,知道了则更觉其妙,此所谓如盐著水,正是用典的最高境界。

三、发掘"在国外的祖坟"

《为了忘却的记念》在叙及朝花社时写道,组织这个社"目的是在绍介东欧和北欧的文学,输入国外的版画,因为我们都以为应该来扶植一点刚健质朴的文艺,接下来就印《朝花旬刊》,印《近代世界短篇小说集》,印《艺苑朝华》,算都在循着这条线。只有其中的一本《蕗谷虹儿画选》,是为了扫荡上海滩上的艺术家,即戳穿叶灵凤这纸老虎而印的"。

叶灵凤(原名蕴璞,1904—1975),早年毕业于上海美术专门学校,而画未成熟即已走上文坛,为"创造社"的小伙计之一,曾主编过该社的《洪水》半月刊,文章甚多,又多为书刊设计封面,提供插图,所作多模仿英国画家比亚兹莱(1872—1898)和日本画家蕗谷虹儿(1898—1976),一度颇为活跃;后来又主持过《现代小说》《现代文艺》《文艺画报》。1938年以后,到香港从事文学活动,并终老于彼。叶灵凤早年的小说创作多用性心理分析,具有现代色彩,又被认为是新感觉派之一员;赴香港以后,美术活动基本停止,文章则逐渐转向文史、民俗方面,文风稳健,多有可读之作,如《香港风物志》《读书笔记》等等。

20世纪20年代末,叶灵凤追随于当时的"革命文学"运动之后,攻击鲁迅颇为卖力,且多有出格之处。他画过一幅攻击鲁迅的漫画,文字说明道:"鲁迅先生,阴阳脸的老人,挂着他以往的成绩,躲在酒缸后面,挥着他'艺术的武器',在抵御着纷然而来的外侮。"(《戈壁》第2期,1928年5月)他又贬斥鲁迅的创作,在自己的小说《穷愁的自传》中安排主人公每天撕下几页《呐喊》,用为如厕的手纸。鲁迅对他很反感,多次予以反击。

对于比亚兹莱的作品,鲁迅早已相当关注,后来主持朝花社时,推出《比亚兹莱画选》,收录作品十二幅,鲁迅在该集的引言中提到"本国时行艺术家"对他的"摘取",又说此集"选印这十二幅,略供爱好比亚兹莱者看看他未经撕剥的遗容"。(《比亚兹莱画选·小引》)所谓"时行艺术家",即已包括叶灵凤等人在内。鲁迅又曾购藏了不少蕗谷虹儿的画集,致力于向国内读者介绍,其间曾经提到"蕗谷虹儿的画,近一两年曾在中国突然造成好几个时行的书籍装饰画家"(《奔流》第1卷第6期《编校后记》),亦复意有所指,只是未点名而已。稍后鲁迅主持《蕗谷虹儿画选》的编印工作,列入《艺苑朝华》出版。当时在广告中就说过,出版此书的目的之一在于"发掘现在中国时行艺术家的在外国的祖坟"。在这本画选的小引里,鲁迅又明确指出,中国有些艺术家只是热衷于亦步亦趋地模仿外国画家,对蕗谷虹儿的模仿更成为一种时髦,"但可惜的是将他的形和线任意的破坏,——不过不经比较,是看不出底细来的"。

　　青年时代的叶灵凤一度过于嚣张,后来变化又来得很快,以致被左联开除。所以到撰写《为了忘却的记念》之时,鲁迅就点出了他的大名。不过此文在《现代》第2卷第6期(1933年4月)发表时,编者将"即戳穿叶灵凤这纸老虎"这几个字给删去了。《现代》的编者正是新感觉派的代表人物,不免为叶灵凤打了一点掩护。

四、"拿来主义"之一分为三

　　鲁迅讲他对待文化遗产的态度,有一个著名的概括叫"拿来主义":"我们要拿来。我们要或使用,或存放,或毁灭。""没有拿来的,人不能自成为新人,没有拿来的,文艺不能自成为新文艺。"

　　总之,是以我为主,为我所用。

　　在一个很长的时段里,中国人主要到古代去拿,自汉代"独尊儒术"以来,儒家经典一直是国家的指导思想;也从域外拿了一点,这就是佛教。这种局面到晚清来了一个大变化,国家的情况一天不如一天，其指导思想的权威也就逐步下降，许多求新求变的国人纷纷另寻出路——这时老西方的印度自己都不行了，只能到新西方的欧美以及学欧美有成效的日本去拿。

青年时代的鲁迅就因为"绝望于孔夫子和他的之徒"，跑到日本去留学，寻找新的思想和出路。

中国近代以来的洋务派、维新派、革命派都是要学外国的，越学越深入，甚至终于变成一切都要学西方，彻底抛弃老传统，这就是鲁迅在《文化偏至论》里总结过的："翻然思变，言非同西方之理弗道，事非合西方之术弗行，掊击旧物，惟恐不力"。这种思潮曾经非常有力量，后来无论是"全盘西化"，还是"以俄为师"，都不再注意从古代拿来。这就走偏了。

鲁迅没有这样的片面性，就是在《文化偏至论》一文中，他已从正面提出，学西方只能取其可以为我所用的好东西，有些思想和制度"见于西方者不得已，横取而施之中国则非也"，中国只能"择其善者以为师资"。与此同时，我们也要从中国传统文化里继承若干仍然有生命力的东西，加以综合改造，"取今复古，别立新宗"，形成一种合于中国国情的新的文化思想："明哲之士，必洞达世界之大势，权衡校量，去其偏颇，得其神明，施之国中，翕合无间。外之既不后于世界之思潮，内之仍弗失固有之血脉"。兼顾这两个方面，才能建设一种具有中国特色的新时代的文明，才能让我们伟大的祖国"雄厉无前，屹然独见于天下"。

作为《拿来主义》先导的《文化偏至论》提出"取今复古，别立新宗"，这八个大字非常值得人们深长思之。一味崇洋或只知复古，皆属"偏至"，而非所宜。《拿来主义》强调"我们要拿来。我们要或使用，或存放，或毁灭。"对于中外文化资源都必须一分为三——鲁迅的这些意见，至今看去仍然十分深刻，明确并巩固这些基本观念太重要了。

五、"慷慨党"陆游

鲁迅在《豪语的折扣》一文中说到不少诗人的自述大抵要打一个折扣,不可完全信以为真,其中最严重的要折成零。例证之一是:"南宋时候,国步艰难,陆放翁自然也是慷慨党中的一个,他有一回说:'老子犹堪绝大漠,诸君何至泣新亭。'他其实是去不得的,也应该折成零。"按这两句诗见于陆游的一首七律《夜泊水村》,其时诗人年事已高,壮心不已固然值得钦佩,但到底老了,实在不能去横绝大漠、打击残虏了。陆游诗中豪语甚多,试再举数例来看:

老去据鞍犹矍铄,君王何日伐辽东?
——《忆山南》

八十将军能灭虏,白头吾欲事功名。
——《冬夜不寐至四鼓起作此诗》

白头不试平戎策,虚向江湖过此生。
——《太息》

丈夫本意陋千古,残虏何足膏砧斧;
驿书驰报儿单于,直用毛锥惊杀汝!
——《醉中作行草数纸》

诸如此类者尚多,纯然是书生意气,战略上藐视敌人有余,战术上重视敌人不足。意境也不免有些重复。同一时代的辛弃疾诗词亦甚慷慨,由于他确实打过一些仗,便强调北伐一定要做好充分的准备,不能草草出兵,历史上"元嘉草草,封狼居胥,赢得仓皇北顾"的教训应当记取。比较之下,辛便显得老谋深算,更富于务实精神。

钱锺书先生说,陆游诗"有二官腔:好谈匡救之略,心性之学;

一则矜诞无当,一则酸腐可厌。盖生于韩侂胄、朱元晦之世,立言而外,遂并欲立德立功,亦一时风气也。放翁爱国诗中功名之念,甚于君国之思。铺张排场,危事而易言之。舍临殁二十八字,无多佳什……"持论稍苛。他后来在《宋诗选注》中改变了早年的提法,而到晚年在《谈艺录·补订》中似乎又回到先前的看法去,谓放翁乃能言而不能行一派人物中之"最文采巨丽者"。钱先生注意到陆游诗往往一味作豪语的风格,与鲁迅的意见颇堪相视而笑。

"危事而易言之",书生大言慷慨顶多不过是空言无补,如果当局也采取只顾痛快、不切实际的态度,国事就要出问题了。

六、关于鲁迅辑校石刻手稿

辛亥革命失败以后,鲁迅心情十分郁闷,一度"回到古代去",除大量阅读古书特别是佛经之外,曾经花了很多时间来抄碑。当时许多清醒的正直的知识分子不得不实行"以琐耗奇"的方针,作为政治高压之下的韬晦之计,抄碑算是花钱最少的一种办法,而且这与鲁迅当时在教育部的职务也有些关系。

十年间他所得的拓本,据《鲁迅日记》及所附书帐统计,约在一千种以上。由于一种往往不止一份,其总数有据估计在六千份左右,保存至今的有好几大箱,凡四千余份,近六千张。1925年以后,鲁迅忙于更迫切的战斗,很少有精力再回到碑刻墓志这个项目上来。他留给我们的遗产中,这方面的成果虽然只是一个比较次要的部分,但同样值得很好地研究和继承。

鲁迅这一方面大量的成果生前都没有发表,一直到20世纪80年代中叶,《鲁迅辑校石刻手稿》一书才得以印行。《手稿》凡三函十八册,内收碑铭260种、造象题记344种、墓志192种,共手稿1700多页。

鲁迅抄碑的字体极其工整,本身就是极好的艺术品,同时又具有很高的学术价值。例如鲁迅抄本隋开皇十三年《曹植碑》。

鲁迅据以抄录的拓片虽然较为晚出,但由于他的工作态度特别认真,方法十分科学,所以仍然可以订正这一方面的经典著作《金石萃编》之误,而与严可均辑本《陈思王庙碑》互为补充,对于深入研究曹植具有重要的意义。又如《汉尉氏令郑季宣碑》,仅残存上半截,每行十七字,额字尽灭,颇难考辨。鲁迅参据宋人洪适《隶续》卷十九所载的文本加以补订,从每行十七字补至三十余字,同时又发现《隶续》所说的各行缺字也不尽准确,且有许多碑字误载。经过认真研究,鲁迅为《隶续》增补十六字又二半字,校正了若干字,成为迄今最丰满的文本之一。鲁迅的《〈郑季宣残碑〉考》具有很高的学术水平。

鲁迅关于石刻文字的考证文章,有些已经收入 1981 年、2005 年两版《鲁迅全集》中的《集外集拾遗补编》,但其编辑工作尚有需要改进之处。例如鲁迅为《口肱墓志》写过两份考证文章,其中一份首尾完具,现已收入十六卷本《鲁迅全集》第八卷《集外集拾遗补编》;另一份有头无尾,一般以为是未完成的初稿,1981 年版《鲁迅全集》未收,2005 年版《鲁迅全集》作为附件处理。其实这一份残稿显然比首尾完具的那一稿要写得晚一些,应是鲁迅本人的修订稿,只不过已有残缺罢了。

关于鲁迅辑校石刻文字的研究相当不足,多年来只有若干零星文章,广度和深度均不能同鲁迅研究的其他分支相比,这一方面亟待投入人力,努力工作。

书信中的鲁迅与徐懋庸：翻译·杂文·"左联"

葛 涛

关于鲁迅与徐懋庸(1910—1977)的相关研究,学术界已经有较多的研究成果,但是毋庸讳言,其中的一些研究成果受到鲁迅答徐懋庸公开信的影响,存在着有意或无意地突出鲁迅、遮蔽徐懋庸的现象。笔者认为最好回到历史现场,细读保存下来的鲁迅致徐懋庸的46封书信(含鲁迅答徐懋庸的公开信)的内容,这样才能较为客观全面地评价鲁迅与徐懋庸的交往,以及徐懋庸所受到鲁迅的深刻影响。

从整体上来说,鲁迅致徐懋庸的46封书信的内容大致可以归纳为如下几个方面。

一、讨论翻译方面的问题

1. 鲁迅谈自己的译文。徐懋庸翻译的意大利小说《疲倦的泥水匠》刊登在《文学》第二卷第三号(1934年3月出版),在他的这篇译文之前是署名"张禄如"翻译的西班牙作家巴罗哈的短篇小说《山中笛韵》,因此,徐懋庸写信给鲁迅询问这篇小说的作者及译者的情况。鲁迅在1934年5月22日回信告知徐懋庸这篇小说是他翻译的,并高度评价巴罗哈的小说。另外,徐懋庸在1935年3月20日写信给鲁迅,谈到鲁迅翻译的短篇小说《表》,鲁迅在3月22日回信说《表》的原作很好,但是自己在翻译《表》时不太理解小说中的一些细节。

2. 指导徐懋庸进行翻译。1934 年 9 月 13 日，曹聚仁在家中宴请鲁迅等人，有可能徐懋庸也参加了这次宴请（当时徐懋庸租住在曹聚仁家隔壁，后来又租住在曹聚仁家中的三楼，所以有时鲁迅寄信给曹聚仁，附有转交给徐懋庸的信），并向鲁迅请教日本出版的关于陀思妥耶夫斯基的著作，鲁迅在 9 月 16 日开列了纪德的《陀思妥耶夫斯基论》等四本日文著作的目录寄给徐懋庸（鲁迅日记没有记载这封信）。徐懋庸收到这封信之后，在 9 月 19 日致信鲁迅告知准备翻译其中的纪德的《陀思妥耶夫斯基论》，并准备把翻译稿投给鲁迅当时编辑的《译文》杂志。鲁迅在 9 月 20 日回信，告知因为纪德的《陀思妥耶夫斯基论》篇幅较长，所以不适合《译文》杂志，并建议徐懋庸翻译纪德所写的一些较短的作家论，如关于王尔德的评论等。徐懋庸于是就按照鲁迅的建议翻译了纪德的《王尔德》，并写信给鲁迅请求校订译稿。鲁迅在 11 月 1 日回信，告知因为手头没有相关的书籍所以无法校订他的译稿。这篇译文后来发表于 1935 年 4 月出版的《译文》第二卷第二期。此后，徐懋庸又翻译了纪德的《随笔三则》，发表于 1935 年 5 月出版的《译文》第二卷第三期。

3. 编发徐懋庸的译稿。1934 年 9 月 25 日，鲁迅收到徐懋庸的译稿《论心理描写》之后就把译稿转寄给黎烈文，请他帮助校订译稿。鲁迅在 10 月 16 日写信给徐懋庸，告知自己在黎烈文校订稿的基础上，为了通过国民党中央宣传委员会图书杂志审查委员会的审查又修改了一些文字，并要求徐懋庸补写一篇《后记》，准备编入《译文》第三期。10 月 19 日，鲁迅再次致信徐懋庸，告知查不到译文原本的刊登日期等信息，也没有关系。但是徐懋庸的这篇译稿还是没能通过国民党中央宣传委员会图书杂志审查委员会的审查，未能顺利地刊登在《译文》第三期，后来刊登在 1936 年 5 月出版的《文学丛报》第二期上。

4. 帮助徐懋庸购买翻译需要的参考书。鲁迅在 1934 年 5 月

22 日致徐懋庸的书信中,告知没有见到过蒙田作品的日文译本。1935 年 7 月 29 日鲁迅收到徐懋庸的来信,当晚就回信告知会帮助查找关根秀雄译的《蒙田随想录》(东京白水社 1935 年出版)一书。9 月 8 日,鲁迅写信给徐懋庸告知内山书店到过日文版的《蒙田随想录》,当日午后再到内山书店帮助徐懋庸订购这本书。

5. 评价徐懋庸的译文。鲁迅关注徐懋庸的翻译工作,如鲁迅在 1935 年 12 月 3 日致徐懋庸的信中就称赞徐懋庸翻译的俄国作家梭罗古勃的小说《小鬼》:"我看《小鬼》译的很好,可以流利的看下去。"[1]而徐懋庸之所以翻译《小鬼》也是因为鲁迅曾经高度评价这篇小说。

二、支持徐懋庸的编辑工作

1934 年 5 月,"左联"领导人在《申报·自由谈》被迫停刊之后,为了建立一个宣传阵地,决定和光华书局合作出版《新语林》杂志,由徐懋庸担任编辑。徐懋庸曾写信向鲁迅汇报这件事,鲁迅在 5 月 26 日回信,建议徐懋庸不要和光华书局合作。但是,徐懋庸最后还是服从"左联"领导人的决定,担任《新语林》杂志的编辑,并在 6 月 7 日与魏猛克一起与鲁迅见面,请鲁迅支持《新语林》杂志。

徐懋庸共主编了四期的《新语林》杂志,查阅该刊目录,可以看出四期都发表了鲁迅的文章:第一期发表了鲁迅的杂文《隔膜》(署名:杜德机。1934 年 7 月 5 日出版),第二期发表了鲁迅的杂文《难行和不信》(署名:公汗。1934 年 7 月 20 日出版),第三期发表了鲁迅的杂文《买〈小学大全〉记》(署名:杜德机)和译文《致本刊读者辞》《莉莉·柯贝女士赠本刊诗》(署名:张禄如。这是鲁迅应徐懋庸之请翻译的奥地利女作家莉莉·柯贝赠给《新语林》杂志的致辞和诗歌。1934 年 8 月 5 日出版),第四期发表了鲁迅的杂文《从孩子的照相说起》(署名:孺牛。1934 年 8 月 20 日出版)。

另外，鲁迅还写信给徐懋庸，推荐瞿秋白、周建人、徐诗荃等人的文章供《新语林》发表。值得一提的是，鲁迅在 1934 年 6 月 21 日致徐懋庸的信中，还同意徐懋庸使用《引玉集》中的木刻作品作为《新语林》杂志的封面插图的要求。《新语林》杂志第一、二、四期就选用了《引玉集》中的木刻作品作为封面插图，第三期则选择另外一幅苏联木刻家冈察罗夫的作品作为封面插图。估计徐懋庸在《新语林》第三期使用冈察罗夫的这幅木刻作品也得到了鲁迅的同意，因为这位苏联木刻家的作品也是鲁迅介绍到中国的。

1934 年 8 月底，徐懋庸因为光华书局拖欠作者的稿费而辞去《新语林》的编辑之职，不久就和曹聚仁准备创办《芒种》杂志。1935 年 1 月，徐懋庸在该刊创刊前曾经写信给鲁迅询问有无《春牛图》的木刻，并请鲁迅写一些笔记类作品投稿支持。鲁迅在 1 月 17 日回信告知所收藏的木刻中没有这类作品，并答应投稿。后来，鲁迅偶然从一家商店中看到了刻有《春牛图》的旧历书，就买下并在 2 月 7 日寄给徐懋庸。徐懋庸就用这本旧历书上的《春牛图》作为 3 月 5 日出版的《芒种》杂志创刊号的封面插图。此外，曹聚仁和徐懋庸也分别邀请鲁迅投稿支持《芒种》杂志，鲁迅在 4 月 1 日把为徐懋庸撰写的《徐懋庸作〈打杂集〉序》寄给徐懋庸，该文刊登在 5 月 5 日出版的《芒种》第 6 期，后来鲁迅又在 8 月 17 日寄曹聚仁信并把"题未定"草五投给《芒种》杂志。另外，徐懋庸准备在《芒种》杂志刊登一些木刻作品，并在 7 月份致信鲁迅请鲁迅帮助提供一些木刻作品，鲁迅在 7 月 29 日回信说："木刻查了一遍，没有相宜的。要紧的一层，是刻者近来不知如何，无从查考，所以还是不用的好。"[2]这是因为当时一些木刻青年因为从事左翼文化运动而被国民党政府逮捕，所以鲁迅在这封回信中也是提醒徐懋庸在刊登木刻作品时要采用一定的策略来应对国民党政府的图书审查。

同年 10 月，《芒种》杂志被迫停刊，徐懋庸又在"左联"领导人的支持下,和王淑明、周立波共同编辑《时事新报·每周文学》副刊,该报在1935年9月15日创刊。鲁迅不仅应徐懋庸之邀投稿《杂谈小品文》《论新文字》等两篇文章,还应徐懋庸之托,转达徐懋庸给茅盾的邀稿信。

三、支持徐懋庸的杂文创作

徐懋庸在1935年3月20日致信鲁迅,请求鲁迅为他的杂文集《打杂集》撰写序言。鲁迅在3月22日回信同意撰写序言,并要求徐懋庸把杂文集的书稿送到内山书店,他看过书稿之后再撰写序言。3月29日,鲁迅收到了搬家的通知,他当天致信徐懋庸告知已经在27日收到了书稿,但因为事务繁忙,所以没有时间看书稿,加之,徐懋庸催促交序言,所以鲁迅只好"对空策",在没有看完书稿的情况下(鲁迅此前已经在《申报·自由谈》《人间世》等一些报刊上看过收入书稿中的部分杂文),就撰写了一篇序言。4月1日,鲁迅致信徐懋庸告知序言写好了,请他到内山书店取书稿和序言。鲁迅在序言中高度评价徐懋庸的杂文:《唐诗三百首》里的第一首"那[哪]里能够及得这些杂文的和现在切贴,而且生动,泼剌[辣],有益,而且也能移人情"。[3]

另外,鲁迅还关注徐懋庸的杂文集出版后的社会反响,当他在1935年8月31日看到《大公报·小公园》副刊上刊登的张庚撰写的关于《打杂集》的书评,就把这篇书评剪下来,批注"这篇批评,竭力将对于社会的意义抹杀,是歪曲的。但这是《小公园》一贯的宗旨",[4]然后寄给徐懋庸参考。

四、解答徐懋庸在学习、工作和生活中遇到的困惑

1. 指导徐懋庸处理文艺论争。1933年9月到12月,徐懋庸与韩侍桁围绕着"现实的认识"和"艺术的表现"的问题进行论争。徐懋庸在12月18日致信鲁迅请教如何看待"现实的认识"和"艺

术的表现"的问题,鲁迅当时仅和徐懋庸在11月份通过三封信,还没有会见过,但是仍然热心地在12月20日写了一封长信,首先表明赞同徐懋庸的观点,然后对韩侍桁的观点进行分析,指出韩侍桁实际上是在诡辩,可以置之不理。鲁迅在信中还就徐懋庸提出的该看什么书的问题,建议徐懋庸首先阅读一些历史方面书籍,其次阅读一些唯物论方面的书籍,然后是文学史和文艺理论方面的书籍,并开列了具体的书目。鲁迅最后强调指出:"中国的书,乱骂唯物论之类的固然看不得,自己不懂而乱赞的也看不得,所以我以为最好先看一点基本书,庶不致为不负责任的论客所误。"[5]此后,鲁迅关注着徐懋庸在文坛的论争,他在1934年6月21日致徐懋庸的信中指出:"不过,我看先生的文章(如最近在《人间世》上的),大抵是在作防御战。这事受损很不小。我以为应该对于那些批评,完全放开,而自己看书,自己作论,不必和那些批评针锋相对。否则,终日为此事烦劳,能使自己没有进步。批评者的眼界是小的,所以他不能在大处落墨,如果受其影响,那就是自己的眼界也给他们收小了。假使攻击者多,而一一应付,那真能因此白活一世,于自己,于社会,都无益处。"[6]

2. 指导徐懋庸处理编辑杂志时遇到的问题。1934年5月,徐懋庸按照"左联"领导人的指示,准备担任光华书局拟办的《自由谈》半月刊的编辑,并写信向鲁迅请教如何编辑这个杂志。鲁迅因为和徐懋庸见过两次面,也算是熟人,加之了解光华书局不讲信用,所以就在5月26日的回信中提出忠告:"劝先生坚决的辞掉,不要跳下这泥塘去。"[7]徐懋庸虽然按照鲁迅的意见一度决定不担任这个杂志的编辑,但是"左联"领导人坚持和光华书局合作出版这个杂志,因此,徐懋庸最后服从"左联"领导人的决定,担任这个杂志的编辑,不过,他据理力争,把杂志改名为《新语林》。《新语林》杂志出版之后,虽然销路还不错,但是光华书局却拖欠作者的稿费。因此,徐懋庸就致信鲁迅透露准备和生活书店商量出版《新语林》杂志的事情,鲁迅在7月27日的回信中指出如果生活书店合作出版《新语林》杂志,虽然稿费的问题可以解决,但是恐怕和生活书店的合作也不会容易。8月1日,徐懋庸致信鲁迅谈到了和光华书局合作出版《新语林》杂志所产生的"苦闷"。鲁迅在8月3日回信劝徐懋庸:"你也不要'苦闷'了,打算一下,如果以发表为重,就明知吃亏,还是给他;否则,斩钉截铁的走开,无论如何苦求,都不理。单是苦闷,是自己更加吃亏的。"[8]鲁迅还指出生活书店开列的合作条件太苛刻,是无法合作出版杂志的。徐懋庸接受鲁迅的意见,最后没有和生活书店合作继续出版《新语林》杂志。

3. 指导徐懋庸处理生活中遇到的问题。1935年1月17日,鲁迅收到曹聚仁的来信和赠书,同时附有徐懋庸的来信。大约是徐懋庸在信中谈到了生活中遇到的挫折和困难,可能还有在"左联"工作中遇到的困难,想暂时消沉一下。鲁迅于是就立即回信劝慰徐懋庸:"暂时'消沈'[沉]一下,也好的,算是休息休息,有了力气,自然会不'消沈'[沉]的,疲劳了还是做,必至于乏力而后已,我憎恶那些拿了鞭子,专门鞭扑别人的人们。"[9]1935年10月27日,徐懋庸致信鲁迅谈到了文坛出现了关于"唱歌案"的流言。因为徐懋庸的多部译著都是由生活书店出版的,所以徐懋庸和生活书店的关系较密切。在生活书店的员工欢迎邹韬奋回国时,有人专门谱写了一首新歌欢迎邹韬奋回国。大约这件事和徐懋庸有关,徐懋庸也因此遭到一些人的讽刺和攻击,所以他在致鲁迅的信中说准备就此事发表声明。鲁迅在10月29日回信为徐懋庸指点处理这个问题的方法:"唱歌一案,以我交际之少,且已听到几个人说过,足见流播是颇广的。声明固然不行,也无此必要,假使有多疑者,因此发生纠纷,只得听之,因为性好纠纷者,纵使声明,他亦不信也。'由它去罢',是第一好办法。"[10]

五、评论徐懋庸的书评文章

从鲁迅日记和书信中,可以看出鲁迅与徐懋庸多次互赠书籍。徐懋庸在 1935 年 7 月 19 日会见鲁迅时赠给鲁迅一本《打杂集》;1935 年 9 月 3 日,鲁迅收到徐懋庸的信和一本译著《伊特拉共和国》;1936 年 10 月 2 日,鲁迅收到徐懋庸寄来的一本译著《小鬼》,另外,徐懋庸在 1936 年 8 月 1 日致信鲁迅并说将赠给鲁迅一本《斯太林传》(出版时的译名为《从一个人看一个新世界——斯大林传》),但是没见鲁迅收到这本书的记载。鲁迅在 1934 年 5 月 28 日将两本《引玉集》请杨霁云分别转交给曹聚仁、徐懋庸;在 1935 年 10 月 17 日将《表》及《俄罗斯的童话》各两本分别赠送给曹聚仁、徐懋庸;在 1935 年 11 月 18 日,鲁迅致信徐懋庸告知内山书店将邮寄两本《死魂灵》给曹聚仁,其中有一本是赠给徐懋庸的。值得一提的是,鲁迅收到徐懋庸的赠书,但是在当年的书帐中都没有记载。

徐懋庸也关注鲁迅著译出版后的社会反响,如徐懋庸在 1935 年 10 月 17 日收到鲁迅赠送的《表》及《俄罗斯的童话》之后,将 10 月 19 日《时事新报·每周文学》第六期刊登的书评《"俄罗斯的童话"》(署名:海洛)剪下来并寄给鲁迅,同时在信中也催促鲁迅交稿。鲁迅在 10 月 22 日回信,告知收到剪报和来信,但是来不及在本周四前交稿。考虑到《时事新报·每周文学》就是由徐懋庸和王淑明、周立波共同编辑,刊登的文章都是"左联"成员所写,因此,笔者推测这篇署名"海洛"的书评《"俄罗斯的童话"》很有可能是徐懋庸撰写的。另外,鲁迅的小说集《故事新编》在 1936 年 1 月出版,但是鲁迅日记和书信中没有赠送该书给徐懋庸的纪录。鲁迅在 1936 年 2 月 16 日收到徐懋庸的来信,徐懋庸在信中除了请鲁迅确定两人会面的时间之外,还向鲁迅请教《铸剑》故事的来源,并告知鲁迅准备写一篇关于《故事新编》的书评。鲁迅在 2 月

17日夜回信,告知已经记不清《铸剑》故事的具体出处了,并说明自己只是按照《铸剑》故事的原来的情节铺排,没有改动,最后欢迎徐懋庸对《故事新编》的批评意见。徐懋庸在《〈故事新编〉读后感》(发表时署名"岑伯")中指出:《故事新编》所写的"其实都是现代的事故","鲁迅先生十分无情地画出了""近时的学者文士们"的"丑恶的脸谱"。又说:"《出关》中的老子之为鲁迅先生的自况,也是很明显的",鲁迅"似乎是被他所见的丑恶刺激得多悲观了,所以他的性格仿佛日益变得孤僻起来,这孤僻,竟至使有些热情的青年误会他是变得消极了"。[11]徐懋庸在2月19日致信鲁迅(有可能同时也把刊登这篇书评的剪报一起寄给鲁迅),谈到了这篇书评,并请鲁迅约定会面的时间。鲁迅在2月21日回信,不同意徐懋庸的上述观点,并指出:"那《出关》,其实是我对于老子思想的批评,结末的关尹喜的几句话,是作者的本意,这种'大而无当'的思想家,是不中用的,我对于他并无同情,描写上也加以漫画化,将他送出去。"[12]需要说明的是,鲁迅只是在私人通信中表达出不同意徐懋庸书评的观点,而鲁迅对于曾经是创造社成员,后来又是"左联"成员的作家邱韵铎批评《故事新编》的文章,则撰文《〈出关〉的"关"》予以批驳,由此也可以看出鲁迅对徐懋庸还是爱护有加的。

六、指导"左联"工作

徐懋庸担任"左联"宣传部长、行政书记等职务之后,因为需要代表"左联"向鲁迅汇报工作,所以经常写信请鲁迅约定会面的时间。鲁迅有时就回一封短信约定会面的时间,这类书信有一部分被徐懋庸保存下来,如鲁迅在1934年6月7日、1935年7月16日、1935年10月14日分别致徐懋庸的书信。

据徐懋庸回忆,鲁迅在和徐懋庸会面时也对"左联"的工作作了一些指示,如不再发展新的成员,不做"空头文学家",创办的内部刊物要小型化等。除此之外,从鲁迅致徐懋庸的书信中,还可以看出鲁迅在徐懋庸的邀请下参加了一些"左联"组织的进步文化活动,如鲁迅在1935年11月3日和许广平一起到金城大戏院观看由上海业余剧社上演的话剧《钦差大臣》,次日就收到徐懋庸寄来的上海业余剧社的来信,请鲁迅就该剧的演出提供指导意见。鲁迅后来请丽尼转达了他对该剧的指导意见。

从1935年12月中旬到1936年2月28日,徐懋庸受周扬等"左联"领导人的委托,先后四次和鲁迅会见,协商解散"左联"的事宜。周扬等"左联"领导人原来同意鲁迅提出的发表解散"左联"宣言的建议,但是政治形势发生变化,周扬等"左联"领导人认为"如果'文总'发表宣言解散,而救国会成立,就会被国民党把救国会看作'文总'的替身,这对救国会不利。"[13]因此就决定不再发表解散"左联"的宣言。当时的政治形势是,上海各界救国会在1935年12月27日正式成立,并发表了《上海文化界第二次救国宣言》。中共上海地下党组织不仅参与组建上海各界救国会,而且同时在上海各界救国会中秘密成立了中共党团组织,由钱俊瑞担任党团书记,负责领导上海各界救国会开展抗日救国宣传活动。国民党中央宣传部大约是发现了中共与上海各界救国会的密切联系,于是在1936年2月11日发出《告国人书》,指出上海各界救国会是共产党"利用文化团体及知识分子在救国的口号下作卷土重来之计划",应当予以严厉制裁。上海各界救国会在2月14日公开反驳国民党中央宣传部的《告国人书》。[14]事实证明,"左联"及"文总"即使不发表解散宣言,国民党政府还是会把新成立的上海各界救国会视为中共领导的社会组织。

1936年2月28日,鲁迅和徐懋庸会见时,不满周扬等"左联"领导人作出的在解散"左联"时不发表解散宣言的决定,这也是徐懋庸最后一次和鲁迅会面。此后,徐懋庸在看到并听到鲁迅不满"左联"解散的言论之后,很不满鲁迅的这些言论,就在4月30日致信鲁迅表达不满意见。鲁迅在 5 月 2 日收到徐懋庸的这封来信之后就在下午回信，反驳徐懋庸的指责，并宣布不再参与"左联"的活动："我希望这已是我最后的一封信，旧公事全都从此结束了。"[15]

从鲁迅日记可以看出，鲁迅在 5 月 5 日和 6 月 3 日还收到过徐懋庸的来信，但是都没有回信的记载。因为徐懋庸的这两封信没有保存下来，所以目前不清楚这两封书信的具体内容。但推测起来，主要内容大约还是与"左联"解散问题有关。8 月 1 日，徐懋庸在准备离开上海回故乡养病的前夕，写信给鲁迅，再次指责鲁迅不了解当时的抗日民族统一战线政策。中共中央特派员冯雪峰决定利用徐懋庸的这封来信，公开表明鲁迅支持中共制定的抗日民族统一战线的态度，就代替病中的鲁迅起草了答复徐懋庸的公开信的草稿，信的前半部分主要谈抗日民族统一战线的政策，后半部分主要谈鲁迅与胡风、巴金、黄源等人的关系。从保存下来的这封书信手稿可以看出，鲁迅对这封书信的前半部分修改得较少，对书信的后半部分作了较大幅度的修改。

如冯雪峰起草的草稿："然而胡风是胡风，我是我，不要任何事情拉在一起。我已经不是三岁小孩，别人不必代替我担忧被人蒙蔽。据徐懋庸的口吻，又仿佛我听了胡风、黄源这些'小人'的佞语，致将徐懋庸拒之于千里之外，而他对我犹有恋恋不舍之状，我即使如此昏庸，你又何苦生此'恋主'之情呢，——这一点很使我失笑。我应当明白的对徐懋庸说，在我这里来往的，都是朋友的身份，没有别的什么。你自己有经验，当你和我来往的时候，我和你是朋友，同志。"鲁迅将上述内容修改为一句话："这是纵使徐懋庸之流用尽心机，也无法抹杀的。"[16]

由此可以看出，在冯雪峰起草的上述内容中，明确说徐懋庸在和鲁迅来往时，徐懋庸的身份是"朋友，同志"，但是鲁迅删掉了上述内容，用"徐懋庸之流"来表达对徐懋庸及其背后的周扬等人的愤怒。

　　这封公开信在8月15日出版的《作家》杂志第一卷第五期发表之后,正在故乡休养的徐懋庸从友人寄来的《作家》杂志上看到了鲁迅这封公开信的全文之后很不满,于是决定立即回到上海并再次写信反驳鲁迅的指责。而周扬等人则开会批评徐懋庸写信给鲁迅破坏了"左联"与鲁迅的团结,要求徐懋庸不再发表答复鲁迅的公开信。徐懋庸反驳周扬等人的批评,坚持发表答复鲁迅的公开信,并迅速在1936年8月26日出版的《今代文艺》第一卷第三期发表了《还答鲁迅先生》,主要说了如下几点:"(1)说我的信只是私人通信,鲁迅先生把它公开,不合适。对事业无益。(2)说鲁迅文章中所揭露的事实,绝大部分与我无干,而且为我所不知道的,把这些事情同我拉在一起,没有道理。(3)问鲁迅先生说我们是'敌人所派遣'的话有何依据。"[17]

　　除了鲁迅在10月2日的日记中记载收到徐懋庸寄来的《小鬼》之外,从这一时期的鲁迅日记和书信中没有看到关于徐懋庸公开答复鲁迅书信的相关记载,因此目前尚不清楚鲁迅是否看到过徐懋庸的《还答鲁迅先生》一文。而据徐懋庸回忆:"那时候,我本来还存着希望,且有信心,有朝一日,有些问题是会得对鲁迅先生说清楚,得到他的谅解的。所以当我翻译的《小鬼》单行本出版后,我寄给他一本,表示一种态度,但没有附信,他收到后,在日记中记了一笔。"[18]

　　10月19日下午,徐懋庸得知鲁迅逝世的消息,于是就在悲痛中写了一副挽联:"敌乎,友乎? 余惟自问。知我,罪我,公已无言。"徐懋庸考虑到自己与鲁迅已经决裂,就托曹聚仁把这幅挽联送到鲁迅治丧委员会。但是,徐懋庸经过一番犹豫之后,还是决定亲自去灵堂悼念鲁迅,并参加送葬队伍,护送鲁迅的灵柩到达墓地。徐懋庸在鲁迅逝世后,不仅撰写了《气死乎,逼死乎?》为自己辩护,还撰写了《知我罪我,公已无言》一文纪念鲁迅:"先生的生前,虽然发言行事,不无看错的时候,但即使是错误,也从一种十分纯正的立场出发,绝没有卑劣的动机。他观察人物,判别友敌,纵然不一定正确,但他那爱护战友,憎恨敌人的坚强伟大的精神,是一贯的。"[19]由此也可以看出,徐懋庸在鲁迅逝世之后,逐渐平复了对鲁迅的不满情绪,对鲁迅的理解有所深入。

1937年1月,许广平在报刊上公开征求鲁迅的书信。徐懋庸看到之后,就在1月13日致信许广平,询问征集书信是否有甄别。这也表明徐懋庸当时担心自己作为被鲁迅公开批评过的人,可能不是征集鲁迅书信的对象。许广平回信说是面向各方面普遍征集鲁迅书信的,打消了徐懋庸的顾虑。徐懋庸在收到许广平的回信之后,就在1月21日把收藏的44封鲁迅书信(已经装订成一本保存)寄给许广平拍照制版,并要求用毕尽快寄回以作纪念。大约是制版出现了问题,所以许广平又致信徐懋庸请他再次提供这些鲁迅书信用于照相制版,于是徐懋庸在3月31日再次把这些鲁迅书信寄给许广平拍照制版。除了鲁迅在1936年5月2日致徐懋庸宣布绝交的这一封书信之外,其余的43封书信都被收入许广平编辑的《鲁迅书简》之中,这些书信的内容也都因此得以保存下来,并通过书籍的形式传播开来。这不仅要感谢徐懋庸对鲁迅书信的精心保存,而且也要感谢徐懋庸无私地提供这些鲁迅书信的原件供许广平拍照制版。

需要说明的是,这44封鲁迅致徐懋庸书信的手稿(另外还有《答徐懋庸并抗日民族统一战线问题》手稿)后来被收藏在北京鲁迅博物馆。查阅北京鲁迅博物馆的捐赠人目录,可以看出这44封鲁迅致徐懋庸书信都是许广平在1956年捐赠给北京鲁迅博物馆的,因此,笔者推测,这44封鲁迅致徐懋庸书信是许广平在1956年捐赠的902封鲁迅书信之中,也就是许广平当时因为拍照制版等原因,最后没有把徐懋庸再次提供的这44封鲁迅致徐懋庸书信归还给徐懋庸。当然,也有可能是徐懋庸最后同意把这44封鲁迅书信捐献给许广平保存。

徐懋庸在 1938 年 3 月到延安参加抗日工作,并把他所了解的"两个口号"论争情况特别是鲁迅答复他的公开信的经过向中共中央领导人毛泽东作了详细的汇报。毛泽东认为"两个口号"论争是革命队伍的内部矛盾,由此消除了徐懋庸因为鲁迅答复他的公开信所产生的精神压力,此外,毛泽东还亲自关心徐懋庸加入中国共产党。此后至中华人民共和国成立,徐懋庸在革命根据地主要从事教学和文化工作,他在工作间隙开始鲁迅研究工作,不仅紧密结合根据地的政治活动研究鲁迅,而且也开始把鲁迅与毛泽东结合起来进行研究。徐懋庸陆续发表、出版了如下的文章和著作:1941 年发表了《学习鲁迅的战略策略》《我所受于鲁迅的影响》等纪念鲁迅的文章;1943 年出版了《释〈阿 Q 正传〉》《释〈理水〉》等两本著作,并发表了《纪念"五四"——纪念鲁迅》《释鲁迅杂文〈拿来主义〉》等文章;1946 年发表了《释鲁迅〈忽然想到〉》;1948 年发表了《鲁迅关于革命的战略策略的思想》《鲁迅的革命道路》。1949 年之后,到 50 年代末,徐懋庸不仅继续从事鲁迅研究工作,而且也受鲁迅的影响,继续写作杂文和小说:1950 年发表了纪念鲁迅的文章《学习鲁迅先生的统一战线思想》;1951 年发表了纪念鲁迅的文章《毛泽东思想与鲁迅思想》,并出版了著作《鲁迅——伟大的思想家与伟大的文学家》;1956 年 12 月,重新开始了"鲁迅风"杂文创作,在半年的时间内就在《人民日报》《文艺报》等报刊陆续发表了 50 多篇杂文,并结集为《打杂新集》;1957 年,徐懋庸调到中国科学院哲学社会科学部哲学研究所从事外国哲学的翻译工作,因为国内政治形势发生了变化,在 1958 年被划为"右派",不得不中断了杂文创作,这本《打杂新集》最后未能出版;1959 年,徐懋庸在编辑《哲学资料汇编》时,利用搜集到的历史故事,模仿鲁迅的小说集《故事新编》创作了《鸡肋》《考验》等两篇历史题材小说(《鸡肋》后来在 1981 年发表)。

20世纪70年代,徐懋庸在比较严酷的环境下,继续从事鲁迅研究。1972年,徐懋庸撰写了回忆录,其中有关于鲁迅的专章《我和鲁迅的关系的始末》,详细地回忆了他和鲁迅交往的经过以及所受到鲁迅的影响;1976年,徐懋庸应北京鲁迅博物馆之邀,抱病注释鲁迅致他的书信。但是新华社在1976年12月23日播发的电讯《新发现的一批鲁迅书信》中,将徐懋庸、周扬、张春桥放在一起进行批判:"新发现的这些书信……其中对徐懋庸伙同周扬、张春桥之流,以'文坛皇帝自居',围攻鲁迅的反革命面目的揭露,对我们今天深入揭发、批判'四人帮'反党集团的斗争有重要意义。"[20]徐懋庸因此受到巨大的精神打击,仅完成了7封鲁迅书信的注释工作,就在1977年2月7日病逝。"文革"结束之后,中国社会科学院在1978年12月为徐懋庸平反,并在1979年4月12日举行了追悼会,在悼词中评价徐懋庸"是我们党的好党员、好干部"[21]。

可以说,徐懋庸的一生深受鲁迅的影响:不仅受到鲁迅的影响,走上了革命道路,而且受到鲁迅的影响,从事翻译工作和杂文创作。虽然徐懋庸在1936年因为"左联"解散的问题与鲁迅产生矛盾,并陆续受到鲁迅公开的抨击,但是他在1938年到延安参加革命之后直到1977年病逝,对鲁迅还是比较尊重的,为研究鲁迅、宣传鲁迅作出了重要的贡献。

注释

[1] 鲁迅:《19351203致徐懋庸》,《鲁迅全集》第十三卷,人民文学出版社1981年版(下同),第259页。

[2] 鲁迅:《19350729致徐懋庸》,《鲁迅全集》第十三卷,第181页。

[3] 鲁迅:《徐懋庸作〈打杂集〉序》,《鲁迅全集》第六卷,第292页。

[4] 鲁迅:《19350831致徐懋庸》,《鲁迅全集》第十三卷,第198页。

[5] 鲁迅:《19331220致徐懋庸》,《鲁迅全集》第十二卷,第303页。

[6] 鲁迅:《19340621 致徐懋庸》,《鲁迅全集》第十二卷,第 463 页。
[7] 鲁迅:《19340526 致徐懋庸》,《鲁迅全集》第十二卷,第 433 页。
[8] 鲁迅:《19340803 致徐懋庸》,《鲁迅全集》第十二卷,第 500 页。
[9] 鲁迅:《19350117 致徐懋庸》,《鲁迅全集》第十三卷,第 20 页。
[10] 鲁迅:《19351029 致徐懋庸》,《鲁迅全集》第十三卷,第 239 页。
[11] 岑伯(徐懋庸):《〈故事新编〉读后感》,《时事新报·每周文学》第二十二期,1936 年 2 月 18 日出版。
[12] 鲁迅:《19360221 致徐懋庸》,《鲁迅全集》第十三卷,第 318 页。
[13][17][18] 徐懋庸:《徐懋庸回忆录》,人民文学出版社 1982 年版,第 88 页、第 91 页、第 93 页。
[14] 转引自王锡荣:《左翼十年文学大事记》,载《"左联"与左翼文学运动》,上海人民出版社 2016 年出版,第 379 页。
[15] 鲁迅:《19360502 致徐懋庸》,《鲁迅全集》第十三卷,第 365 页。
[16] 鲁迅:《答徐懋庸并抗日民族统一战线问题》手稿,北京鲁迅博物馆收藏。
[19] 徐懋庸:《知我罪我,公已无言》,《光明》(半月刊)(上海)第一卷第十二期,1936 年 11 月 25 日出版。
[20] 徐懋庸:《对一条电讯的意见》,《徐懋庸研究资料》,第 56 页。
[21] 王韦:《徐懋庸同志的爱人王韦的几点说明》,《徐懋庸研究资料》,江西人民出版社 1985 年版,第 61 页。

鲁迅与《白蛇传》

周玉儿

鲁迅的故乡绍兴,是一座历史悠久的文化名城,文学遗产非常丰富。鲁迅虽然出生在"都市的大家庭",但因为外婆家在广阔的农村,因而鲁迅从小就受民间传统文化的熏陶。许多年之后,故乡优美动人的民间故事和传说,仍然给鲁迅留下了难以忘怀的印象。1934年8月,鲁迅还曾在《门外文谈》中回忆道:

> 农民们还有一点余闲,譬如乘凉,就有人讲故事。不过这讲手,大抵是特定的人,他比较的见识多,说话巧,能够使人听下去,懂明白,并且觉得有趣。[1]

据鲁迅亲友回忆,鲁迅小时候十分喜欢听长辈讲述民间故事和传说,其中,他最爱听的民间故事之一,就是《白蛇传》。这个白娘子的故事,鲁迅不止一次地听继祖母蒋老太太和外婆家的农民讲过:

> 听说,杭州西湖上的雷峰塔倒掉了,听说而已,我没有亲见。
> ……
> 然而一切西湖胜迹的名目之中,我知道得最早的却是这雷峰塔。我的祖母曾经常常对我说,白蛇娘娘就被压在这塔

底下。有个叫作许仙的人救了两条蛇,一青一白,后来白蛇便化作女人来报恩,嫁给许仙了;青蛇化作丫鬟,也跟着。一个和尚,法海禅师,得道的禅师,看见许仙脸上有妖气,——凡讨妖怪做老婆的人,脸上就有妖气的,但只有非凡的人才看得出,——便将他藏在金山寺的法座后,白蛇娘娘来寻夫,于是就"水满金山"。我的祖母讲起来还要有趣得多,大约是出于一部弹词叫作《义妖传》里的,但我没有看过这部书,所以也不知道"许仙""法海"究竟是否这样写。总而言之,白蛇娘娘终于中了法海的计策,被装在一个小小的钵盂里了。钵盂埋在地里,上面还造起一座镇压的塔来,这就是雷峰塔。此后似乎事情还很多,如"白状元祭塔"之类,但我现在都忘记了。[2]

据《周作人日记》记载,1901年3月13日(旧历辛丑正月二十三日),当日天气晴暖,鲁迅还曾和子衡叔等乘乌篷船,前往绍兴城南一个离绍兴旱偏门约四里的小村庄楼下陈观看社戏《盗草》(《白蛇传》中的一折)等几出绍剧。

鲁迅一贯喜爱和赞美民间故事,一贯热爱乡村演出的民间社戏。他对争取自由、温柔美丽、敢爱敢恨的白娘子充满同情,对干涉婚姻自由、充当封建卫道士的法海和尚深为不满。在他早年幼小的心灵里,"惟一的希望,就在这雷峰塔的倒掉。"[3]后来,当位于杭州西湖边上,象征压迫的雷峰塔真的倒掉时,鲁迅感慨万端,还为此专门写了《论雷峰塔的倒掉》,用来说明一切扼杀真善美的"塔"是终将倒塌的。鲁迅说:"现在,他居然倒掉了,则普天之下的人民,其欣喜为何如?"[4]

当然,鲁迅在肯定《白蛇传》意义的同时,认为有必要使这样的民间传说和传记,走入千家万户,以一种新的传播形式流传下去,他在致何家骏、陈企霞的信中,建议将该书故事改编为连环图画:"要取中国历史上的,人物是大众知道的人物,但事迹却不妨有所更改。旧小说也好,例如《白蛇传》(一名《义妖传》)就很好,但有些地方须加增(如百折不回之勇气),有些地方须削弱(如报私恩及为自己而水满金山等)。"[5]这样,可以使白娘子的形象更为丰满。

鲁迅在文章中屡次提到的《义妖传》,是一部描写白蛇娘娘的民间神话故事的弹词。清代陈遇乾著,同治八年(1869)刊行,共二十八卷五十三回,目次从第一回"仙踪"至五十三回"仙圆"止,计十九万三千字;又有《义妖传续集》二卷十六回,目次从第一回"禅师奉敕移峰塔 狐精幻术变青蛙"至十六回"贺王府荣归故里 庆团圆得道升天"止,计五万一千字;《义妖全传》卷首绘有插图二十幅,目次从第一幅"南极仙翁 金母"至二十幅"祭塔"止。"水漫金山"与"白状元祭塔",都是白蛇故事中的情节。金山在江苏镇江,山上有金山寺,东晋时所建。白状元是故事中白蛇娘娘和许仙所生的儿子许士林,他后来中了状元回来祭塔,与被法海和尚镇在雷峰塔下的白蛇娘娘相见。如今,绍兴图书馆还藏有一部民国上海锦章图书局石印本《义妖全传》,线装,开本高15.1厘米,宽9.0厘米,共五册。绍兴除流行韵白相间的说唱文学形式的弹词《义妖传》外,还流行一种叫做《雷峰宝卷》,目前绍兴图书馆馆藏有清末玛瑙经房刻本《雷峰宝卷》,线装,开本高26.7厘米,宽15.2厘米,共一册。

如今,鲁迅儿时听继祖母蒋老太太讲《白蛇传》故事的桂花明堂(天井)依旧存在,明堂青石板铺地,古朴典雅,中央一棵桂花树穿出高墙上四角的天空,郁郁葱葱。桂花明堂所在的鲁迅故居,现在已成为全国爱国主义教育示范基地、全国研学旅游示范基地、全国中小学生研学实践教育基地。为了让观众,特别是中小学生更直观地了解鲁迅的儿时生活,绍兴鲁迅纪念馆利用百草园、三味书屋、桂花明堂等实景资源,在那里新添了五组十一个人物卡通雕塑,这些人物雕塑都是根据鲁迅童年形象及他笔下的艺术形象制成的。五组雕塑栩栩如生,向人们展示了鲁迅在三味书屋、百草园的童年时光。特别是桂花明堂那一组鲁迅听继祖母讲故事的雕塑,尤为生动,常常引得许多观众驻足观看。"那是一个我的幼时的夏夜,我躺在一株大桂树下的小板桌上乘凉,祖母摇着芭蕉扇坐在桌旁,给我猜谜,讲故事。"[6]鲁迅在他的散文《狗·猫·鼠》里这样写道。人物雕塑拉近了景区与孩子们的距离,让他们在游览过程中对鲁迅和他的作品有了更形象的理解,也唤醒了老一代人对于鲁迅作品的一些回忆,给观众带来了美好的体验感。

  鲁迅性格中的抗争精神,与从小所受的精神滋养密不可分。无论是家乡的社戏,还是民间故事与传说,都曾给鲁迅以深刻的记忆,留下至深的印象,以至于多次成为他创作的题材。考释鲁迅与《白蛇传》之间的关系,我们可以更清晰地看到,童少年时期所受到的文化影响,是何其深远。

注释

[1] 鲁迅:《门外文谈》,《鲁迅全集》第六卷,人民文学出版社 2005 年版(下同),第 102 页。

[2][3][4] 鲁迅:《论雷峰塔的倒掉》,《鲁迅全集》第一卷,第 179 页、第 179 页、第 180 页。

[5] 鲁迅:《19330801 致何家骏、陈企霞》,《鲁迅全集》第十二卷,第 426 页。

[6] 鲁迅:《狗·猫·鼠》,《鲁迅全集》第二卷,第 242 页。

新版《鲁迅全集》注释补正二十三则

吴作桥　王　羽

一、关于冯沅君的笔名。《全集》(即《鲁迅全集》,下同)关于冯沅君共四个注,即第6卷第270页注[46],第11卷第218页注[5]、第594页注[2],第12卷第524页注[16],这四个注,有的注说冯女士的笔名为"淦女士""沅君",有的未涉及其笔名。其实冯沅君重要笔名还有漱峦、大琦、吴仪等。[1]此信息提供者是冯沅君的学生袁士硕、严蓉仙,他们编辑了《冯沅君创作译文集》,可信度是高的。

二、关于石评梅的乳名、笔名。《全集》关于石评梅共三个注,即第11卷第68页注[8]、第12卷第134页注[4]、第17卷第36页。此三个注均无石之乳名、笔名,只有第三个注称评梅是其笔名。曾晓先生在《十大风流才子才女情书集》中称,石评梅乳名心珠,笔名有心珠、林娜,因其喜欢梅花高洁,故改名评梅[2],可见,评梅是其后改名,也是其常用名。

三、关于阮玲玉的生地。《全集》第6卷第297页注[7]称阮玲玉是广东中山人。这就是说阮玲玉生于广东香山(今中山市)。王开林先生在《民国影后阮玲玉怎样炼成的》一文中说阮玲玉生于上海,广东香山只是她的祖籍。[3]《全集》中应加以注明。

四、关于白薇的乳名。关于白薇,《全集》有三个注,即第11卷第304页注[2],第12卷第503页注[2],第17卷第41页。此三个注均未注白薇的乳名。白舒荣、何由在《白薇评传》中称:"小姑娘就是黄秋芳的长孙女碧珠,即后来叫白薇的。"[4]这"碧珠"就是白薇的小名,乳名。《全集》可将此一信息写入此三个注中。

五、关于鲍文蔚的卒年、笔名。《全集》关于鲍文蔚只有一个注,在第17卷第242页。此注介绍鲍文蔚生卒年为1902—?,卒年未详,也未提及鲍之笔名。乔丽华女士在《革命文学论争中的"语丝派"》一文中称鲍之笔名为甘人,卒年1991。他曾写作《〈阿Q正传〉的英译本》一文,发表在1927年9月的《北新》周刊上。1949年后,鲍先后在山东大学、解放军外语学院、北京外国语学院任教。[5]这些信息十分珍贵,可补入《全集》此注中。

六、关于李少仙的生卒年与生地。《全集》关于李少仙有两个注,即第12卷第334页注[5]、第17卷第94页。此二注十分简略,均无李之生卒年与生地。仍是前文提及的乔丽华之文,乔女士云,李少仙生卒年为1903—1934.1.5,生地是河北省涉县城关镇北岗村,是北岗村涉县有名的商家"大生和"的东家。曾留学日本,获硕士学位。[6]这些信息,据乔女士云,是从网上获得的,网文作者称曾见过李少仙嫡孙、画家李文龙,从李文龙处获得信息,因此上述信息可信度相当高。

七、关于胡秋原的本名、又名、笔名与主要经历。《全集》关于胡秋原只一个注,即第4卷第454页注[2],此注涉及胡之生卒年为正确。惜无其本名、又名、笔名与主要经历。同是上引之文,乔丽华女士云,胡秋原本名胡崇业,又名曾佑,笔名未明、石明、冰禅。胡秋原是其1927年后改之假名。曾任上海东亚书局编辑,同济大学教授,《文化批判》《思索月刊》总编辑,福建《民间日报》社长。1949年后去台湾,《语丝》投稿者。[7]《全集》此注比较简略。

八、关于马占山的生地。《全集》关于马占山只有一个注,即第5卷第20页注[2],此注云"马占山……辽宁怀德(今属吉林)人。"这里牵涉到马占山生地所属省份。生地所属省份,以其生时或现时,多以现时为据。如以生时,说马是辽宁人便不确切。

马占山生于 1885 年。怀德是清光绪三年(1877 年)设,县治所在八家子屯(公主岭市东北,现称怀德镇或旧怀德),属奉天省昌图府管辖。[8]一定要说省份也要说奉天省。奉天省 1929 年更名辽宁省[9],其时马占山已 44 岁,说其是辽宁怀德人便不确切。

怀德县是 1931 年迁出八家子屯,治所在公主岭,1949 年后怀德划归吉林省。1995 年撤销怀德县治为公主岭市。[10]现时怀德县已不复存在。马占山生地应以现时为据,他应是吉林省怀德镇(八家子屯)人,无必要绕辽宁省一个大弯。

九、关于张作相的生年与字。《全集》关于张作相只有一个注,即第 5 卷第 67 页注[7],此注标示张作相生年为 1887,未介绍其字。偶见张景权先生《张作相在吉林》一文,此文标示张作相生年为 1881 年,与此注标示差了六年。笔者认为《全集》之注为误。

张景权先生在此文中列举了张作相任旧吉林省省长期间为吉林市市民办的三件大事:一是修建了自来水厂,让全市市民喝上了自来水,不再饮用松花江水;二是创办了吉林大学(不是现在的吉林大学);三是修建了吉海铁路(吉林至海龙段)。在介绍创办自来水厂等筹措经费时,此文云,由省府捐大洋 10 万元,财政厅拨 87 万,一共是筹措 97 万元,共 195 万元才建成了此水厂。[11]这些数字如此详实,想此文提供的张作相之生年亦当为可信。

另一力证是周利成先生在《民国画报人物志》中之《生活在回忆里的张作相》。此文云,1947 年《中国内幕》记者采访时在天津的张作相,说张当时已 67 岁(此年纪当为张亲口向记者说)。[12]依此推算,张作相生年亦为 1881 年。张景权之说当为可信。

张作相之字为辅忱(或辅臣)。周先生之文称之为号,说这是父母为他取名时,"以宰相,以辅佐之才为期许"。[13]此"辅忱"应为字,旧时父母只给儿子取名、字,不会代取号,号都是本人长大时取或他人代取的。

十、关于傅增湘的又字与号。《全集》关于傅增湘有四个注,即第 3 卷第 593 页注[13]、第 6 卷第 198 页注[6]、第 11 卷第 359 页注[16]、第 17 卷第 234 页。这四个注均未涉及傅之又字与号。周利成先生在《民国画报人物志》一书中称,傅另一字是润沅,号有双鉴楼主人,晚年号藏园老人[14]。周先生之信息均来自民国时期画报和其他报刊,相当原始,当为可信。

十一、关于罗振玉的初字、又号与晚年号、生地。《全集》关于罗振玉共四个注,即第 3 卷第 408 页注[7]、第 8 卷第 88 页注[4]、第 11 卷第 359 页注[9]、第 15 卷第 46 页注[5],此四个注皆云,罗氏字叔蕴,号雪堂,浙江上虞人;只第二个注,介绍了罗氏另一字:叔言。

周利成先生在《民国画报人物志》一书中称,罗氏"初字坚白,后改字叔蕴、叔言,号雪堂,永丰乡人,晚号贞松老人、松翁,祖籍浙江上虞,1866 年生于江苏山阳县,今江苏省淮安县"。[15]周先生指出,浙江上虞只是他的祖籍,他生于今江苏淮安,应称他是江苏淮安人。恰如鲁迅祖籍是湖南道州,我们不能说鲁迅是湖南道州人,他生于绍兴,只能说鲁迅是浙江绍兴人。

十二、关于陈德征的字与死因。《全集》关于陈德征只有一个注,即第 6 卷第 268 页注[28]。此注无陈之字也未涉及其死因。王凯先生在《口水民国》一书中称,陈之字为待秋,1949 年后,以其系历史反革命,被判劳改,死于劳改。[16]此二信息,王先生是据袁燮铭《上海市通志馆筹备始末》,和张耀杰《陈德征的真面目》,所据当为可信。

十三、关于金梁的生地、卒年、民族、姓氏与号。关于前清遗老,拒绝与日本人合作,有一定民族气节的金梁,《全集》只有一个注,即第 3 卷第 592 页注[4]。此注未涉及其生地、民族、姓氏与号,卒年系 1962。周利成先生在《民国画报人物志》一书中说,金梁"1878 年生于浙江杭州,满族正白旗瓜尔佳氏。"[17]又说,"1950 年,金梁迁居北京,担任国家文物工作方面的顾问,直到 1965 年病逝。"[18]其号为瓜圃老人。这就是说,金梁是杭州人,1965年病故,满族,姓瓜尔佳,其号瓜圃老人。周先生是从事档案工作的,他为写这本书,跑遍了全国各大图书馆,复印了二百余种报刊,总数达十几万页。他的信息,均来自档案材料,是真实可信的。

十四、关于李贽的原姓,原名与又号。《全集》关于李贽共三个注,即第1卷第145页注[2],第8卷151页注[3],第9卷第156页注[10],这三个注均未涉及李贽的原姓、原名与又号。魏崇新先生在《明代异端思想家李贽》一文中称:"李贽原名林载贽,因林李同姓,后改名李贽……又号农父、温陵居士、百泉居士等。"[19]这就是说,李贽原姓林,不姓李,后改名李贽,连原姓也不要了,改姓李,林载贽才是他的原名。他的号不止是温陵居士,还有农父、百泉居士等。这些重要信息应补入《全集》这三个注中。

十五、关于唐僧玄奘的原名与生地。关于玄奘,《全集》有三个注,即第5卷第250页注[7],第9卷第166页注[6],第10卷第274页注[18]。此三个注均未介绍玄奘的原名。林怡、林鼎濂二位先生在《千古一高僧——玄奘》一文中称:"玄奘法师,俗姓陈名祎(yi)。"[20]这就是说,玄奘原名陈祎。《全集》此三个注应补之。

关于其生地。第5卷之注云,"玄奘洛州缑氏(今河南洛阳偃师市)人",第9卷之注又称"僧玄奘,姓陈氏,洛州偃师人。"此二注说法不一,一说他是缑氏人,一说他是偃师人。同是二林先生之文云,玄奘"生于今嵩山少林寺西北的陈堡谷。"[21]二林对唐僧颇有研究,他介绍了唐僧的父名陈慧,陈慧生有四子,唐僧是最小的一个儿子。二林之说较为可信。

缑(gou)氏,唐时是县治所在地,宋时废[22],现为镇。也可能缑氏属偃师管,所以说唐僧是偃师人。从河南省地图看,缑氏正位于偃师南,嵩山少林寺西北[23],很有可能陈堡谷属于缑氏县或缑氏镇管辖下的一个村落。

《全集》之注并未错,只是笼统地以其所属之县或镇称其生地。上述之信息,可供《全集》此三个注编写者参考。

十六、关于武则天的原名。《全集》关于武则天只有一个注,即第 3 卷第 141 页注[16]。此注云:"武则天名曌,未注其原名。林树森先生在《武则天传》中称:武则天生后,其父为她取名元照(兆)。"其同父异母二兄名元庆、元爽,其亲姐名元顺。[24] "曌"是后改名,不是其原名,"曌"与"照"同音、同义,是武则天自己造的字。时武则天已是唐高宗的皇后,高宗自号天皇,她为天后,天下称为"二圣",这"曌"字是一个会意字,意思是她与高宗一个是日,一个是月,朗照乾坤,此"曌"字也反证武则天原名确为"元照"。"则天"不是名,也不是字或号,而是一个封号。公元 705 年,中宗复位,尊她为"则天大圣皇帝",是年冬,她即辞世。[25] "则天"只是这一封号的简称。上述信息十分可信,当补入《全集》此注中。

十七、关于周瑜的生卒年与生地。《全集》关于周瑜只有一个注,即第 10 卷第 166 页注[20],此注无周瑜的生卒年与生地。偶见李景琦的《勋业千秋留赤壁 风流一代说周郎》一文,此文云:"汉灵帝熹平四年(175),庐江郡舒县(今安徽舒城)做过洛阳令的周异的家里,诞生了一个男孩,这就是后来被称为'周郎'的青年军事家周瑜。"[26] 又云"建安十五年(210),周瑜到京口见孙权,向他提出一个大胆的事关全局的计划,……孙权采纳了他的意见,让他回江陵准备船粮战具,当他走到巴丘(即巴陵,今湖南岳阳市)时,一场突发的疾病,夺走了他 36 岁的生命。"[27]

可见,周瑜的生卒年当为 175—210,生地为今安徽舒城,此信息都有周瑜生死时汉时纪年,当为可信。

十八、关于颜回的卒年、名、字、生地。《全集》关于孔子最得意的弟子颜回有两个注,即第 3 卷第 140 页注[8],第 13 卷第 199 页注[5],只第 1 个注有颜回的生卒年:前 521—前 490。偶阅钱穆《先秦诸子系年》中之《诸子生卒年世先后一览表》,此表标示颜回生卒年为前521—前481,[28]生年一样,卒年却差了九年,哪一个为对?

钱穆是中国著名的先秦诸子研究专家,其说似乎可信,惜无确证。顷见李启谦、王式伦《孔子弟子资料汇编》一书,此书《颜回(颜渊)》一节标颜回生卒年为前521—前481。[29]可见钱说为对。又见张崇舜、李景明著《孔子大传》,此书在《孔子年谱简编》一文中之公元前489年纪事,写有颜回在这一年说的话,作者云:"子路,子贡疑孔子之道,独颜渊识孔子之道大,不为时容,是有国者之耻。"颜回此话是在公元前489年说的,可见,《全集》标之卒年前490年之下一年,颜回仍在世,说颜回卒年为前490年是错的,此年谱在前481年,即周敬王39年,鲁哀公14年纪事云:"颜回死,年仅41岁。孔子非常悲伤,哭之恸,说:'噫!天丧予!天丧予!'"[30]上引之文,可证,颜回卒年是前481年,而不是前490年,《全集》此注为误注。

又见《陋巷志》一书,此书《颜子年谱》(曲阜师大颜景琴作)云:"公元前481年,周敬王三十九年,鲁哀公十四年……秋,八月二十三日,颜子卒于曲阜陋巷。"[31]可见颜子卒年确为公元前481年。

《全集》此二注均无颜回名、字,生地之介绍。仍是此书称颜回字渊,又字子渊,山东曲阜人,又称"复圣",[32]《陋巷志》一书由颜回后人颜世全任编委会主任、曲阜市颜子研究会,曲阜市史志办公室编。多采用颜氏(孔子母亲家族)族志,颜氏宗亲提供的史料,可信度很高。

十九、关于曾参的生卒年。关于孔子的学生曾子(曾参),《全集》只有一个注,即第13卷第199页注[5],此注无曾参的生卒年。《孔子弟子资料汇编》称曾参生卒年为前505—前432,[33]此信息可补入《全集》此注中。

二十、关于厨川白村的原名。关于日本近代著名文学评论家厨川白村，《全集》有五个注，即第 3 卷第 463 页注[7]，第 4 卷第 219 页注[19]，第 7 卷第 256 页注[3]，第 8 卷第 192 页注[21]，第 10 卷第 258 页注[1]。这五个注均无厨川白村的原名。《日本文学词典》云：厨川白村原名辰夫，[34] 全称应是厨川辰夫。

二十一、关于笛卡尔的生卒年。关于法国杰出数学家、哲学家勒内·笛卡尔（鲁迅译为特嘉尔），《全集》只有一个注，即第 1 卷第 41 页注[61]，此注无笛卡尔的生卒年。李开亮先生在他的《世界历史人物小传·笛卡尔》中称笛卡尔生卒年为 1596—1650，并称笛卡尔生于 1596 年 3 月 31 日，1650 年 2 月 11 日因感冒与肺炎病逝，[35] 此文生卒年具体至月日，信息当为权威，可信。

二十二、关于恺撒的生年。古罗马著名执政官、将军、文学家盖约·尤利乌斯·恺撒，《全集》共五个注，即第 1 卷第 62 页注[28]，第 2 卷第 310 页注[31]，第 3 卷第 379 页注[4]，第 5 卷第 602 页注[6]，第 6 卷第 128 页注[2]。这些注称恺撒生卒年均为前 100—前 44。将恺撒生年标为公元前 100 年肯定是错的。

李开亮先生之《世界历史人物小传》中之《恺撒》一文，称公元前 101 年 7 月 12 日恺撒出生在罗马著名的尤利乌斯家族，[36] 此说是可信的。因为其生时不仅有年，还有月日，十分具体，详实。

二十三、关于一个注解索引的标号。《全集》第 18 卷第 99 页，关于孔子有十二个注，其中第 2 卷标号是"②464.1"，意思是查第 2 卷第 464 页第 1 个注，可是笔者查此注，却无孔子的简介，往下看第 2 个注才发现关于孔子的简介，这表明《全集》第 18 卷第 99 页索引"②464.1"有误，应为"②464.2"才对。

注释

[1] 袁世硕，严蓉仙编：《冯沅君创作译文集》《冯沅君先生传略》，山东人民出版社 1983 年版，第 336 页。

[2] 曾晓：《十大风流才子才女情书集》，时代文艺出版社 1993 年版，第 2 页。

[3] 2018年12月1日《文摘报》。
[4] 白舒荣、何由：《白薇评传》，人民出版社1983年版，第1页。
[5][6][7] 乔丽华：《革命文学论争中的"语丝派"》，《上海鲁迅研究》第78辑，上海社会科学院出版社2018年版，第32—34页、第34—35页、第38页。
[8] 罗节文、邵肖凤：《东北古今地名辞典》，吉林文史出版社2009年版，第407页。
[9][22][25]《辞海》，上海辞书出版社1980年版，第1035页、第1187页、第718页。
[10] 夏征农、冯至立编：《大辞海》第15卷(中国地理卷)第88页，上海辞书出版社2015年版。
[11] 录自《张作相在吉林》，《文史知识》1994年第6期。
[12][13][14][15][17][18] 周利成：《民国画报人物志》，广西师范大学出版社2017年版，第124页、第125页、第245页、第289—290页、第22页、第24页。
[16] 王凯：《口水民国》，团结出版社2014年版，第170—171页。
[19] 见《文史知识》1996年第2期。
[20][21] 见《文史知识》1992年第9期。
[23]《中国地图册》，地图出版社1966年版，第24页。
[24] 林树森：《武则天传》、《武则天年谱》，华中科技大学出版社2017年版，第248页。
[26][27] 见《文史知识》1995年第1期。
[28] 钱穆：《先秦诸子系年》，商务印书馆2011年版，第692—693页。
[29][33] 李启谦、王式伦：《孔子弟子资料汇编》，山东友谊书社1991年版，第1页、第571页。
[30] 张宗舜、李景明：《孔子大传》，山东友谊出版社2003年版，第707—708页。
[31][32] 颜景琴：《陋巷志》，齐鲁书社2002年版，第535页、第37页。
[34] 吕元明主编：《日本文学词典》，上海辞书出版社1994年版，第332页。
[35][36] 李开亮：《世界历史人物小传·笛卡尔》，吉林教育出版社1986年版，第266—269页、第48页。

忆对李何林先生的一次访谈及其他

王吉鹏

我读研究生时，与几位研究生同学一起访学；在北京，我们拜见了李何林先生。我至今还留存着访谈记录。那是1980年1月2日晚上5时许，我们去史家胡同李何林先生寓所，叩门后，就被让进了书房。书房内，煤炉炉火正旺，屋内暖烘烘的。因为我们的导师屈正平先生当年读山东师范大学田仲济先生的研究生时，曾受业于李何林先生，所以李先生对我们很亲切，毫不见外。围着炉火落座后，李先生便问："你们是哪一年入学的？1978年？"我们答："是的，1978年。"李先生说："这些年来，我一直忙于行政工作；从在南开大学起，就搞行政，一直到现在还是在事务圈子里，没有什么成就。现在出成果的是中年人。"我说："先生这些年出版的《鲁迅的生平及杂文》《鲁迅〈野草〉注释》，我们都拜读过。"李先生说："那是以前写的。——听说你们这次参加了郭沫若著作的编注工作，注《汐集》；我对郭沫若没有什么研究，不能提供什么帮助。郭沫若全集的编注，可能会有些困难。他同鲁迅不一样，鲁迅的作品，拿出每一篇来，包括新发现的，都能站得住；郭老的却不是，有的文章收进全集，对他的影响将很不好。还有，鲁迅的作品，发表后编集时一般不再改动；而郭沫若却老是改，后来思想进步了，就改以前的作品。编全集时，究竟以哪一个为准呢？我看应以最初发表的为准。听说现在打算编以前发表的，而后来改过的附注在后面。"我们告诉李先生："是编进以后改过的，而将最初发表的作为附注。"李先生说:"这也行!总之要让人知道。"接着,我们问了《鲁迅全集》编注出版工作的进展。李先生答道:"工作是1974年开始的,分工给了全国几十所大学的中文系。现在出现了一个问题,以前在注时,每篇有个题解,介绍一下背景和主题;现在却删去了。他们这样做是不妥当的。鲁迅作品中涉及他们的也就几十篇,为了这几十篇,却使全部的都删了。我责问过人民文学出版社鲁编室的严文井,看来也不是他们的主张,还是上面干的。有些话不讲明,大家也知道。'奴隶总管''文坛皇帝''徐懋庸式的青年'指谁。鲁迅对他们的态度还是同志式的,还是认为他们可以成为很好的革命者的嘛!把注释中关于作品背景、主题的内容删去,一些读者怎么能明白呢?许多青年读不懂鲁迅作品,现在有的大学中文系学生读《祝福》,还不知道作品的主题和意义。"我们说:"先生的意见,我们从文代会的材料中看到了。"李先生说:"这个问题我讲了许多次了,讲了一年多了。南开大学搞的《彷徨》本子,背景和主题就删了。"我说:"《彷徨》出版了,还有。"李先生说:"那是作为初稿出版的,现在的删了。这一删,一本能少卖几分钱,但读者不明白了。如果不删,就是能看明白的读者,也可以不看题解嘛!二十年代'革命文学论争'、三十年代'两个口号论战',他们形成了一伙。解放后,他们一伙把鲁迅这边的人一个一个地整,现在还没有吸取教训。"我们问:"估计1981年能如期出版《鲁迅全集》吗?"先生答:"差不多,现在又抽调了一批同志抓紧搞。"我们又问:"鲁研室最近忙些什么?"先生又答:"计划出一套《鲁迅年谱》,目前年谱有安徽版、天津版的在发行。"我们再问:"最近成立的鲁迅研究学会将会对全国的鲁迅研究有很大推动吧?"先生再答:"这个问题,不了解。不过,成立了,总会做些工作的,问题是他们这批人要注意团结大家。那里面还有不少人反对过鲁迅,他们根本不研究鲁迅。实际主持学会的是陈荒煤,是他掌握的。真正了解鲁迅的有两个人,一是巴金,徐懋庸的信上攻击过他,鲁迅为他辩护,他们拉了他;二是曹靖华,他们也在拉,我也被拖去当了个理事。周扬还在搞不团结,冯雪峰是位无产阶级文艺理论家,贡献很大,他的追悼会悼词改了多次;胡乔木同志征求夏衍意见,夏衍还是不同意。文学研究所用沙汀当所长,沙汀有什么研究?各方面反应很大,唐弢满可以当所长嘛!他们排斥他,就因为唐弢前几年发表了对他们不利的文章。"我换了个话题:"我注意到了《鲁迅研究资料》上发表的关于三十年代'两个口号之争'的背景材料,也就是冯雪峰的谈话;也注意到了茅盾在《新文学史料》上的文章;还注意到了《鲁迅研究资料》将要在第四期发表一篇答复茅盾的文章。先生能不能就此给我们谈点看法?"李先生说:"茅盾前几年写了一些文章,提供了一些对周扬不利的材料。他在《鲁迅研究资料》上发表了鲁迅给他的几封信,是他自己注的,他点了周扬的名,手稿我们还保存着。现在他态度变了,尽力想洗刷这些。他的文章是向周扬表态的。《新文学史料》上他的文章,是他儿子送去的,说冯雪峰的谈话材料不可靠。有趣的是他又引用冯雪峰的文章中的话说明自己的观点。我们将对他做出答复。他有点风派人物的味道。基层有不少同志很奇怪茅盾为什么要这样做。现在有不少文章,就是一个个跟着表态的。茅盾写了篇文章,说什么不要神化鲁迅,谁神化了,怎样神化了,他却说不出具体道理来。"我问:"先生是不是指的最近《人民日报》发表的给西北大学《鲁迅研究年刊》的文章?"李先生答:"是的。他说什么不要神化鲁迅,毛主席对鲁迅评价最高,他却又不直接说是毛主席神化鲁迅。"我说:"茅盾的这篇文章在国外影响很大,日本《读卖新闻》也报道了。"李先生说:"他的地位高,外国人又不了解情况。还有一篇文章,作者是秋耘,讲'权威和真理',先讲了中外许多例子,说明有权威的人,不一定句句都对;后来转到鲁迅身上,说被鲁迅赞扬的人不一定好,被鲁迅批评的不一定坏,举了章士钊、李四光、梅兰芳,还有对中医的态度。

鲁迅反对章士钊,那时是反对得对的,章士钊当时是北洋军阀政府的教育总长、秘书长,鲁迅并没有说他以后不能成为好人;他们为什么不能具体一点为章士钊那时的反动立场辩解?鲁迅批评李四光,不是批评他的科学,而是批评他当时站在'现代评论派'一边,有什么错?鲁迅对梅兰芳的批评也没有错。鲁迅批评中医,那时确实有不少的'中医'是害人的庸医,鲁迅并没有批评良医。他们的态度太恶劣了。"我们又问:"《鲁迅研究资料》将由天津出版了,是不是打算发表些论辩文字?"李先生答:"文物出版社成书太慢,我们改由天津出版。以后仍然以发表资料为主,也适当发表一些论文。"我问:"周扬同志最近在鲁迅研究学会成立大会上说,鲁迅研究可以搞学派,不要搞宗派。这话如何理解?"李先生说:"宗派?他自己才在搞宗派呢,搞了几十年,还在搞。这次文代会上不少人对他提意见,要他别再搞宗派。"我们还问:"胡风最近怎么样?"李先生说:"在四川省,当了政协委员;他的问题可能要重新做结论,文代会报告也只是提到批判他的学术思想和文化思想。"我们最后问:"鲁迅研究将会有什么进展?"李先生说:"学会成立了,总得做些工作;要编个刊物。虽然他们搞宗派,但表面上也得开展一些不同意见的讨论;就像我,不也是个理事吗?"我们的访谈近一个小时了!为了不耽误李何林先生晚餐,我们起身告辞,这时已是晚上六时多了!访谈后的某日,我与同学傅义正,又按照李何林先生提供的萧军先生家庭住址,去什刹海旁拜访了萧军先生。事后,我写了《萧军访问记》,发表于校报和某家刊物。我读研究生的最后一年,在发表了几篇鲁迅研究论文后,我寄了样刊给李何林先生,汇报了自己的研究,表示希望参加中国鲁迅研究学会。很快就接到李何林先生回信,他说已将我的情况介绍给了负责学会工作的王士菁先生,将由王士菁先生当我的入会介绍人;李先生还随信送给我刚刚创办的《鲁迅研究动态》(后来改刊名为《鲁迅研究月刊》)若干期。不久,经王士菁先生介绍,我成为了中国鲁迅研究学会会员。

1986年10月鲁迅逝世五十周年之际,我指导的辽宁师范大学学生鲁迅研究学会成立,李何林先生题词:"普及鲁迅",以示祝贺。这一年,我的学术著作《〈野草〉论稿》由春风文艺出版社出版,李何林先生收到我的赠书和信件后,回信如下:

吉鹏同志:

《〈野草〉论稿》和十月三十日信,均奉悉,我现时还提不出什么意见来。

《野草》选修,能有130人,可喜可贺!鲁迅研究中的此类难点,应向学生细讲;也可先教学生自学,然后谈体会,或教学生试讲,教师总结。不叫学生动脑筋自学,只听老师讲,他吃不进去。还可以准备开《故事新编》选修课,"中学鲁迅作品教学"选修课;后者的难点或有争议之点颇不少;对师范院校中文系学生很需要,对毕业后教中学有用。这些都是"普及鲁迅"工作。祝你成功!

李何林 11月28日

此后,李何林先生还寄赠我他在南开大学讲《故事新编》等鲁迅作品的油印讲义等,鼓励我讲好鲁迅。李何林先生对我的关怀不止这些。此前在1982年江苏鲁迅研究会在苏州召开的《野草》研究学术讨论会上,李何林先生耐心地回答了我对《秋夜》中"瘦的诗人"解释的请教;此后在北京召开的学术会议期间,邀我旁听了他对复旦大学陈鸣树教授的研究生的授课;等等。李何林先生的谈吐、见解、音容和神采,我一直记在心头呐!

2020.09.20 于加拿大密西沙加

《鲁迅与他的乡人》补遗五

裘士雄

一、姑表姐马珠姑

鲁迅的两位姑母周德（孙氏所出）、周康（蒋氏所出）深得父母和家里人宠爱，她们虽是女孩子，父亲周福清仍以清朝王族称呼男孩子的习惯，命下人称她们为"大阿哥"，而自己称之"德官""康官"。除此之外，周福清对女儿的婚事却处置失当，如对周德的婚事，高不成低不就，要求过高，条件过于苛刻，耽误了她的最佳婚龄，后来只好屈配给吴融马惟良（凤郊）为填房。马惟良与原配、皋埠沈耦益之长女生有五子，其中长大成人的有马孝炎、马孝清。出于前娘后母的原因，可能周德对待孝炎、孝清兄弟和亲生女儿珠姑是厚此薄彼的，为日后留下隐患。1906年周德上城拜完生母孙氏的忌日祭祀，归途突遇暴风雨，导致船翻人亡。马珠姑从这个黑色日子开始，被兄嫂压迫得透不过气来，据诚忍堂《马氏分支宗谱》记载："（马惟良）继配郡城覆盆桥周氏翰林院庶吉士介孚公长女，生一女，适松林薛"。但据周建人口述、周晔编写《鲁迅故家的败落》记载，马珠姑被迫随乳母出走，给一个茶食店伙计作妾，又被大妇凌虐，卖入娼寮，不知所终。如后者属实的话，周德、马珠姑母女的命运是周氏家族里最悲惨的了。笔者近几年也请托松林人打听从吴融马家嫁到松林薛家的情况，可是毫无所得。

二、小房客沈八斤

与鲁迅家相邻曾住过李慈铭的堂兄弟,诨名"李臭大",在他家又寄居沈姓亲戚,鲁迅在《琐记》一文提及这位房客沈四太太,她"大概是寡妇吧,生活似乎颇清苦,带着三个小孩,男孩名叫八斤,女孩是兰英与月英,年纪大抵六七岁吧,夏天常常光着身席地而坐。"俗名"八斤",大概是生下来后用秤称重,有7斤多,遂用其体重命名,这符合绍兴一带人们的命名习惯(俗)。周作人说"八斤那时不知道是几岁,总之比鲁迅要大三四岁",穿的"衣服既不整齐,夏天时常赤身露体,手里拿着自己做的竹枪,跳进跳出的乱戳,口里不断说:'戳伊杀,戳伊杀!'这虽然不一定是直接的威吓,但是这种示威在小孩子是很忍受不住的,因为家教禁止与别家小孩子打架,气无可出,便来画画,表示反抗之意。鲁迅从小就喜欢看花书,也爱画几笔,虽然没有后来画活无常那么好,却也相当的可以画得了。那是东昌坊口通常称'胡子'的杂货店中有一种荆川纸,比毛边薄而白,大约八寸宽四寸高,对折订成小册,正适于抄写或绘画。在这样的册子上面,鲁迅便画了不少的漫画,在窗下四仙桌上画了,随后便塞在小床的垫被底下,因为小孩并没有他专用的抽屉。有一天,不晓得怎么的被伯宜公找到了,翻开看时,好些画中有一副画着一个人倒在地上,胸口刺着一枝箭,上有题字曰'射死八斤',他叫了鲁迅去问,可是并不严厉,还有点笑嘻嘻的,他大概很了解儿童反抗的心理,所以并不责罚,结果只是把这页撕去了。"笔者以为,沈八斤与他的两个姐妹与寡母相依为命,共度光阴,没有什么经济收入,生活极其贫困,智商本身不高,沈八斤无家庭教养可言,所以他的表现是顽劣、野蛮的,很可能对旁人尤其是孩童造成精神上、肉体上的伤害。而鲁迅从小受到周伯宜等长辈的严厉管教。当他受到沈八斤的粗暴对待,人身攻击威胁的时候,还是避开为妙,而心里的愤恨和怒气无处发泄,只能拿起画笔宣泄。好在为人父的周伯宜也能理解鲁迅的心情。此事说明：鲁迅自幼就有一种遇到压迫就要反抗的正常反应。他从小爱画画，又善于用巧妙的方式方法应对"野孩子"的挑衅、威吓。顺便说一下，张能耿、张款著的《鲁迅家世》第134页，似乎是张冠李戴，把房客沈四太太的儿子沈八斤说成立房族叔周八斤了。

三、礼房族叔、"街楦头"周子衡

周子衡（1861—?），谱名秉权，字衡亭，乳名"惠"，浙江会稽（今绍兴）城区东昌坊口人，系与鲁迅同曾高祖的堂叔。同住新台门，与鲁迅家关系较为密切。据说，他早年外出做过朱墨师爷，只是后来一直赋闲在家，待人和善，讲话幽默，好开玩笑，与人容易相处。周子衡长期抱独身主义。快五十岁了才娶妻。他通文墨，有独门技巧。旧时，当铺里朝奉先生写的当字真是龙飞凤舞，为常人所不识，周子衡虽没有在当铺学过生意，但认识当字，少年鲁迅经常上当铺，说不定还请"惠叔"帮过忙。他像周四七一样，均属无所事事，游手好闲的"街楦头"，整天泡在茶馆里。鲁迅在《译文序跋集·〈促狭鬼莱哥羌台奇〉译者附记》中回忆："还记得中日战争（一八九四年）时，我在乡间也常见游手好闲的名人，每晚从茶馆回来，对着女人孩子们大讲些什么刘大将军（刘永福）摆'夜壶阵'的怪话，大家都听得眉飞色舞"。"游手好闲的名人"即指周思戴（四七）、周子衡这些人。妇女、孩子们出门不多，少见多怪，他们将从茶店听来的新闻和旧闻"演义"一下，自然让妇幼们听得乐不可支。在周氏族中，大家都知道周子衡以"狗眼"自称，居然有能看见"鬼"的本领。以此来炫耀自己，愚弄、吓唬妇女。

那么，周子衡是靠什么得以生活呢？他有别出心裁的活法。周子衡很了解福彭桥周氏的历史，把始祖开始的各世祖先的生死忌日都记得清清楚楚，而各世祖或多或少总留有一些祭田，轮值者届时循例办忌日酒宴请族亲，周子衡逢这种场合是必到的一员。又有春分、秋分、夏至、冬至、中元节、清明节、春节等重大时节,周氏宗祠打开祠堂门祭祀或上山扫墓,还有族亲中有了红白喜事、生子、庆寿等,周子衡一定去"帮忙"的。有人估算,以此方式,周子衡一年之中总共有近二百餐可饱口福。如果实在没有"白吃饭"的机会,他则一般到周玉田家去吃食(不知何故)。周子衡这样依附他人生活的表现,很为周福清辈所不齿和反感,他与周四七、周五十等通常是周福清怒骂斥责的对象。

四、死于太平军与清军兵燹的义房支祖周之镎

周之镎(1810—1862),原名谟,幼名以墉,字汝嘉,号鸿卿,排行四,系鲁迅曾祖周以埏(兴房支祖)的堂兄(义房支祖)。周之镎幼习举业,学益锐,志益苦,族传他于冬夜拥被读书阅文通宵达旦,彻夜不眠,年21补会稽博士弟子员,名列第五。他工诗赋,精古学,每次秀才岁考,周之镎均名列前茅,为绍兴秀才中的佼佼者,在绍兴颇有文名。但赴杭州参加浙江乡试十余次,却屡次不第。咸丰三年(1853年)援例授湖州府学训导。

在覆盆桥周氏族中,周之镎与其妻潘氏(1811—1871)生有九子二女,堪称生产大户。九子是:麒麟(早夭)、达(觞)、庚铭、咸禧、庆蕃、兆蓝、锡恩、庆祁、元祉;女二为:长适绍城狮子街洪桂馨,次适筀头山沈知超。

清咸丰十一年九月二十九日(1861年11月1日),太平军将士从西郭门攻入绍兴城内。周之镎与四子咸禧(玉坡)、六子兆蓝(玉田)急急忙忙往东郭门外逃,谁知此城门已关闭,"以系腰挂城之'汗巾'(腰带)中断,致鸿卿公腿部跌伤。"后来,他总算与设法逃出的妻子潘氏、几个儿子避难于邹家溇乡间。而根据《越城周氏支谱·鸿卿公传》记载:"贼胁公去,公谓我曾授职,当守忠臣,不事二主之义。"太平军大为愤慨,遂用刀剑刺戳周之镎的脚,惩罚这位矢忠清廷的顽固分子。《支谱》还引用他的话说:"我死当

以官服殓,勿蓄发,颜其主曰:'清故儒林郎,以全我不忘君之意。'"其实,周之铧因伤病拖沓到清同治元年八月初十日(1862年9月3日)在道墟一命呜呼。然而,周之铧仍被清政府列为"殉难"之类,"恩卹云骑尉,世袭恩骑尉罔替,入祀浙江省城忠义祠。"

太平天国农民起义是中国历史上规模最大的农民起义,如果从1851年1月11日广西金田起义算起,至1864年7月19日天京陷落,时间长达十四年,太平天国革命横扫(全盛时期也可说占据)晚清半壁江山,双方争战异常残酷,彼此杀戮都杀红了眼。当时的绍兴覆盆桥周氏家族十分显赫,毫无疑问是这场农民革命的冲击对象。鲁迅在《阿长与〈山海经〉》一文中说到了周家门房等被杀戮的事。不仅《越城周氏支谱》有一些周氏族亲死于这场兵燹的记载,而且,地方县志里记载更多。在《病后杂谈之余》一文中说:"我家里有几部县志,偶然翻开来看,那是殉难的烈士烈女的名册就有一两卷,同族里的人也有几个被杀掉的,后来封了'世袭云骑尉'……"。笔者以为,鲁迅一定多次翻阅《越城周氏支谱》和绍兴地方志书,他基本了解太平军在绍兴500天时期内的所作所为,特别是对周之铧、周永年等死难的族曾祖辈,定有深刻的印象,而且对此有不同于《越城周氏支谱》和绍兴地方志书修纂者对这一重大历史事件和人物的看法和评价。

五、藏书家、学者型书商罗振常

鲁迅在《"立此存照"(六)》一文的开头写道:

> 崇祯八年(一六三五)新正,张献忠之一股陷安徽之巢县,秀水人沈国元在彼地,被斫不死,改命常,字存仲,作《再生纪异录》。今年春,上虞罗振常重校印行,改名《流寇陷巢记》,多此一改,怕是生意经了。

其实,鲁迅与罗振常及其开办的"蟫隐庐书庄"关系甚为密切。此书庄开设在上海汉口路398号(福州路河南路口),大约1912年开始营业,1944年罗氏逝世后不久关闭,经营木版和石印线装古籍。据统计,1915年7月27日至1921年4月22日,在北京工作的鲁迅曾收到该书庄所寄书目四本,并汇款邮购《流沙坠简》《金石萃编校字记》《秦汉瓦当文字》《毛诗草木鸟兽虫鱼疏》等书24种。鲁迅定居上海后,自1928年2月12日至1936年9月2日,他又向该书庄索要书目四份,并购得《铁云藏龟》六册、《樊谏议集七家注》《古文苑》和陈老莲《博古酒牌》一册等37种,对鲁迅的创作、研究和编印有关图书有较大帮助。鲁迅对蟫隐庐也刮目相看,1916年12月他回乡为其母鲁瑞庆贺六十寿辰,翌年1月5日返京途经上海时,除了看望多年不见的老友蒋抑卮外,特地光顾蟫隐庐书庄,买了乙卯年《国学丛刊》十二册。定居上海后,鲁迅要么亲自去蟫隐庐选购,要么嘱夫人许广平购取,翻阅《鲁迅日记》时有所见。当然,也给他留下遗憾的事,主要是对蟫隐庐所出版的少数书籍的质量不太满意。1934年6月24日致挚友许寿裳信谈及该书庄石印本《博古叶子》(即《博古酒牌》),口出怨言道:"《博古叶子》无佳本,蟫隐庐有石印本,然其底本甚劣。"

罗振常(1875—1944),字子经,又字经之、子敬,号心井,别号邈叟、貌叟、邈园,斋名有自怡悦斋、古调堂、修俟斋、终不忍斋等。浙江上虞小越镇大庙罗村人,生于江苏淮安山阳县(今淮安区),甲骨研究学者、藏书家,罗振玉之季弟。蟫隐庐,亦为其创办的书庄名,意思是身处十里洋场上海,而他深处世外,反映罗氏高雅、清幽的志趣。罗振常出身于书香门第,自幼艰苦励学,工诗古文辞。他在沪开设蟫隐庐书庄,颇有特色。其著译甚丰,著有《洹洛访古记》《史可法别传》《善本书所见录》《天一阁藏书经见录》《新唐书斠义》《经进嘉佑文集事略考异》《经进东坡文集事略考异》《经进栾城文集事略考异》《大金国志校文》等数十部,编有《李后主集》《史可法集》《老泉先生文集补遗》等几十部,还译有《日本昆虫学》《特殊作物论》等多种图书。值得一书的是,1911年,他根据长兄罗振玉的意见,赴安阳、洛阳等甲骨出土地区,收购并运回12 500块甲骨,小而言之,为罗振玉的甲骨研究奠定基础,大而言之,为祖国挽回损失,是为甲骨文研究事业做出重大贡献的学者。

六、见了鲁迅怕生的章启生

章启生(1902—1940),浙江会稽道墟杜浦(现属绍兴市上虞区)人。鲁迅的农民朋友章运水之长子。1919年12月,鲁迅回乡搬家去北京,章运水闻讯带了章启生上城,与鲁迅话别,父子俩也帮鲁迅整理行李。鲁迅以这次回乡搬家为背景创作了著名小说《故乡》。在鲁迅笔下,章启生成了艺术形象"水生",他虽已18岁,但很怕生怕羞。这是他第一次也是最后一次见到了鲁迅。

长大成人后的章启生,是一个劳动能手,种田、捕鱼、摇船等江南水乡的农活都会干,他学的手艺是石匠,还是拉胡琴、弹三弦的高手。旧时乡间常有迎神赛会活动,是章启生大显身手的时机。他的劳动力很强,但劳动过度反而损害了健康。1940年7月,霍乱肆虐,章启生不幸传染上,因无钱求医,家里人七手八脚想抬到庙里求菩萨治病,结果抬到半途就断了气,年仅39岁。他与陈荷花结婚后生有三子一女,长子章张富(富)很小的时候到上海做学徒;次子章张贵(贵)替地主、富农家看牛,做小长工。1949年后分到田地,翻了身。1954年进绍兴鲁迅纪念馆工作,直到1993年退休。

域外折枝

周树人《中国地质略论》(中)
——关于李希霍芬等的煤田的言论

[日]丸尾 胜

四、《中国地质略论》中关于李希霍芬煤田的言论

在《中国地质略论》(以下简称为《略论》)中有李希霍芬与其他地质学家关于煤田的言论。另外,也有基于李希霍芬的言论却没有记载他名的地方。本论主旨在探求这些言论的材源,并对《本论(上)第一节》中所提示的作品的重要诸点进行考察。

(一)"世界第一石炭国"

周树人在《略论》的《第二 外人之地质调查者》中云:"历时三年,其旅行线强于二万里,作报告书三册,于是世界第一石炭国之名,乃大噪于世界。"[12]并在《第五 世界第一石炭国》中云:"利试何芬曰:'世界第一石炭国'!"[13]"世界第一石炭国"意思是全中国的煤炭总储量是世界第一,但他没有任何资料可以说明全中国的总储量。他只在十八省中的十三省进行了勘探,因为叛乱与治安上的问题,有些地区没能去成。并且,他一面在群众的敌视中遭受很多投石,一面责骂着佣人并搬运很多行李。他只能走陆运与水运比较方便的路,并且只能探索周围的煤田。因此,即使通过地质学知识来进行储量的估计也是有限度的,无法估计整个中

国的储量,所以他没能说整个中国的储量是世界第一。在李振东的著作《支那的煤炭》中介绍了关于中国煤炭总储量的诸家学说,但其中关于李希霍芬记载的就是山西储量 126 万米吨(114 万吨),只记载了山西的储量[14]。

李希霍芬第五次、第七次中国旅行时去了山西,并对山西煤田的储量与质量进行了高度评价。如下所示,他曾说过山西煤田被认为是"世界第一石炭国"的话,因此可能被解释为"世界第一石炭国",也许有人传播了这样解释的言论。

李希霍芬在《中国旅行报告书 第二卷》的《河南省与山西省旅行报告书》中云:"从这些简单而富有特征的说明中可以看出,山西是世界上最显著的煤炭与铁矿地区之一。据我所掌握的详细信息显示,煤炭的消费量仅山西省的煤炭就可以向世界供应数千年。达纳教授将在国家中煤田面积占全部面积的比例进行比较说:'宾夕法尼亚州,其面积 43,960 平方英里,拥有 20,000 平方英里的煤炭产地,是领先世界的。'中国的山西省面积为 55,000 平方英里,而山西省通过仔细考虑后可以很容易从宾夕法尼亚州获得荣誉。"[15]山西煤田比世界上最广大的宾夕法尼亚州的煤田更广大,就是世界第一的煤田,并且中国拥有可以独自向世界供应煤炭数千年的巨大的煤田,因而中国被解释为"世界第一石炭国"。

另外,李希霍芬在《中国 第二卷》的《第十章 山西省概观》中云:"煤和铁是山西的天然产品中最高的。中国没有哪个省能与之相比。——地球上没有哪个国家能与山西煤田的规模竞争。"[16]没有哪个国家拥有比山西更丰富的煤田,这意味着山西煤田是世界第一煤田。尽管不如山西煤田,但还有许多与之相当的煤田,因此中国被解释为"世界第一石炭国"。另外还有提到山西煤田很丰富的地方,此处省略。李希霍芬的《中国旅行报告书》与《中国 第二卷》中的这些记述,或这些记述的概括文都可以视为"世界第一石炭国"的材源。

中国被称为"世界第一石炭国",但是,周树人云:"然有一奇现象焉,即与吾前言反对者,曰中国将以石炭亡是也。……复以不能越势力平均之范围,乃相率而谈分割,血眼欲裂,直睨炭田。"[17]俄国不但没遵守协定撤兵,而且还要求了拥有金州等地的矿山。于是在浙江兴起了排外运动,但结果列国却以此为借口提出了各种要求。还有,某中国人"独奈何引盗入室,助之折桷挠栋,以速大厦之倾哉。"[18]另外,周树人对某个浙江人指出说道:"此獠偏提外人耳而促之曰:'若盍索吾浙矿。'"[19]他如此对将矿山出卖给外国人的一些中国人进行了批判。

周树人看穿了列国针对中国矿产资源的形势,担心中国的前途。当时留日留学生们结成了"拒俄义勇队",进行了强烈抗议运动,并且在《浙江潮》上一再揭露出售浙江矿山的问题并持续进行了抗议运动。

(二)"占领胶州"

在《略论》的《第二 外人之地质调查者》中,周树人谈到李希霍芬说:"其意曰:支那大陆均蓄石炭,而山西尤盛;然矿业盛衰,首关输送,惟扼胶州,则足制山西之矿业,故分割支那,以先得胶州为第一着。"[20]

薛毅在《李希霍芬与中国煤田地质勘探略论》(2014年)中云:"李希霍芬在《山东的地质构造》(1898年)[21]等中曰:'李希霍芬结论说,欲图远东势力之发达,非占领胶州湾不可,占领胶州湾的国家,将会控制华北海平面的供应。'"[22]该文章直接引用自《山东省志煤炭工业志(上册)》(1997年)[23],但此引用的源头资料中并未提及该文章与《山东的地质构造》的出处。周树人所说的"其意曰"表示这文章就是概括文,而薛毅与《山东省志》所说的"结论说"表示这文章就是结论文,也就是说这些文章并不是李希霍芬所写的原文。

另外,从上述《第四节(一)》中引用的李希霍芬的两段原文、《第四节(二)》中引用的关于他言论的概括文,以及本论文中其他引用自李希霍芬的文章中可以看出,李希霍芬的文体是以多种多样的观点详细而有条理地阐述的,所以,与这些概括文和结论文的文体迥然不同,此外,同年还发表了《胶州,其世界的地位及可预见的意义》[24]《山东及其门口、胶州》[25]《考虑到有用矿产层的山东(胶州)的地质学构造》[26]以及《中国 第二卷》的《第六章 山东的山岳地域(续)》中的《胶州湾,其过去及将来的意义》(如下文所示),其中找不到那样的概括文与结论文。

虽然笔者不知道上述概括文与结论文的出处,但是这些不是从《中国 第二卷》的《第六章 山东的山岳地域(续)》中的《胶州湾,其过去与将来的意义》(1882年)概括出来的吗?该文章的要旨如下:胶州湾是中国北部中最大、最好的海港,在海上运输、陆上运输、以及水上运输方面,它不仅在整个山东省而且在大平原的广泛范围内占优势,比其它港口占有更有利的地理地位。此外,该港口便于在国内与国外进行贸易,且靠近优质煤田地区,可与大平原的北部相连,可以建立铁路网络的海湾港口只有胶州。山东省丰富的煤田的未来取决于胶州的解放与上述连接的铁路,而且,外国人在胶州居住可以获得很多的利益[27]。

李希霍芬在1861年作为地质学家随东亚代表团访问过中国,得知这使节的目的之一就是寻找军港。后来,在1868年,他单独首次访问中国时去了浙江省的舟山岛,在《李希霍芬中国旅行日记(上册)》的11月21日的日记中写道:"如果有哪个政权,比如说普鲁士想占领一座自由港的话,舟山群岛是个不错的选择。港口很容易就能被封锁,只需一只舰队就能控制中国北方与日本之间的交通要道。作为贸易地,舟山群岛也具各很高的价值。"[28]他将舟山岛推荐给了他本国。但是,当时德国并不热衷于获得外国港口。

域外折枝

　　李希霍芬在1869年9月20日给父母的信中写道:"对于我这样一个近乎半退休的地理学家来说,能够以一种更为直接的方式为我的国家服务,这一愿望或是企图就不再像现在这样如同空想一般。——必须为自己争取到更多的资源和支持,以便我到国内后能至少不用担心经济情况安稳地生活一年。"[29]换句话说,他希望能报效本国,并且,希望回国后生活与地位上有保障。当时德国在甲午战争后,下定决心"三国干涉",为补上出发晚奋力找到军港。因此,他就推荐了胶州。他虽然是地质学家,却有着广阔而敏锐的观察眼光,并且能够进行全面思考,他拥有理解力与构思力,他洞察到从未去过的胶州将成为非常重要的港口。

　　该提议为德国所接受。德国舰队1897年以清民杀害德国传教士为借口占领了胶州湾。然后,德国向清朝要求了一笔巨额赔偿、租借胶州湾及其周围地区、从胶州湾到济南铺设铁路的权利以及开采在铁路两侧的三清里矿山的权利。在这些要求中,含有他勘探过许多煤田的采矿权。换句话说,李希霍芬的"占领胶州"提议以及他对煤田的研究都为他的国家所利用。此外,这"占领胶州"事件与清德协议的签订成为导火线,其他列国也迫使清国一个一个地承诺同样的条约。也就是说,李希霍芬以勘探发表了的著作,报告,建议都是促进中国分割的。

　　德国的斯托克(Stoecker)在他的《在十九世纪的德国与中国》中提到李希霍芬:"这位杰出的自然科学家以自己的能力帮助扩大了德国帝国主义,他这样普遍支持对华帝国政策。他是被阶级与野心所束缚的。"[30]

　　中国的这些情况,周树人当然是知道的,他在《略论》的《第二外人之地质调查者》中云:"毋曰一文弱之地质家,而眼光足迹间,实涵有无量刚劲善战之军队。盖自利氏游历以来,胶州早非我有矣。今也森林民族,复往来山西间,是皆利忒何芬之化身,而中国大陆沦陷之天使也"。[31]他又云："今日山西某炭田夺于英,明日山东各炭田夺于德,而诸国犹群相要曰:'采掘权!采掘权!!'呜呼,不待十年,将见此肮肮中原,已非复吾曹之故国"。[32]

周树人清楚地知道,李希霍芬由于提出了被视为"世界第一石炭国"的言论,以煤炭等为目标,向德国提议了"占领胶州",使德国进一步实现了"占领胶州",因而其它列国对中国开始了进一步侵略。李希霍芬虽然是地质学家,却拥有引起侵略中国的能力。周树人认识到了这一点,为此他感到恐惧,也提高了警惕。清朝政府对列国入侵束手无策,而且愚蠢地予以惩罚那些反抗列国的人们,大多数中国人对入侵并没有抵抗,有些人反抗列国大有希望,某些卑鄙无耻的人偷偷地进行了卖国行为,脆弱的国家如此由于天然淘汰而进一步衰落,周树人看清了这些情况,同时他进一步增强救国救民的愿望。为了防止煤炭被列国夺走,并为了用消费煤炭而振兴各种产业,他亲自讲解了关于煤田的中国地质情况,和中国许多煤炭的产地情况。李希霍芬也有着很高的理解力与很锐敏的洞察力,周树人看清了现实情况,而且提示了变革现实情况之办法,他也发挥了很高的理解力与很锐敏的洞察力。

(三)"中国煤田"

周树人在《第五 世界第一石炭国》中云:"(a)或谓此外有湖南东南部有烟无烟炭田,无虑二万一千方迈尔,虽未得其据,然吾中国炭田之未发见者,固不知其几许,宁止湖南?(b)今仅就图中山西省有烟无烟大炭田计之,约各一万三千五百方迈尔,合计七百万步。(c)加以他处炭田,拟一极少数,为一千万步。设平均厚率为三十尺,一立方坪之重量为八吨,则其总量凡一万二千亿吨,即每年采掘一亿二千万吨,亦可保持至一万年之久而未有尽也。(d)况加以湖南传说之炭田,五百六十六万步即约六千八百亿吨乎。吾以之自熹,吾以之自慰。"[33]为了便于整理和说明,笔者将这段文章分为四部分,并添加(a)(b)(c)(d)的符号。

(a)"湖南东南部有无虑二万一千方迈尔的煤田"。在李希霍芬著《中国旅行报告书 第二卷》的《李希霍芬男爵的湖南省报告》中云:"煤炭——这是湖南省最重要的矿产。在整个东南部,煤炭的结构与地表岩石的不断形成相去甚远,但是将其称为一个巨大的煤层也许不是不合适的,这肯定是我至今为止在中国见过的最大的煤田——总面积约为16,200地理英里或21,700平方英里。"[34]

在(a)中的"二万一千方迈尔"以此处的"21,700平方英里"为根据。"或谓其外有湖南东南部有烟无烟炭田"这一言论,因为如果是李希霍芬写的话,在其言论的地方必定清楚地写上"李希霍芬",所以此处可能是根据李希霍芬的言论的报纸消息或者传闻的话语等。无论哪一种,《中国 第三卷》是涉及例如湖南省的中国南方地区的,这本在《略论》出版之后的1912年出版了,所以该言论的材源不是本书,而是《中国旅行报告书 第二卷》的《李希霍芬男爵的湖南省报告》,或据于《李希霍芬男爵的湖南省报告》的言论。

(b)"山西省煤田等"。在(b)中的"一万三千五百方迈尔"约为35,000平方千米,总共约为70,000平方千米。周树人将70,000平方千米算为"七百万步",就是说,以一平方千米为100步,他称的"一步"等于10,000平方米。在日本,据说以土地面积"一步"为1坪,为3.3平方米。在中国,据说以土地面积"一步"为2.561平方米。但这些与周树人所称的"一步"都不符合。另外,在《略论》的"注释32"云:"步 日本的面积单位,同坪,一坪合三点三〇五七平方米。"[35]这也与他所称的"一步"不符合。还可以认为,他称的"步"或许意味"町步",或许将"步"误作"町步"。如果是"一町步",那么"一步"等于10,000平方米。

顺便说一句,"有烟煤大约一万三千五百方迈尔(三万五千平方千米)"与"无烟煤大约一万三千五百方迈尔(三万五千平方千米)"其根据在哪里呢？在《中国　第二卷》的《第十四章　地质学的成果》之《Ⅵ华北煤田地区概观》中，关于"三万五千平方千米"云："山西东南地区的无烟煤田，宽度为439—634德方迈尔(约24,000—约35,000平方千米)，平均厚度为40英尺(约12米)，储量为6,300亿吨。"[36]如果采纳634德方迈尔，则约为"三万五千平方千米"。在《中国　第二卷》的《第十章　山西省的概观》中也云："山西东南地区的无烟煤面积为634德方迈尔，34,870平方千米，6,300亿吨。"[37]"34,870平方千米"即约为"三万五千平方千米"。在《第十四章》与《第十章》都说，山西东南地区的无烟煤田的面积约35,000平方千米，储量6,300亿吨。

还有，在上述《中国　第二卷》的《第十章　山西省的概观》中云："将沥青煤的储量与无烟煤的当作相同，则为12,600亿吨。"[38]李希霍芬将沥青煤即有烟煤的储量与无烟煤的看作相同。在前段落说，无烟煤的面积是"35,000平方千米"，储量是"6,300亿吨"，有烟煤的面积也是"35,000平方千米"，储量"6,300亿吨"，将两方加在一起则总面积为"70,000平方千米("七百万步")，总储量为"12,600亿吨"。

(c)"山西等的总储量"

在(c)中的总面积"一千万步"等于十万平方千米，厚度"三十尺"为约9.14米，"一立方坪"是1.8米的三乘方即为5.8立方米，重量"八吨"的话，一立方米算为1.26吨，山西总储量达到一兆二千亿吨。总储量一兆二千亿吨的煤田，即使开采量每年1.2万亿吨，也可开采一万年。

(d)"总储量"

在"(d)况加以湖南传说之炭田，五百六十六万步即约六千八百亿吨乎。吾以之自熹，吾以自慰。"中的"湖南传说之炭田"是指"(a)无虑二万一千方迈尔的湖南省东南部的煤田"。如(a)中所述,"二万一千方迈尔"为约 56,600 平方千米,如(b)中所述,周树人所称的一步实际上是一町步,56,600 平方千米则为"五百六十六万步"。如(c)中所述,"一千万步"的煤田的储量为一兆二千亿吨,因此"五百六十六万步"为"六千八百亿吨"。因此,周树人说,在这"山西总储量一兆二千亿吨"上加上在"湖南省的六千八百亿吨"的话,"吾以之自熹,吾以自慰。"

这些(a)至(d)的材源,虽然没有写明是根据李希霍芬的言论,但是根据他的资料《中国 第二卷》以及《中国旅行报告书 第二卷》的《李希霍芬男爵的湖南省的报告书》,或者以此为基础的言论。

本论文是将日本佛教大学《中国言语文化研究第 20 号》(2020 年 8 月)上发表的论文缩减后翻译成中文的。(2021.3.31)

注释(《本论(中)》的注释编号随《本论(上)》的注释编号)

[12] [13] [17] [18] [19] [20] [31] [32] [33] [35] 周树人:《中国地质略论》,《鲁迅全集》第八卷,人民文学出版社 1981 年版,第 5 页、第 11 页、第 16 页、第 17 页、第 5 页、第 16 页、第 15—16 页、第 20 页。

[14] 李振东著、加藤健译:《支那的煤炭》《第一部 支那的煤炭资源》《第二章 中国的煤炭储量》,生活社 1939 年,第 22—第 25 页。

[15] 李希霍芬:《中国旅行报告书 第二卷》《李希霍芬男爵在河南与山西的旅行报告书》,North-China Herald Office, Shanhai 1872 年、1900 年、1903 年、1941 年,第 43 页。

[16] [37] [38] 李希霍芬:《中国 第二卷》《第十章 山西省概观》,Berlin D. Reimer 1882 年,第 472 页、第 473 页、第 475 页。

[21] 李希霍芬:《山东半岛地质学的构造》,1898 年。这是薛毅采用的论文,笔者未见。

[22] 薛毅:《李希霍芬与中国煤田地质勘探略论》,《河南理工大学学报(社会科学版)》第 15 卷第 1 期 2014 年,第 93 页。

[23] 山东省地方志编纂委员会编:《山东省志煤炭工业志(上册)》,山东人民出版社1997年,第6页。

[24] Richthofen:《Kiautschou, seine Weltstellung und voraussichtliche Bedeutung(胶州,其世界的地位与可预见的意义)》,《Geographische Zeitschrift, Leipzig》第81卷,Berlin, 1898年,第167—191页。

[25] Richthofen:《Schantung und seine Eingangspforte Kiautshou(山东及其门口、胶州)》,Berlin, D. Reimer,1898年。

[26] Richthofen:《Der geologischen Bau von Schantung(Kiautshou) mit besonderer Berücksichtigung der nutzbaren Lagerstätten(考虑有用矿产层的山东(胶州)的地质学构造)》,《Zeitschrift für praktische Geologie》,Berlin,1898年,第73—84页。

[27] 李希霍芬:《中国 第二卷》《第六章 山东的山岳地域(续)》《胶州湾,其过去与将来的意义》,第266页。这里没有该概括文与该结论文,但是成为概括与结论的基础文章写得很长。

[28][29] 费迪南德·冯·李希霍芬著、E.蒂森选编、李岩·王彦会译:《李希霍芬中国旅行日记(上册)》,商务印书馆2017年版,第37页、第218页。

[30] Helmuth Stoecker:《Deutschland und China im 19. yahrhundert(在十九世纪的德国与中国)》,Berlin,1958年,第84页。

[34] 李希霍芬:《中国旅行报告书 第二卷》《李希霍芬男爵的湖南省的报告书》,1872年、1900年、1903年、1941年,第7页。

[36] 李希霍芬:《中国 第二卷》《第十四章 地质学的成果》《Ⅳ北中国的煤田地带的概观》,第789页。

纪念《阿 Q 正传》发表 100 周年

"恋爱的悲剧"之细读
——纪念《阿Q正传》发表100周年

管冠生

1921年12月4日至1922年2月12日,《阿Q正传》陆续发表于北京《晨报副刊》。自此至今百年间,对它的解读与评论一直在进行,难以结束。本文准备以文本细读的方式,重点考察"第四章 恋爱的悲剧",重新思考阿Q与吴妈"恋爱"的问题。

一

①有人说:有些胜利者,愿意敌手如虎,如鹰,他才感得胜利的欢喜;②假使如羊,如小鸡,他便反觉得胜利的无聊。③又有些胜利者,当克服一切之后,看见死的死了,降的降了,"臣诚惶诚恐死罪死罪",他于是没有了敌人,没有了对手,没有了朋友,只有自己在上,一个,孤另另,凄凉,寂寞,便反而感到了胜利的悲哀。④然而我们的阿Q却没有这样乏,他是永远得意的:这或者也是中国精神文明冠于全球的一个证据了。

⑤看哪,他飘飘然的似乎要飞去了!

这是第四章开始两段文字(①②③④⑤由本文所加,以方便下文论述)。初看起来,第一段文字和"恋爱的悲剧"不沾边,可以删去,从⑤直接开始就可以——⑤照应了第三章"续优胜记略"末尾一段话:"他这一战,早忘却了王胡,也忘却了假洋鬼子,似乎对于今天的一切'晦气'都报了仇;而且奇怪,又仿佛全身比拍拍的响了之后更轻松,飘飘然的似乎要飞去了"。如果第四章一开始便是⑤这句话,不但意义上似乎不会有什么缺损,而且能更快地进入故事,却因何而不为呢？换言之,第一段文字存在的必要性及其意义是什么呢？

有研究者认为,《阿Q正传》的叙述者具有正反同体的特征,随之这个叙述者发出的叙述话语就具有内在的双声性甚至多声性,换言之,叙述话语往往具有一表一里、一显一隐的两种对立的声音。例如,引文①隐含的声音是"只有战胜强大敌手的人才是真正的英雄,象你阿Q这样将弱者当作敌手欺负的人,算什么英雄!"②隐含的意思是"可是你阿Q恰恰是将弱如小鸡绵羊的小尼姑当对手,你的胜利又有什么意思!"③隐含的是"可你阿Q欺负弱者还得意非凡,你是多么令人悲哀!"④隐含的是"有人夸耀中国精神文明冠于全球,你阿Q可算是一个有力的证据了"⑤隐含的是"还有你更无聊更无耻的人吗？"[1]

《阿Q正传》的某些叙述话语确实具有多重意蕴或丰富意味,但对两段引文这般挖掘却是太狭隘了,因为研究者不应该眼里只有阿Q。的确,阿Q不属于"有些胜利者",但前三章出现的把阿Q打了的赵太爷、王胡、假洋鬼子,他们属于吗？事实上,前三章没有一个胜利者是①②③所说的胜利者;正因为如此,阿Q才是"我们"的阿Q。"我们的阿Q"这种表达意味着"我们"都具有阿Q的基因、素质与命运,"我们"皆是阿Q。如是,④才抛出了一个"中国精神文明冠于全球"的判断。

那么,①②③所说的胜利者和阿Q这般胜利者有什么区别呢？前者具有"胜利者/敌手"的辩证法思维,在敌手(他者)当中认识自己、反省自己、挖掘自己、提升自己,没有敌手(他者)的存在,就无法建构自我的主体形象与主体意识[2]。而阿Q这般胜利者似乎天生缺乏这种辩证法思维,缺乏反思意识与反思能力,他们是"永远得意的",永远自满的,⑤所表现的不正是这样一种沉溺于一己之头脑想象而飘飘欲仙凌空漫步的美妙神态吗?

在本文看来,引文第一段是对前三章所述之事的一个总评或总结,亦即鲁迅在小说前三章构思与塑造阿Q"行状"的思想主线(用阿Q形象表征"中国精神文明")。这也意味着此后要变换笔墨,着重于为人物写好故事了。故事就从阿Q"这一战"开始。"这一战"在小尼姑身上取得了胜利,"胜利者/敌手"在此具体化为"男人/女人"的特殊关系,那么,阿Q能继续保持他的胜利感吗?他将很快认识到,"男人/女人"的关系比"胜利者/敌手"的关系还要纠缠。紧接着⑤,第四章写道:

> 然而这一次的胜利,却又使他有些异样。他飘飘然的飞了大半天,飘进土谷祠,照例应该躺下便打鼾。谁知道这一晚,他很不容易合眼,他觉得自己的大拇指和第二指有点古怪:仿佛比平常滑腻些。

看来,"这一战"的胜利打破了惯例,胜利者反而被失败者所捕获,反转的力量源于"古怪"的身体感觉:大拇指和第二指"仿佛比平常滑腻些"。妙就妙在"仿佛"一词,若有若无,不能确定不能落实;因不能确定不能落实,所以要不断探索求证;因不断探索求证,所以陷溺得越来越深——"不知道是小尼姑的脸上有一点滑腻的东西粘在他指上,还是他的指头在小尼姑脸上磨得滑腻了?""不知道"不要紧,关键是想来想去阿Q的脑海总是悬停着"小尼姑的脸"。

在"这一战"中,小尼姑只说了两句话:"你怎么动手动脚……"和"这断子绝孙的阿Q!"阿Q首先想起后一句诅咒骂人的话。有研究者认为，这是恶毒的诅咒，和出家人的身份很不相符，说一句"阿弥陀佛"更贴切一些，骂一句"臭流氓"也行[3]。的确，老尼姑见阿Q拔萝卜是念"阿弥陀佛"的，但老尼姑不是哭着说的；想一想"这一战"的情景：小尼姑被欺负哭了，挂着眼泪说"阿弥陀佛"，这不有些滑稽吗？如果骂"臭流氓"，那么，它也会"温馨提示"阿Q想三想四。实际上，无论小尼姑骂什么，阿Q的"飘飘然"已经不可遏制了，正如第四章所写："大约他从此总觉得指头有些滑腻，所以他从此总有些飘飘然"，这个"飘飘然"与前面⑤中的"飘飘然"意思并不相同，这指的是阿Q禁不住想入非非："女……"。

接下来阿Q性心理的呈现以"正经/假正经"的议论为中心。阿Q是"正人"，有排斥异端的"正气"，又有理学色彩浓厚的"学说"："凡尼姑，一定与和尚私通；一个女人在外面走，一定想引诱野男人；一男一女在那里讲话，一定要有勾当了"，他若看见一定要"惩治"他们。但因为他"惩治"，所以他一定懂得何谓"私通"、何谓"引诱"以及何谓"勾当"；因为他懂得这些，所以他其实并不是"正人"。下面这段文字有同样的趣味：

> 他对于以为"一定想引诱野男人"的女人，时常留心着，然而伊并不对他笑。他对于和他讲话的女人，也时常留心听，然而伊又并不提起关于什么勾当的话来。哦，这也是女人可恶之一节：伊们全都要装"假正经"的。

噫！女人对男人笑，遂男人意便是引诱男人（不正经），女人不遂自己的意、不让自己得满足便是装"假正经"。阿Q其实是正经的不正经：说正经，因为他自以为有防范心理；说不正经，因为他深自陷溺已不可自拔。——"和他讲话的女人"？这在前三章是没有的（被迫回击的小尼姑不算）。第四章的吴妈算是头一个和阿Q主动讲话的女人，他也确实"留心听"，并且听了没几句，就要和人家困觉,闹了一出"恋爱的悲剧"。

二

吴妈,是赵太爷家里唯一的女仆,洗完了碗碟,也就在长凳上坐下了,而且和阿Q谈闲天:

"太太两天没有吃饭哩,因为老爷要买一个小的……"

"女人……吴妈……这小孤孀……"阿Q想。

"我们的少奶奶是八月里要生孩子了……"

"女人……"阿Q想。

阿Q放下烟管,站了起来。

"我们的少奶奶……"吴妈还唠叨说。

"我和你困觉,我和你困觉!"阿Q忽然抢上去,对伊跪下了。

一刹时中很寂然。

"阿呀!"吴妈楞了一息,突然发抖,大叫着往外跑,且跑且嚷,似乎后来带哭了。

有研究者认为吴妈是个正经的寡妇[4],但另有研究者却看出了吴妈的"自欺欺人":"那晚,吴妈身为一个寡妇,明知阿Q是个单身汉,却在两人独处时,在没有任何铺垫的情况下,上来就对他说'太太两天没有吃饭哩,因为老爷要买一个小的',这显然是非常暧昧的,足见她可不是一个真正守妇道的女人。可是,当阿Q懵懵懂懂跪下求爱后,她却在一片寂然后'阿啊'的一声,连嚷带哭地跑掉了。之后,不仅在赵府炸开了锅,还在众人的劝解下寻死寻活哭闹。她这番表现,虽然不能说没有几分真,但显然是包含有很大的表演性"[5]。

这个颇有新意的解释颇有些怪罪吴妈上来就说老爷买小老婆的事,那么,让我们想一想,吴妈说什么能叫阿Q不想"女人"

呢？若说"干了一天的活（舂了一天的米），累不累啊？"如此大概也很暧昧；那就只说"今天天气哈哈哈"吧，也不能保证它完全保险。想想当时情景：正是春季发情好时节，晚上，赵府其他人吃完饭睡下了，孤男寡女在光色模糊的厨房（"赵府上晚饭早"，应该不会黑得看不清），即便女人沉默不语，也难保对面的男人不想事。要说吴妈不守妇道，不必说她说话暧昧，单是此情此景能坐下来，就足见其不规矩、想男人了。——做女人可真不容易啊！

吴妈和阿Q谈闲天本意就是谈闲天。"唯一的女仆"表明吴妈平时没有合适的闲聊对象，她的"唠叨"无处展现和疏泄，"这一天"正碰上晚上还要舂米的短工，就主动来聊天，不提防变成自己来撩人了。就其生活范围和人生视野来看，她能谈什么呢？谈太太和少奶奶，她谈得可谓中规中矩，只是内容颇关联性。但这不能怪她，只能怪赵府这样的官绅人家男女事太多、关系太乱——参考《红楼梦》第六十六回柳湘莲对贾宝玉说的："你们东府里除了那两个石头狮子还干净，只怕连猫儿狗儿都不干净"——赵府大概不会脏到这个地步，但肯定不会好到哪里去。

"女人……吴妈……这小孤孀……""女人"是通称，"吴妈"是一个现实的具体的女人，"小孤孀"是她的身份——阿Q得意的时候会唱着《小孤孀上坟》到酒店喝酒，《阿Q正传》并未记载它的唱词，然而小说《明天》结束时红鼻子老拱所唱的"我的冤家呀！——可怜你，——孤另另的……"应该就是它的一个经典段落，深得光棍闲人们的喜欢。阿Q头脑中也应该浮现了这段唱词，这个小孤孀需要男人的安慰了。

"我们的少奶奶是八月里要生孩子了……"这一句直接调动了阿Q的欲望，因为它击中了他的敏感点、戳中了他的痛点——小尼姑曾骂他"断子绝孙"。所以听到这句话之后，阿Q只想"女人……"，不管这个女人是谁，因为是个女人就可以让他留后[6]。于是，阿Q采取了行动，并说道："我和你困觉"。

我们的阿Q总是这样"爽利":不服王胡的虱子比自己多,他直接骂人家"这毛虫!";见了假洋鬼子,他直接骂"秃儿,驴……";见了小尼姑就吐唾沫,说"快回去,和尚等着你……";被抓进了监狱,有人问他为什么进来,"阿Q爽利的答道:'因为我想造反'"。这里见了吴妈,他就直接说"我和你困觉",真是快人快语,十分可爱。从这里看,作为冠于全球的"中国精神文明"的人证的阿Q又迥异于"中国精神文明",因为"中国精神文明"很讲究委婉化表达、虚虚实实、欲言又止、意在言外、模棱两可,算是说话应酬的最高境界,可是,"我们的阿Q却没有这样乏"。或许,我们并没有深入认识阿Q形象的真正内涵:他不仅扎根于"中国精神文明",而且具有从内部捣乱使坏的另类气质[7]。——有学者认为,"'我和你困觉',无非是说你嫁给我吧,是直截了当的土话,并没有什么流氓气"[8],其实"你嫁给我吧"就是委婉化表达(或称规范性表达),"我和你困觉"则是赤裸裸的男女画面,两者的语用效果差别太大:若是不信,可以到大街上做个试验,把这两句话说给过往的女人听,就会发现哪一句话更容易招来耳刮子。

"我和你困觉"直接揭穿了不应该或不方便揭穿的那点事,且来得太突然,叫人无法接受,所以吴妈先是没反应过来,接着是身子发抖、大叫着往外跑等应激反射,这简练而传神地描画了一个寡妇在无心理准备时遭遇男人性要求而起的身心波澜。当然,这句话可能也唤醒了吴妈蛰伏的性欲望,于是她由叫嚷变成了"只是哭",关于做寡妇的一切艰辛感受通过哭宣泄了出来。

阿Q的反应则是:"慢慢的站起来""仿佛觉得有些糟","也有些忐忑",这就挨了秀才大竹杠的击打——我们不免疑惑:秀才是不是来得太快了? 如果他已睡下,如此迅速地拿着大竹杠出现、并且击打阿Q显然意味着他明白发生了什么事情,这个反应速度是不是有些不合常理? 本文猜测秀才在老婆怀孕与生孩子期间与吴妈有了什么交往(老子想讨小老婆,儿子恐怕也闲不住吧),

知道阿Q有过调戏小尼姑的不良记录,故此未睡在别处瞅着厨房动静,这才能第一时间赶到现场处理。但,这只算是本文"谈闲天",似乎无关大局,也就不作深论了。

并且,秀才动用了官骂"忘八蛋":阿Q逃到了舂米场,"还觉得指头痛,还记得'忘八蛋',因为这话是未庄的乡下人从来不用,专是见过官府的阔人用的,所以格外怕,而印象也格外深",与此同时,"'女……'的思想却也没有了"。这就是说,阿Q"恋爱"的结果是忘掉了"女人"而记住了"忘八蛋"! 这在古今中外的恋爱史上大概是绝无仅有的吧。这使人想起了《围城》的一个经典场景:赵辛楣和汪太太散步调情被捉,汪处厚"审案","重拍桌子道:'你——你快说!'偷偷地把拍痛的手掌擦着大腿。"有论者认为,"一般作者写这样的场合,大概不会加上'偷偷地把拍痛的手掌擦着大腿'这一句;只有手握冷笔的钱锺书,才会在高潮的时刻来一个突降,把一个巨大的气球刺破,在放气过程中产生极其滑稽的效果"[9]。鲁迅显然也不是"一般作者","一般作者"很难让恋爱中的男人对"忘八蛋"发生兴趣并印象深刻。两位巨匠的笔墨皆汪洋恣肆不可测度,但细细琢磨,鲁迅似乎比钱锺书稍胜一筹,至少领先了一步。

三

阿Q想了那么多天的"女人",就这样戏剧性地实现了对"女人"的忘却。"打骂之后,似乎一件事也已经收束,倒反觉得一无挂碍似的,便动手去舂米",眨眼间把自己由当事人变成了旁观者——这种神奇的本领既是"中华精神文明"生生不息的秘诀之一,又是阿Q形象模糊茫然、变动不居的重要根源——他要去"赵太爷的内院"看热闹了。

热闹是把吴妈的事变成大家伙的事,把一个人的悲欢做成众人的节日:

少奶奶正拖着吴妈走出下房来，一面说：
"你到外面来，……不要躲在自己房里想……"
"谁不知道你正经，……短见是万万寻不得的。"邹七嫂也从旁说。
吴妈只是哭，夹些话，却不甚听得分明。

吴妈不想出来，非要把人家拖出来，展览一下；吴妈在自己房里是要寻短见吗？我们不知道，只是邹七嫂这么说。这些看热闹的女人不怕事大。如果说吴妈此时有表演的成分，那也是被这些人逼出来的：被拖了出来，能不配合着哭一哭吗？如果不哭，这些女人又会怎么揣测编排呢？（你不哭，难道你喜欢和男人困觉？不要脸啊！）——旁观者阿Q也想："哼，有趣，这小孤孀不知道闹着什么玩意儿了？"这根本没有为吴妈设身处地地考虑。

赵太爷则抓住机会大做文章，定了五个条件：

一　明天用红烛——要一斤重的——一对，香一封，到赵府上去赔罪。
二　赵府上请道士祓除缢鬼，费用由阿Q负担。
三　阿Q从此不准踏进赵府的门槛。
四　吴妈此后倘有不测，惟阿Q是问。
五　阿Q不准再去索取工钱和布衫。

"赔罪"？是的，阿Q的恋爱被视为调戏赵家的佣人，升格一步，"简直是造反"；"二""四"似乎很有些矛盾：后者意味着阿Q要保证吴妈的人身安全，吴妈人身既有保障，赵府何来缢鬼？是谁上吊呢？——吴妈上吊与否赵太爷不放心上，他是防着太太上吊，然而他又多么希望太太能上吊，这样娶小老婆就没有障碍了；

"三"后来被赵太爷自己破坏了,那是在阿Q从城里发财回来之后,赵府贪图阿Q手里的好东西,叫他上门服务(第六章)。赵太爷之类只为自己、只想着自己的利益;"五"中的布衫,按第四章最后所写,"大半做了少奶奶八月间生下来的孩子的衬尿布,那小半破烂的便都做了吴妈的鞋底"。

对于这严重"丧权辱国"的五项不平等条约,"阿Q自然都答应了"——"自然"一词包含着阿Q多少的无奈、悲苦与屈辱啊!所以,鲁迅说得对:"中国倘不革命,阿Q便不做,既然革命,就会做的。我的阿Q的运命,也只能如此,人格也恐怕并不是两个"[10];的确,我们的阿Q具有革命的内在需求,但这要在《论阿Q的"革命"》一文中做详细阐释了。

四

作为悲剧的女主角,吴妈其实是阿Q一生中唯一的"恋爱"对象,她留下了一个问题:阿Q的破布衫曾做了她的鞋底,可见她并不是在那晚"热闹"之后立即辞职了的,她还在赵家呆了一段时间,但在第九章阿Q游街示众时,在人群中发现了吴妈,"很久违,伊原来在城里做工了",那么,她为什么去城里了呢?

可能是少奶奶已生了孩子,秀才收敛老实了——但这只算是本文"谈闲天"。我们不妨从阿Q身上找原因。第五章写得清楚:恋爱风波之后,阿Q"渐渐的觉得世上有些古怪。仿佛从这一天起,未庄的女人们忽然都怕了羞,伊们一见阿Q走来,便个个躲进门里去",阿Q已被舆论视为色情狂,没有人家敢雇他做工(谁家没有女人呢)。他只好进城找活计去了。他走了之后,吴妈又会得到什么待遇呢? 固然,邹七嫂那晚说"谁不知道你正经",但随着"不正经"的阿Q的离开,"不正经"就落到了吴妈身上,或者说轮到吴妈"不正经"了——为什么阿Q不对别的女人说"我和你困觉",单单对吴妈说,可见吴妈这个女人就不正经,只有不正经才调戏或勾引不正经,只有不正经才被不正经调戏或勾引(原来,第四章开始我们的阿Q围绕着"女人"所思想的也就是未庄人所思想的)……发达的未庄舆论是会这样转向的。阿Q被枪毙之后,"至于舆论,在未庄是无异议,自然都说阿Q坏,被枪毙便是他坏的证据;不坏又何至于被枪毙呢?"同样,吴妈被调戏便是吴妈"不正经"的证据,她要是正经又何至于被调戏呢?

另外,根据严重"丧权辱国"的五项不平等条约之"吴妈此后倘有不测,惟阿Q是问",吴妈和阿Q便被永远捆绑在了一起。他们之间(即便)本来真的什么事也没有,可条约被赵太爷立下之后,他们两个人便是一条绳上的蚂蚱分不开了。因此,吴妈在阿Q走后也无法在未庄立足了。阿Q在进行革命幻想时曾提及吴妈"脚太大"[11],看来吴妈没裹脚,这暗示她并非是个顽固不化之人,加以阿Q开了进城讨生活的先河,吴妈便也进了城,在城里立了足。

两人最后的见面颇有意味:阿Q"无意中"在人丛发见了"一个吴妈","忽然很羞愧自己没志气",终于无师自通地喊出了一句长脸面的套话,"车子不住的前行,阿Q在喝采声中,轮转眼睛去看吴妈,似乎伊一向并没有见他,却只是出神的看着兵们背上的洋炮"。有意忽略,正是在意的表示。吴妈是如此不同于那些喝采的人们,后者使阿Q想到了吃人的狼。阿Q最后时刻对生存真相的领悟源自这"一个吴妈"的同情。没有她的独特表情,阿Q一辈子都将过得糊里糊涂、生不如死。她的独特表情应该来自对那个曾让她惊慌失措的场景的越来越深刻的理解——

"我和你困觉,我和你困觉!"阿Q忽然抢上去,对伊跪下了。

不以为耻(粗俗无礼)的性话语＋文明绅士的举动＝终生难忘而耐咀嚼的记忆。有人和她困觉,野蛮粗暴;有人只做绅士,终究无趣;有人装作绅士,却动手动脚。唯有她的阿Q,随着时间的流逝,将越来越闪现着爱与人性的光辉……

2020年12月完成于泰山脚下

注释

［1］张开焱:《〈阿Q正传〉叙述者与叙述话语的双性特征》,《湖北师范大学学报》2017年第2期。"还有你更无聊更无耻的人吗?"应漏掉了一个"比"字。

［2］此处参考了丹尼·卡瓦拉罗的《文化理论关键词》中对"他者"的阐释(张卫东、张生、赵顺宏译,江苏人民出版社2006年版,第128—138页)。

［3］毕飞宇:《沿着圆圈的内侧,从胜利走向胜利——读〈阿Q正传〉》,《文学评论》,2017年第4期。

［4］如唐利群在《〈阿Q正传〉和中国两性文化》(载《鲁迅研究月刊》2000年第5期)中说:"当阿Q跪下来求觉后,吴妈大叫着往外跑,这就表明了吴妈所代表的正是中国两性文化中'正经'和'严肃'的那类女人"。

［5］迟蕊:《从思想到文学:解读〈阿Q正传〉的另一种视角》,《鲁迅研究月刊》,2017年第1期。这个解释有一个明显的引文错误:是"阿呀!"不是"阿啊"。

［6］宋剑华认为,"如果我们把'阿Q'想同吴妈'困觉',简单地看做是他受儒家'礼教'的思想熏陶,目的是为了要去娶妻'立后',恐怕那就大错特错了。'阿Q'要比诠释者聪明得多,他想同吴妈'困觉',其潜藏的意图有二:一是想借娶妻生子之名,能够以倒插门的方式在'未庄'安身立命;二是倘若果真有了后代,那么他就更是理所当然地成为了'未庄人'"(《"未庄"何以难容"阿Q"》,《鲁迅研究月刊》2015年第1期)。如此立论,需要考虑吴妈的力量:她作为一个没有孩子的寡妇,是否有资格、有条件使她的第二任丈夫在未庄落户呢?《祝福》里的祥林嫂失去

了丈夫,"幸亏有儿子",还能在贺家墺待着,后来儿子被狼吃了,"只剩了一个光身子",大伯便来收屋,赶她走,她就只得到鲁四老爷家打工了。吴妈应该和祥林嫂的境遇差不多:死了丈夫孩子(或可能就没有孩子),无法在本村待下去,才来未庄赵太爷家做工。她本人可能都不是未庄人,阿Q想在她身上倒插门就很难说是"聪明",简直是缘木求鱼、又想从鱼肚子里挖熊胆了。

[7] 例如,汪卫东认为阿Q形象具有"观念化""浓缩性""单一性"和"荒诞性"四大特征。其中,"单一性"指阿Q"是国民性中缺点的结晶,在形象设计上不能不说又是单维的形象"(见其《〈阿Q正传〉:鲁迅国民性批判的小说形态》,载《鲁迅研究月刊》2011年第11期)。可是,像阿Q这样不顾场合而直接干脆地表达想法与欲望大概不是我国国民的常态吧?——仔细观察并考虑,阿Q的形象不是单一的。

[8] 商金林:《阿Q对吴妈有过性骚扰吗?》,《鲁迅研究月刊》2008年第12期。

[9] 黄国彬:《几乎笑尽天下——评〈围城〉的冷嘲冷讽》,《北京大学学报》1999年第2期。

[10] 鲁迅:《〈阿Q正传〉的成因》,《鲁迅全集》第三卷,人民文学出版社2005年版,第397页。

[11] 阿Q是这样想的:"赵司晨的妹子真丑。邹七嫂的女儿过几年再说。假洋鬼子的老婆会和没有辫子的男人睡觉,吓,不是好东西!秀才的老婆是眼胞上有疤的。……吴妈长久不见了,不知道在那里,——可惜脚太大。"阿Q数来数去,吴妈算是他在未庄唯一相中的女人,至少外观上没有任何毛病或累赘(秀才娘子也不及),不属于"真丑"或看不顺眼的行列。由此可见,本文猜测秀才和吴妈有什么交往虽是"谈闲天",却不是乱扯淡。

俞乃大与《漫画阿Q正传》
——纪念鲁迅先生《阿Q正传》发表100周年

杨坚康

俞乃大(1907.11.23—1983.12),现代美术教育家、漫画家,诸暨市次坞镇溪埭村人。其父俞祥法从林则徐"海纳百川有容乃大,壁立千仞无欲则刚"联句中取来"乃大"两字为名,"阿大"是他自取的笔名。他是首位把鲁迅名著《阿Q正传》编写成连环漫画,并连载发表于报纸的漫画家。俞乃大与鲁迅有着相似的遭遇,他们都因家道中落而承受童年苦难。诸暨是绍兴的辖县,他也可以说是鲁迅先生同乡近邻。

俞乃大父亲是晚清补廪生,他热心公益,助人为乐,时常为乡亲们作善事,从不吝啬钱财。在乡里义务办私塾、开药铺,还行医治病。店里的自制药和一般药物从不收钱,乡里的人都盛赞他的德行,尊称他为"祥法先生"。

1910年,俞乃大四岁,父亲因代人受债,遭到逼迫,加之旧病复发,医治无效而殁。父亲生前没有什么积蓄,留下的是1300元的债务和叔伯们为父亲办丧事垫付款借条。此后,债主、亲戚们常上门逼讨,拿光了家里值钱的器物和仅有的生活费。一日,威逼其母楼氏到深夜,还说早点卖了田房,小乃大也可以放牛抵债了。

母亲绝望了,想一死了之。哄孩子入睡后,便端起盐卤要喝,正熟睡着的乃大,突然从梦中惊叫起来。母亲一怔,放下盐卤碗,含着泪轻轻拍打着让他睡着,转身又捧起盐卤碗,孩子又一次地惊叫起来,母亲一惊,卤碗掉在地上打碎了。母亲想,可能这是天意,家里还是有希望的。于是就丢开了自杀的念头,一人承担起生活的重担。她省吃俭用,勤恳操持,夜以继日,时常以南瓜充饥,历经数年,终于还清了债务。其间乡邻们感念祥法先生恩德,也常常来照料他们孤儿寡母。

俞乃大的童年过早地体验到了人生的艰难和世情的冷暖,看到了势利者冷冷的眼光和鄙夷的神情,当然也有乡邻话语里的亲切和面容上的温存。这些情景给他留下的印象太深刻,心灵的打击太大。鲁迅先生在《呐喊·自序》写道:"有谁从小康人家而坠入困顿的么,我以为在这途路中,大概可以看见世人的真面目。"

母亲含辛茹苦,只有一个愿望,要把独苗养育成人。她为了怕孩子外出发生意外,整天把他关在家里。幼年的俞乃大在家无事可做,就把先父留下来的纸、笔和颜料拿出来乱涂乱画,日子长了,便慢慢对画画有了兴趣,这可以说是他以后从事美术事业的一个起步。

俞乃大七岁进家乡行余小学读书。行余小学由先烈俞秀松的父亲俞韵琴等人创建,办得很有生气。学校开设语文、算术、音乐、图画、劳作等课,有乒乓球队、足球队,还有军乐队,学生在校都必须穿着统一的制服。他最喜欢的是图画课。进入高小,时值五四运动之后,该校的图画课已有静物写生和野外写生。一日,他在绕村而过的溪流边写生,偶遇了回乡到溪边散步的俞秀松。俞秀松看了他的写生画,与他交谈了几句后,意味深长地说"外面的世界很大。"自此,俞乃大就有了走出山村,到外面的世界去读书、学画的愿望。

1926年,俞乃大借资进入浙江艺专学习,专攻水彩。1927年下半年,进入上海中华艺术大学二年级就学。到1928年上半年转入新华艺术大学毕业班。他是班级中的佼佼者,几位同学的毕业作品都请他代笔，但是自己却因缴不出学费而被扣留了毕业文凭。他几次求情讨要，没钱，校方坚持不给。年轻气盛的俞乃大想，文凭不过区区一纸，不要也罢，愤然离开了学校。这一念之差，当然也是无奈之举，却给他以后的求职之路陡增了许多艰辛。俞乃大在自传中写道："离开学校我踏上了这黑暗的社会，我饱尝了找工作的艰难，生活的心酸。我既无文凭又无丝藤攀援，更无钱财去打关系，要想找工作，真有登天之难，奔波数月毫无希望。""吃了中饭不知道晚饭在哪里，吃过晚饭不知道到哪里睡觉。"颠沛流离，饥寒交加的求职学习生活，俞乃大对社会的黑暗，穷苦人生活的艰辛有了"涕不可抑"感受。其间，慕名苏州美专，去找校长颜文樑先生，要求来校半工半读学习。颜校长爱其才免了他的学费，讲明因为是私立学校，住宿伙食费用必须缴纳，每月9元。他向朋友借钱凑足了两个月的食宿费进了学校学习，就因为实在还不起这十几元钱，曾被当街骂成"骗子"。进校后他刻苦向颜文樑导师学粉画，课余没日没夜在学校印刷厂劳作，也自编自印连环画《陶大成戒烟记》上街叫卖。最后因无钱缴纳膳食费，又不愿颜校长为难，遂自行离开了苏州美专。

此时新文化的思潮如火如荼，鲁迅先生的作品，对俞乃大影响很大，认为鲁迅先生是吼出了自己心底的"呐喊"。一个一心想要救国救民的知识者，对民族的前途满怀信心，启民救国的情结激荡于胸。在自传中他也说到，自己曾像阿Q一样对友人说，"我要革命，要加入共产党。"而现状却是深陷于极度贫困之中，有冲击旧俗立新风慷慨，但又无法挣脱社会加予底层者的桎梏。四处寻求生路，却总是期走不通，像鬼打墙似的在原地兜着一个个的圈子，无法前行。

他有奔赴新世界的兴奋与激动，却呼吸着陈腐污浊的空气，内心充满怨忿，却没有开辟新生路的力量与支撑；不知道前面是什么，路途茫茫，时常沉浸在茫然与自责中。俞乃大深爱着生他养他的土地,又为如何改变这块土地上过着悲惨生活的百姓而忧虑。但是失业、贫困这两根绳索勒得他自己也奄奄一息。有再大的志向,画艺再好,没有职业,没了饭碗,就立刻彷徨无措,徒然受气。这段如炼狱般的艰辛与沉重的生活加深了他对社会的认识,砥砺了他的抗争意识,孕育着他创作流的涌发。此时,他对新兴漫画有着浓厚的兴趣。用简略的笔画,勾勒出人物故事,幽默讽刺落伍思想,锐利批判黑暗社会,向往光明的未来。他扎实的绘画功底与强烈的内心愤懑,在这一画种中喷发。20世纪三四十年代,中国的新闻业和锌板印刷得到很大的发展,漫画有了良好的传播平台。丰子恺、俞乃大、叶浅予、陆志庠、高龙生等漫画家几乎每日都有关注民生,抨击时政的漫画在报刊发表。此时署名"乃大""阿大"的漫画作品,在《中国儿童时报》《诸暨民报》《宁波日报》《朝报》(南京)等报刊频频发表。他用很多的漫画篇幅描绘农村生活的贫困与落后,揭示农民思想的守旧与自负,甚至是顽固与愚昧。俞乃大的画,用对未来的希望观照黑暗的现实,用时代的发展比照尘封不变的农村。他敏锐地抓住现实生活中习以为常的人与事,进行幽默而又深刻地揭露与讽刺。"一个自食其力的儿童",画的是破衣烂衫赤脚卖报的孩子。"男女平等",画着比肩而行一男一女的下半身,不同的衣着,相同的赤脚草鞋。同邑教育家章湘伯:"阿大的画想得很慢,画得很快,为了一些题材他都得精构思找模特儿;但是,一提起笔,便能立刻挥上三四张,画个整晚。在他的画情上笔触上,喜怒哀乐每一点滴,都能灵妙地表达无遗,惟妙惟肖。"

  鲁迅对人性的深层剖析,对必须改变国民精神的呐喊深深地震撼着俞乃大。他在对鲁迅"人的精神"进行深邃地探索的同时,也自我反思,由此促进了他漫画创作风格的成熟与升华。他对"阿Q"般的农村底层人物的生活状况、性情行为与表露方式了熟于胸。要想改变民众精神,改变不合理的社会制度,就要选用最能打动人心的武器。俞乃大决定要用漫画画出有着病态灵魂的"阿Q",并用连环画的形式进行创作。据《中国漫画史》记载,20世纪三四十年代是中国连环漫画的兴起与繁荣时期。有鲁少飞的"改造博士"、叶浅予的"王先生"和张乐平的"三毛"等。但当时还未曾见由小说改编成漫画连环画作品的记录。

俞乃大的这一想法得到了《朝报》(南京)刊编周辅仁先生的大力支持,此时署名阿大的《漫画各地民谣》正在《朝报》(南京)每天一至两幅发表,共有二百余幅,很受读者推崇。周辅仁认为:"俞先生是爱好乡村生活的,他对村趣了解之深,在国内画家中,要算首屈一指,在这一点,可以说是中国的米勒。"

笔者曾和俞乃大聊起为什么会想到用漫画连环画这一形式来表现《阿Q正传》时,他说,思想上是受到了鲁迅先生作品的启发。

鲁迅先生是文学中的漫画大师,善于用白描手法,寥寥几笔,勾勒出给人印象极为深刻的人物典型。他对漫画的创作也提出过自己的观点:"漫画的第一紧事是诚实,要确切的显示事件或人物的姿态,也就是精神……"。这些是俞乃大《漫画阿Q正传》创作的源动力。

《漫画阿Q正传》形式上借鉴西洋的铅印文字与画结合,清晰易懂,适合报刊发表。他认为这样的漫画形式,也更适宜于农村大多数识字不多,甚至不识字的农民阅读,引人入胜,寓教于乐。

他完成的《漫画阿Q正传》共有一百零八幅,首幅于1937年7月1日在南京《朝报》刊发,之后以每日一幅连续登载。哀怒之心流于笔端,形象夸张而不失真实,笔触简练流畅,拿捏自如,图文并茂地展示了阿Q的形象和故事。

《漫画阿Q正传》铅印文字分"阿Q本事"与"题词"两部分:下方为"阿Q本事",摘录自鲁迅《阿Q正传》第二章优胜记略起,每幅截取二三百字不等。上方"题词"根据图意需求简略地摘录于原文,或有少数不伤原意的改动。

第一幅:"阿Q你这混小子,你说我是你的本家?"赵太爷满脸溅朱地喝道:"你怎么会姓赵,你怎么配姓赵?!"

赵太爷站在台阶上,一手托着铜水烟,一手用食指与中指夹着一根燃着的点烟香,直直地怒指躬身弯腰,缩头赤脚的阿Q,边上陪着押他来问话的地保。阿Q犯事了,犯大事了。首幅形象简明地图现了,鲁迅《阿Q正传》在第一章序中铺陈的,不知阿Q姓什么,甚至不配有姓,却又"仿佛思想里有鬼似的",执拗地要写的人。

第二幅:"阿Q没有家,住在未庄的土谷祠里。"

阿Q破衣烂衫,双手交叉紧抱着膝盖,赤脚蹲坐在土谷祠的门角,目光痴呆,似乎在想着什么,似乎又什么都不想。无依无靠,无家无眷,一切渺茫。

第三幅:"阿Q没有固定的职业,只给人家做短工,割麦便割麦,舂米便舂米,撑船便撑船。"

水乡人都知道,撑船娴熟的才是农活好把手。阿Q撑船,画面大都是斜的:倾斜的船,倒斜的身子,歪斜的撑篙,就连远处的地平线、房屋也是斜的,加几条曲曲的水线和倒影,动态的表现了阿Q撑船快捷、熟练。撑船如此,其它农活自然更不在话下。

第四幅:有一次一个老头子颂扬说:"阿Q真能做!"

这应该是真实的赞扬,这是阿Q从没听到过的话,旁人竟然怀疑是在讥笑。但是阿Q很受用,伸长脖子,露出难得一见的笑容。

第五幅:阿Q进了几回城,自然很自负,未庄人真是不见世面的乡下人呵,他们没有见过城里的煎鱼!

阿Q反背着双手,大步走在田塍上,上翘的大嘴唇挤眯了双眼,脑门上浮现未庄人都没有见过的煎鱼,脸上露出一切都不值一笑的神情。

243

第六幅：阿 Q 真能做,而且见识高,本来几乎是一个"完人"了,但可惜他体质上还有一些缺点——癞。

这是一幅阿 Q 的特写肖像漫画。前发上扬,后辫似乎是被刚猛然一摆的脑袋甩起。眼珠都几乎瞪出了眼眶,大嘴唇噘起,单手叉腰,头上的癞疤尤为明显。一股不管遇到什么样的困境与对手,他都会有心满意足的得胜心理与姿态。

仅仅六幅画,俞乃大把他解读的"阿 Q"画给了读者,阿 Q 虽然被鄙视、被嘲笑,但却是一个活生生的中国农村人。

章湘伯撰文也说过:"阿大是一个对乡村认识顶透的画家……真的,对乡村生活情趣稍有了解的人看了阿大的画,定会掀起悠然之思吧!"

后面故事性的画页想必一定也很精彩,可惜我们只能欣赏到 1937 年 8 月 13 日发表的第 43 幅:阿 Q 猛然间悟到了自己和这场热闹似乎有点相关,他返身便走。

漫画创作到了《阿 Q 正传》第四章"恋爱的悲剧"。吴妈寻死觅活,未庄人在赵家门前围观着,大呼小叫。阿 Q 挤着进去想看看热闹,猛然看见赵太爷手里捏着一支大竹杠朝他奔来。阿 Q 是被这支大竹杠打过,急忙返身逃跑,头还惊恐地朝后瞧着追来的赵太爷。阿 Q 又犯大事了。

是日,日军进攻上海,淞沪会战爆发,全国团结抗战,连载被迫停发。俞乃大任职的中央大学迁往四川,他因为拖家带小,加之交通阻塞,无法随学校迁徙。

同年 11 月初,俞乃大就与乡友一起到浙南丽水碧湖抗日自卫委员会青年训练团,专门从事画抗日宣传画和负责"浙江省战时美术工作者协会"工作。

《漫画阿 Q 正传》后面的画稿呢? 笔者问过,他曾回答:"全部丢失了! 南京遭日寇轰炸,报社所有锌板全部被炸毁,我逃难过江时又遇敌机,船翻了,随身行李全部落水,画稿箱也没了踪影。

当时,四儿俞元白还飘在水中,子弹扫,炸弹炸,他娘哭喊着要往江里扑……",说到这里他不免哽咽。1981年9月,他凭着记忆,用国画画出四尺整张《阿Q正传》第一幅:赵太爷满脸溅朱地喝道:"你怎么会姓赵,你怎么配姓赵?!"画上题词:"一九三七年,余绘制漫画:《阿Q正传》一〇八幅,曾连载发表于南京《朝报》,后因'七七'事变而夭折,且原稿遗失。兹忆写第一幅以纪念鲁迅先生诞生一百周年。"

俞乃大与丰子恺是画友,有过多次合作。两人画风相近,意气相投,惺惺相惜,互为挚友。丰子恺是桐乡石门镇人,在钱江北,俞乃大是诸暨溪埭村人,在钱江南,因此,当时画界有"北子恺,南阿大"之誉。在创作《漫画阿Q正传》的同时,俞乃大还创作了《漫画乡村素描》四十九幅。画出了当时农村贫富差距显著,权贵乡绅霸道,农民思想僵化,展现了江南农村生活百态图,可以说这是《漫画阿Q正传》的延伸与补充。如"听布告":一群农人站在布告前,呆呆地低着头听戴眼镜的老先生读布告。"马达":只画着一头田间耕作的牛。决定婚姻的是算命瞎子,剃头匠兼着外科手术……观者无不为中国的农村社会还停滞在原始时期的知识水准和生活方式而扼腕。丰子恺特地为此书作序:"俞乃大君写中国乡村社会生活的黑暗、愚痴、野蛮与非人道,使我看了感慨不置!他能深入民间,实地观察,又有一双锐利的眼和一支力强的笔,故能捉住要害,指出症结,使看者惊心动魄。他要把这些刊行,我很赞成,因为这是斥妄,便是人生社会改良进步的原动力。"

俞乃大的漫画用毛笔创作,与传统国画中的写意一致,寥寥数笔,意境深远。自创作《漫画阿Q正传》后,他的漫画作品不但注重西洋画法的解剖、透视和比例,更在意夸张、变形的手法刻画人物情态,且深刻而尖锐,容易为民众所接受,这也为他以后在抗战时期,反内战、反饥饿时期,创作民众的、战斗的优秀漫画作品奠定了基石。

《阿Q正传》发表一百周年，此文谨献给新文化的启蒙者、探索者鲁迅先生；献给努力图解这一作品，毕生从事绘画教育事业的俞乃大先生。

论《阿Q正传》与传统章回体小说的关系

杨 宇

《阿Q正传》是一部现代章回体小说,与传统章回体小说之间有着密切的联系。本文从文体角度切入,探究其中所蕴含的传统章回体小说因素。

一

在西方文学的影响下,现代文学史上的诸多小说在语言上呈现出明显的西化特点,无论是语言风格还是叙述技巧都向西方作家作品学习,然而鲁迅的《阿Q正传》在语言形式上却展现出了与传统章回体小说的众多相通之处。

在《阿Q正传》中,鲁迅继承了传统章回体小说的说书人口吻。传统章回体小说的形成经历了长期的演变过程。中国古代小说是循着两条线索发展的,一条是受史传文学的影响,经过志怪志人小说阶段,到唐传奇时期完全成熟的文言小说;另一条是受唐代变文俗讲的影响,直接渊源于宋元市井说书艺术的白话说书体小说。说书艺术在中国有悠久的历史,宋代达到极盛。这种说书艺术背后需要两种职业的支撑——作者和说书人,两者有时是由一人承担,有时不是。在这两者中,作者是相对于故事而存在的,他的权力在故事中;说书人是相对于听众而存在的,他的权力只在说书场上,只表现在与听众的关系中。说书人真正成为小说叙事成分是在说书艺术转化为文学之后,也就是说,转变为话本、拟话本等说书体小说之后。尤其是在由文人创作的拟话本和以后的长篇章回小说中,说书人则是作为故事的叙事主体进入作品的,并成为最权威的叙事成分。[1]

这种虚拟的说书人在小说中扮演了什么角色呢?

首先,说书人充当了整个故事的组织者。话本小说的内容可分为两个层次——表层和深层。深层指主体故事,表层则主要指入话、散场诗等。说书人不但充当了表层故事的叙事主体,而且担负起向深层故事过渡的职能。[2]这一点体现在《阿 Q 正传》中,便表现为第一章的《序》这一部分。《阿 Q 正传》中的说书人与作者为同一人,《序》是作者这一"说书人"在现实环境中支起的一个说书摊,他向读者(听众)介绍了讲述接下来这个故事的原因,以及讲述时遇到的难处,再穿插一些当世发生的实际新闻,这便是作者(说书人)的开场白。而第九章《大团圆》中最后两段,作者以说书人的口吻,按照与主人公关系由近到远的顺序,介绍了阿 Q 死后的众生相,同时也是现实世界的倒影,又从虚构返回到现实中来,充当了散场诗的角色。序言与结尾合起来,便组成了《阿 Q 正传》的表层故事。而深层故事则是从第二章开始,直到第九章阿 Q 被枪毙为止,在虚构的环境中设置虚构的人物,讲述阿 Q 的一生。

其二,说书人是故事内容的评论者和说教者。说书人的评论是一种比较灵活的方式,可以在故事结束后进行概括性的评说,也可以在故事进行中随时跳出故事,进行一番评点式的议论。[3]例如在第四章《恋爱的悲剧》中,开头便有:"有人说:有些胜利者,愿意敌手如虎,如鹰,他才感得胜利的欢喜;假使如羊,如小鸡,他便反觉得胜利的无聊。又有些胜利者,当克服一切之后,看见死的死了,降的降了,'臣诚惶诚恐死罪死罪',他于是没有了敌人,没有了对手,没有了朋友,只有自己在上,一个,孤另另,凄凉,寂寞,便反而感到了胜利的悲哀。然而我们的阿 Q 却没有这样乏,他是永远得意的:这或者也是中国精神文明冠于全球的一个证据了。"[4]这一段作者的议论,列举了胜利者的几种心理状态,说明胜利者对于胜利是有挑剔的,如果对手过于羸弱,或者自己已经战无不胜,无有对手可再战,那么胜利者便会感到失望或孤独,这是拥有真正实力的胜利者的不满足。而反观作为精神胜利者的阿Q,则是对于一切都过于"满足"的,对手是强是弱没有关系,只要能占得便宜即可,甚至弱的对手反而更容易上手。自己是否真正的胜利也没关系,只要精神上能够成功地安慰自己即可,因此他时时得意。这正是精神胜利者与实际胜利者的不同。作者这段借用说书人口吻的讽刺,将阿Q与真实胜利者的区别揭露得一干二净。同时最后一句,将阿Q与胜利者的区别扩张到中国与全球,也是鲁迅对当时中国国民的自欺欺人性格的批判,一针见血。若无此段说书人式的插评,文本的尖刻力度会大大降低。

其三,说书人担负着与读者进行交流的职能。读者本来是"冷眼旁观人",被动地接受故事中的一切,但在小说中说书人以"你"称之,便可以调动读者的主观能动性,由"旁观者"变为"参与者",成为故事的个中人,使读者对故事的理解变得更为自觉和深刻[5]。同样是在第四章中,还有一段说书人口吻的插入:"我们不能知道这晚上阿Q在什么时候才打鼾。但大约他从此总觉得指头有些滑腻,所以他从此总有些飘飘然;'女'……他想。即此一端,我们便可以知道女人是害人的东西。中国的男人,本来大半都可以做圣贤,可惜全被女人毁掉了。商是妲己闹亡的;周是褒姒弄坏的;秦……虽然史无明文,我们也假定他因为女人,大约未必十分错;而董卓可是的确给貂蝉害死了。阿Q本来也是正人,我们虽然不知道他曾蒙什么明师指授过,但他对于'男女之大防'却历来非常严;也很有排斥异端——如小尼姑及假洋鬼子之类——的正气。他的学说是:凡尼姑,一定与和尚私通;一个女人在外面走,一定想引诱野男人;一男一女在那里讲话,一定要有勾当了。为惩治他们起见,所以他往往怒目而视,或者大声说几句'诛心'话,或者在冷僻处,便从后面掷一块小石头。"[6]在这一处中,作者直接称"我们阿 Q",虽不同于传统小说中的"你",但此一词便将作者(说书人)自己与读者(听众)置于同一立场,拉近了与读者(听众)之间的距离,让读者(听众)与作者一同品评着阿 Q 的思想行为。而且"我们阿 Q"这一称呼,也在以称呼实际胜利者的语言来称呼阿 Q 这一精神胜利者,实则是在反讽。前一处的插评是横向比较中国与世界,这一处的插评是纵向比较中国上下五千年。从此处作者说书人式的解说便可以看出,中国历史上对女性的不公平对待是根深蒂固的。即便是阿 Q 这种目不识丁的人,都被灌注了"男女大防"的念头,他连朝代历史演变都记不清楚,却能坚信女人祸水的理论,甚至还延伸出了一套自己的学说,足以见封建思想在中国土地上扎根之深,触目惊心。

除了说书人口吻外,传统章回体小说的语言还有简单明了的特点,这一特点也是由于起源于话本小说的原因。起初听众多是市井平民,文化水平并不十分高,而且说书人本身也多是市井艺人,并未受过专业的写作训练,故而话本小说多是市井白话,叙述简洁易懂,这点被后来的章回体小说继承。虽然传统章回体小说也会有诗词穿插其中,但故事情节的叙述语言都是平铺直叙的。《阿 Q 正传》的语言也是平铺直叙的,纵观全文,叙述十分简洁明了,不急不缓,用词造句都十分精当,达到间不容发的效果。而且其间多掺杂市井俚语,带有原汁原味的色彩。此外,鲁迅的语言还带有强烈的讽刺性,这一点可以溯源至《儒林外史》。《阿 Q 正传》写于 1921 年 12 月,鲁迅从 1920 年 8 月开始,便在北京大学、北京高等师范学校兼课,讲授中国小说史,其间便研读了《儒林外史》。从授课时的讲义《中国小说史略》中可以看出,鲁迅对《儒林外史》给予了高度评价,称其"秉持公心,指摘时弊,机锋所向,尤在士林;其文又感而能谐,婉而多讽:于是说部中乃始有足称讽刺之书"[7]。这段对于《儒林外史》的评价拿来对照《阿Q正传》,也是极为相符的。只不过《阿Q正传》的机锋所向并非是在士林,而是在农民,在整个中国的国民性。周作人曾在《阿Q正传》发表后写作同名评论文章,其中便谈到"《阿Q正传》里的讽刺在中国历代文学中最为少见,因为他多是反语(Irony),便是所谓冷的嘲讽——'冷嘲'。中国近代小说只有《镜花缘》与《儒林外史》的一小部分略略有些相近,《官场现形记》和《怪现状》等多是热骂的,性质很是不同,虽然这些也是属于讽刺范围之内的"[8]。虽然周作人说《阿Q正传》与《儒林外史》仅是"略略有些相似",但考虑当时的创作背景,却可以得出《儒林外史》对鲁迅这一时期的创作影响应是不小。

二

《阿Q正传》在故事结构上也受到了传统章回体小说的影响。这主要体现在《阿Q正传》中的第一章《序》上,《序》中并没有过多的故事情节,只有一小段赵太爷责打阿Q的描写,也是为了说明作者的确不知阿Q姓名。其余部分基本都是在实行"蘑菇战术","弯弯曲曲,翻来覆去,夹缠周旋,把许多诙谐意味,反讽情调和人间针砭都渗透于字里行间了"[9]。其实这一点便类似于传统章回体小说中的"楔子"。

在说话艺术中,正式开场之前,都会有一段入话,"入话是小说话本的开端部分,它有时以一首或若干首诗词'起兴',说风景,道名胜,往往与故事的发生地点相联系,或与故事的主人公相关联;有时先以一首诗点出故事题旨,然后叙述一个与题旨相关的小故事,其行话是'全做个得胜头回',实则这个小故事与将要细述的故事有着某种类比关系。显然,入话的设置,乃是说话人为安稳入座听众,等候迟到者的一种特意安排,也含有引导听众领会'话意'的动机"[10]。这一入话设置被后来的章回体小说继承,变成了写在每部章回体小说最前面的"楔子"。这种楔子与主体故事的组合,是对话本小说"入话＋正话"组合的继承,是一种"葫芦格"的结构形式。

到了《阿Q正传》这里,《序》也发挥了类似的作用,这段《序》虽然在情节上与后面主体故事关系不大,但是却奠定了全文的讽刺基调,也说明了阿Q的困窘,更将阿Q与众多史书体例中记载的大人物对比,反衬出阿Q的命如草芥,此外也对当时中国学术界文化界的同仁和故作聪明的假道学进行了一番嘲弄,与下文有着千丝万缕的内在联系,和传统章回体小说中的楔子起到了同样的作用。另外,鲁迅的《阿Q正传》最早是应孙伏园的请求,在《晨报副镌》的"开心话"一栏进行连载发表的,因为是连载,所以要吸引读者的注意,这一点,与宋元说话人吸引听众的心态有些许类似。因此,写作"序"的目的中也有吸引读者的成分在。

此外,《阿Q正传》的章回数目设置也与传统章回体小说有着微妙的联系,章回体小说的回数设置是作家十分重视的要素。《阿Q正传》的章回数为九章,"九"这一数字在中华文明中也十分重要,"九"是个位数中最大的一个,被引申为多数,"九"在《说文解字》中的解释是:"阳之变也",古代有"九九归一"的说法,是至阳的意思,也是圆满的象征。鲁迅将《阿Q正传》设置为九章,并非是巧合之举,而是有意为之:他自述"《阿Q正传》大约做了两个月,我实在很想收束了,但我已经记不大清楚,似乎伏园不赞成,或者是我疑心倘一收束,他会来抗议,所以将'大团圆'藏在心里,而阿Q却已经渐渐向死路上走"[11],可见鲁迅为此费尽心思,这是对古代章回体小说追求章回数目完满的模仿。而且他还将章名命为"大团圆",更是对古代章回体小说追求完满的极致再现。但他的这种模仿本身就是一种反讽。尽管章回数为九章,且结局题目叫做"大团圆",但主人公的结局却是稀里糊涂地被杀掉,根本不团圆。这其实是对"大团圆"的一种戏仿,既是模仿,又是反讽,是对古典小说追求团圆的反驳。

古典章回体小说设计人物命运还与季节相关联,《阿Q正传》中亦有这种倾向。在春季,阿Q侮辱了小尼姑,向吴妈示爱,虽然遭遇了暂时的困境,却给了他上城的理由,这便是"春生"时期;到了夏季,他上城偷得衣服,见了世面,回到未庄后,又将衣服卖与众人,露了脸面,还赢得了几分尊重,人生到了"中兴"阶段,这正是他的"夏乐"时期;至于秋天,他迅速从中兴走到了末路,偶然听到了革命的说法,便也跟着进行了一场革命的闹剧,但又迅速被浇灭,一场大梦落了空,还受了不少凌辱,连之前积攒的底气也泄了个干净,同时,此刻赵家被抢,也为阿Q的结局埋下了引线,这是"秋刑"时期;最后是冬季,阿Q在几次草率的审判后,便被稀里糊涂地判了死刑,连死时的原因也是不明不白,且无一人为他的冤屈感到在意惋惜,这便是"冬死"时期。阿Q这一生的命运,正符合了"春生而冬死,夏乐而秋刑"的叙述结构规律。

另外,《阿Q正传》的结构带有明显的动态性。第一章《序》中极力突出阿Q的卑下低贱,甚至连名姓都无法确定。在首章掷出这顶帽子之后,接下来便展开叙述他如何卑贱。第二章《优胜记略》描写的是别人如何嘲笑阿Q,欺负阿Q,而欺负他的人物都是不具名的,不具体的,可以说是一种象征,象征阿Q处于一种普遍的被人欺负的地位。而到了第三章《续优胜记略》,阿Q一反第二章被别人主动欺负的状态,转而主动欺负别人。而且被他欺负的人的都是他自己心中(无论实际是否)实力地位不如他的弱者,是他内心所鄙夷的人。他从被加害者变成加害者,从被吃的变成了吃人的。而且他欺负的人都是具体的,这便说明他可以欺负的人并不多,但即便如此,他还是加紧步伐进行欺压。第三章与第二章相比,不止在名字上有联系,在内容上也前进一步,思想上更深刻一步。这样前三章层层勾勒,将阿Q的形象立了起来,接下来的文本都是对阿Q这个形象基础的不断丰满。在第三章末尾,又为接下来的故事埋下了引子,正因小尼姑的一句"断子绝孙",让阿Q有了传宗接代的想法,这便让他对吴妈产生了求爱之心,出现了"恋爱的悲剧"。正因向吴妈求爱未成,又被未庄人孤立,没有人雇他,便成了"生计问题"。因此才想到上城,迎来中兴,却又因来路不正,很快末路。末路后才干脆想要革命,结果也只是精神上的革命,只在大脑中演变了一番,后来才明白压根不许他革命。此时赵家被抢,要找凶犯,只有阿Q有上城偷窃的经历,这里便与前面第六章相呼应,符合古典章回体小说"草蛇灰线,伏脉千里"的特点。于是便决定抓了他去做替罪羊,至此也就宣布了死刑。整篇小说情节环环相扣,一泻千里,应了"行于所当行,止于不可不止"的写法。同时又前后回应,其章节顺序承接富有逻辑性,不可增减半分,也难以调动顺序,整篇小说成为一个不可撼动的整体,真成了一个"大团圆"。

三

在《阿Q正传》中也体现出了明显的全知视角和限知视角相互流动的特点。如在第二章《优胜记略》中,描写阿Q在赛神会上赌钱的部分,一开始是作者的说书人口吻和全知视角描写:"但真所谓'塞翁失马安知非福'罢,阿Q不幸而赢了一回,他倒几乎失败了。"[12]接下来写阿Q赢了以后挨打的部分,作者并没有直接以旁观者的全知视角直接叙述阿Q挨打惨烈的场面,而是以阿Q的视角出发,描写阿Q自身的感受,"他不知道谁和谁为什么打起架来了。骂声打声脚步声,昏头昏脑的一大阵,他才爬起来,赌摊不见了,人们也不见了,身上有几处很似乎有些痛,似乎也挨了几拳几脚似的,几个人诧异的对他看"[13]。明明挨打的是自己,阿Q却仍是昏昏沉沉地以为打的是别人,这种直接描写阿Q主观感觉的写法,将阿Q精神胜利法中自欺欺人的性格表现得淋漓尽致,即使拳头落在自己身上,他仍然在迟钝怀疑,阿Q的麻木与愚昧跃然纸上。另外,从上一段的全知视角到下一段限知视角的急转弯,让读者猝不及防,忍不住多读几遍,细细思考究竟是在描写谁,这种叙述策略可以让读者产生新鲜感,给读者以陌生化的感受,增强读者的阅读体验。

　　同样采用视角的流动的,还出现在第四章《恋爱的悲剧》中。阿Q向吴妈示爱之后,他被秀才打骂,因为已经挨过打骂,阿Q便以为这件事便算了结,直接忘记,又继续回到舂米场作活。前面这一部分采用的是全知视角的叙述,详细记录了阿Q向吴妈求爱而后被打的过程。后来,他听到外面的吵闹声,便出来看热闹。此时便由全知视角转为阿Q一人的限知视角:"他想打听,走近赵司晨的身边。这时他猛然间看见赵大爷向他奔来,而且手里捏着一支大竹杠。他看见这一支大竹杠,便猛然间悟到自己曾经被打,和这一场热闹似乎有点相关。他翻身便走,想逃回舂米场,不图这支竹杠阻了他的去路,于是他又翻身便走,自然而然的走出后门,不多工夫,已在土谷祠内了。"[14]明明是自己才做了错事挨了打,只瞬间工夫便全忘了,之后又去凑热闹,结果又在自己不明不白的情况下落荒而逃,这段从阿Q视角出发将其对过去的忘记与对现在的不明全都表现出来,当对痛苦的忘却成为惯性,阿Q整个人都生活在浑浑噩噩之中。这段描写从阿Q限知视角出发,要比全知视角描写更具现场感和真实性,也更有易于作者的发挥,是一种有效的写作技巧。

　　在最后一章《大团圆》中,也采用了视角的流动性写法。在阿Q被押上刑车示众时,前面还以全知视角叙述阿Q与众人的情形如何,但在"阿Q于是再看那些喝采的人们"之后,便转向了阿Q一人的限制视角,阿Q临死前在囚车上看到周围的看客热切地盼望着他能表演精彩的死亡,这种凶残的饥饿让他回忆起了四年前遇到的饿狼,这是阿Q少有的记忆,是他罕见的清醒时刻,然而此时他已走到死亡的边缘。一个即将苏醒的灵魂认真面临的第一件事竟然是肉体的死亡,这是一个巨大的玩笑。此时只有在阿Q自己的视角书写,才能让读者感受到阿Q精神上的细微变化,感受他大梦初醒的过程。而接下来的死亡描写也是从阿Q视角描写的,他刚要喊出唯一一句有意义的话语"救命"的时候,却烟消云散了。这种可悲可惜可怜的效果,即便全知视角下再怎么写阿Q被枪毙之后血肉模糊的情状也难以达到。而在小说最后,又转为全知视角,描写阿Q被枪毙之后的众人——依旧是老样子。这样便又形成了一种对比,阿Q这一死去的人在临死前终于清醒,而未庄那些活着的人却依旧沉睡,精神与肉体状态之间不可调和的矛盾,在视角的流动中被淋漓尽致地表达出来。

综上,从语言形式、故事结构、叙述视角三个方面可以看出《阿Q正传》中所蕴含的传统章回体小说因素。作为文学家,同时也是思想家的鲁迅,尽管站在破旧立新的前沿,其思想也绝不会仅从西方文化中吸取营养,其深厚的古代小说修养让他能够如鱼得水地借鉴运用传统章回小说的文体形式,创作出中西合璧的小说样式,为现代章回体小说奠定了基础。

注释

[1][2][3][5] 参见孟昭连:《作者·叙述者·说书人——中国古代小说叙事主体之演进》,《明清小说研究》,1998年04期。

[4][6][12][13][14] 鲁迅:《阿Q正传》,《鲁迅全集》第一卷,人民文学出版社2005年版(下同),第523页、第524—525页、第518页、第518页、第527页。

[7] 鲁迅:《中国小说史略》,《鲁迅全集》第九卷,第228页。

[8] 《周作人与阿Q正传》,阮无名编《中国新文坛秘录》,上海南强书局版,上海书店1983年印行,第5页。

[9] 杨义:《中国叙事学》,人民出版社1997年版,第43页。

[10] 袁行霈:《中国文学史》第三卷,高等教育出版社2014年版,第206页。

[11] 鲁迅:《〈阿Q正传〉的成因》,《鲁迅全集》第三卷,第398页。

论《阿 Q 正传》的悖论艺术

黄　婷

《阿 Q 正传》诞生已一百年了,鲁迅在文本中悖论艺术的使用,使这部小说的艺术张力和内涵进一步增强,散发出永久而又独特的魅力。《阿 Q 正传》中的悖论艺术主要表现为四种形式。

一、人物悖论

阿 Q 是一个复杂而又矛盾的人物形象,在其身上充满了悖论性的因素。"小说人物的基本性质是悖论性"[1],即表面矛盾的两个方面在小说人物身上同时出现。阿 Q 的人物悖论主要体现在身份悖论和性格悖论两个方面。

身份是社会角色的一种定位和文化构建,其与社会地位密切相关,是自我认同的标志。"人物的身份指的是人物独特性,但这种独特性却是悖论的集合。"[2]阿 Q 的身份悖论表现为身份的相对性以及低下的现实地位与崇高的精神地位之间的矛盾。

阿 Q 身份的相对性表现为变与不变。身份代表着他人对自身的评价,它并不是天生具有的,也不是一成不变的,小说中阿 Q 的外在身份虽有变化,但处于社会底层的性质并未改变。在《阿 Q 正传》中,阿 Q 身份随着故事的发展不断变化。最初他"没有家,住在未庄的土谷祠里;也没有固定的职业,只给人家做短工,割麦便割麦,舂米便舂米,撑船便撑船。"[3]是贫雇农的身份,当他对吴妈"示爱"遭拒后,不仅失去了在赵家工作的机会,未庄也没有人雇他做工了,他的身份变成了流民,受到了大家的冷眼相待,他去城里之后又变成了小偷,后来他在未庄闹着要革命时,大家又把他当做革命党,最后被当成抢劫赵家的人枪毙时,阿Q的身份是"死囚"。在未庄人和读者的眼中,阿Q的社会身份表现出由低到高再到低的变化,但不论阿Q的身份是"贫雇农""流民""革命党"还是"死囚",他一直处于社会底层,处在被压迫、被奴役的位置上,没有实现阶级上的跨越,其身份呈现出一种变与不变的矛盾关系,这就是悖论的体现。

  阿Q的身份悖论还体现在低下的现实地位与崇高的精神地位之间的矛盾上,这也是其精神胜利法的集中体现。鲁迅塑造了阿Q这个悖论式人物形象,这个人物本身的思想感情就充满了冲突和矛盾。阿Q作为一个生活在社会最底层的贫雇农,身无分文,只能借住在土谷祠里,物质财富匮乏的他却有着充足的精神财富,在与别人发生口角的时候说"我们先前——比你阔的多啦!你算是什么东西!"[4]处于社会底层的阿Q,不被任何人重视,人们也不关心他的行状,但他自视高人一等,从不把其他人放在眼里,他既鄙薄城里人把"长凳"称呼为"条凳",认为城里人油煎大头鱼时加上切细的葱丝是错误的,又觉得未庄人是没见过世面的可笑的乡下人,他们连城里的煎鱼都没有见过,全然不知自己才是最可怜的对象。赵太爷和钱太爷深受未庄居民的尊重,论社会地位,阿Q是远远比不上他们的,但他"在精神上独不表格外的崇奉"[5],他认为自己的儿子会阔得多,用不着羡慕赵太爷和钱太爷。阿Q也是未庄的闲人们调侃的对象,他们无事时会故意激怒阿Q,或是撩他或是打他。面对这样的现实地位,阿Q选择利用精神胜利法进行逃避,虽然现实中被打了,心里却想:"我总算被儿子打了,现在的世界真不像样……"[6],于是也心满意足地得胜走了。阿Q虽然在现实中处于失败者的地位,但他用精神胜利法将每一次现实的失败转为精神上的胜利,由此形成了现实地位与精神地位的对立关系,也构成了人物形象的悖论。

　　阿Q的性格也呈现出一种悖论。性格悖论是指人物性格的"矛盾性",即个人思想感情方面的斗争。阿Q既希望支配弱者,又甘愿被比自己强大的人所支配,在其身上表现为逃避与行动的性格悖论。善于逃避是阿Q性格的重要特征,对于生活中发生的任何事情,他都能够运用精神胜利法去逃避。阿Q的思想中存在"不孝有三无后为大""中国的男人,本来大半都可以做圣贤,可惜全被女人毁掉"[7]等封建观念,这些观念深植于他的内心世界中,所以表面上他严于"男女之大防",对女人持一种远离的态度。但实际上,阿Q对女人有一种本能的向往,有时也会做出一些行动,面对比他弱小的小尼姑,阿Q便忘记了男女之防,对小尼姑动手动脚,在赵太爷家做短工的时候,又跪下来向吴妈求爱,后来闹着要革命的原因之一也是为了得到女人。阿Q在意识上对女人持一种远离的态度,但是在现实生活中为了得到女人又做出了一系列荒唐的行动,表现出其矛盾的性格。

　　在对待革命的问题上,阿Q也表现出一种悖论性,既反对革命,又向往革命。阿Q对革命有一种模糊的认识,他深受封建思想的影响,一开始把革命党被杀头当成新鲜事来讲,"以为革命党便是造反,造反便是与他为难,所以一向是'深恶而痛绝之'的。"[8]阿Q本来对革命是一种反对的态度,但是看到百里闻名的举人老爷和未庄的一群鸟男女都害怕革命时,他感到十分快意,进而产生了投降革命党的想法。他之所以义无反顾地投身于革命之中,是因为他对革命的错误认识,他觉得成为革命党后,未庄人就成为了他的俘虏,他要什么就有什么。阿Q决定投身革命后,付诸了一系列行动,先是走到静修庵要革命,得知秀才和假洋鬼子捷足先登后,又想通过假洋鬼子加入革命队伍,但被拒绝了,他最终也没能成为革命党,反而被当成抢劫赵家的人枪毙了。阿Q对待革命的态度是复杂的,一方面,他觉得革命是不正确的,想远离革命；另一方面，又想投身革命，通过革命获得利益。逃避与行动的悖论贯穿了阿Q性格的始终，这种性格上的矛盾体现出人物的张力，作者通过矛盾的行为塑造出了更加立体的人物形象。

二、叙述悖论

叙述是文学创作最基本的一种表现方式，叙述悖论是指叙述者运用悖论的叙述方式，使小说文本产生互相矛盾的叙述效果。《阿Q正传》的叙述悖论主要表现在叙述方法和叙述声音两个方面。

鲁迅在《阿Q正传》中混用可靠叙述与不可靠叙述，在看似真实的故事中给人犹疑不定之感。作品中"我"的身份不明确，作者以第一人称"我"进行叙事，但是"我"只出现在了"序"中，并没有置身于故事中，不是所讲述的情境和事件中的人物，只是进行叙述的叙事者，也就是"异故事叙事者"。叙述者"我"既是认识阿Q和茂才先生的故事参与者，又是一个局外者，这就形成了叙述者本身的悖论。

"异故事叙事者"的全知视角使得叙述者凌驾于整个故事之上，其叙述一般是可靠的。作者在《序》中将读者置于直接受述人的位置，开篇就写道："我要给阿Q做正传，已经不止一两年了。"[9]仿佛阿Q是一位多年不见的好友，并将自己询问茂才先生关于阿Q的名字一事写进小说中，叙述自己查证阿Q名字的过程，增加了阿Q这个人物的真实性和故事的可信度。但随着故事的展开，作者又透露他对故事的主人公了解甚少，他不知道阿Q姓什么，也不知道阿Q的名字和籍贯，让读者产生了虚假叙述的疑惑。在作者笔下，阿Q既是一个现实生活中真实存在的人，又是一个虚构的人物，这使他具有了涵盖性。心理描写也属于不可靠叙述的范畴，鲁迅善于描写阿Q的心理，不论是阿Q被赵太爷打后认为是儿子打老子的想法，还是想象自己要去革命的场景，作者都进行了细致的描绘,这种心理描写也与可靠叙述相对立。鲁迅在接近真实的故事中夹杂了不可靠叙述,两种叙述方式相互冲突,从而产生了悖论。

《阿Q正传》中存在着叙述声音的双声性甚至是多声性。《阿Q正传》的《序》中就存在着两种不同的叙述声音,如"我所聊以自慰的,是还有一个'阿'字非常正确,绝无附会假借的缺点,颇可以就正于通人。至于其余,却都非浅学所能穿凿,只希望有'历史癖与考据癖'的胡适之先生的门人们,将来或者能够寻出许多新端绪来,但是我这《阿Q正传》到那时却又怕早经消灭了"。[10]这段叙述中包含了两种声音:一种是冷静客观的叙述者的声音,其在努力为阿Q作传,并欣慰于还有一个"阿"字是准确的,为文章增添了几分真实;另一种是与叙述者声音相对立的,嘲讽嬉笑的声音,潜含于前者之中,嘲笑其为人作传竟连名字也不记得,两种声音处在一种隐含的对立之中。《阿Q正传》正文中叙事话语的特点是转述性话语,即叙述者将人物心理或口头语言用自己的语言叙述出来,这类话语既有人物的声音,又有叙述者的声音。如"闲人还不完,只撩他,于是终而至于打。阿Q在形式上打败了,被人揪住黄辫子,在壁上碰了四五个响头,闲人这才心满意足的得胜的走了,阿Q站了一刻,心里想,'我总算被儿子打了,现在的世界真不像样……'于是也心满意足的得胜的走了。"[11]这一段叙述话语同时具有三种截然不同的声音:一种是转述阿Q这些话语的叙述者客观的声音,叙述了阿Q被闲人打的经历,以及利用精神胜利法让自己获得精神胜利的过程;一种是阿Q本人的声音,他认为自己总算被儿子打了,这个声音表现出他的自尊自大,不把闲人放在眼里,他在精神上战胜了他们;第三种是隐藏于叙述者声音之下的嘲笑和反讽的声音,对阿Q这种明明处于失败者地位,却利用精神胜利法获得精神胜利的行为进行嘲笑和无情的讽刺。对于小说的结尾,也存在着三种不同的叙述声音:"至于舆论,在未庄是无异议,自然都说阿Q坏,被枪毙便是他的坏的证据;不坏又何至于被枪毙呢?而城里的舆论却不佳,他们多半不满足,以为枪毙并无杀头这般好看;而且那是怎样的一个可笑的死囚呵,游了那么久的街,竟没有唱一句戏:他们白跟一趟了。"[12]一种依然是叙述者冷静客观的声音,叙述了阿Q被杀之后的社会反应,不夹杂任何感情色彩;一种是叙述者转述的未庄和城里的看客的声音,未庄人认为被枪毙的就是坏人,则阿Q也是坏人,而城里人关心的是枪毙没有砍头好看,表现出他们的愚昧无知;第三种声音是叙述者站在作者的立场和角度发出的,对未庄和城里的舆论进行了嘲讽,阿Q的死在那个社会没有激起任何波澜,表现出作者的不平与悲哀。《阿Q正传》存在着多种叙述声音共聚于同一话语之中,它们互相冲突、争论构成了小说叙述上的悖论。

三、风格悖论

《阿Q正传》在审美风格上的悖论主要表现在表面是喜剧,实质是悲剧。鲁迅认为,"喜剧将那无价值的撕破给人看。讥讽又不过是喜剧的变简的一支流。"[13]这篇小说是鲁迅受到孙伏园的邀请,切合《开心话》栏目而写的,其在《〈阿Q正传〉的成因》中也提到,小说的《序》加上了一些不必有的滑稽,在全篇里也是极不相称的,后来小说又不符合《开心话》了,而被移进了《新文艺》栏目。《阿Q正传》表面看来是喜剧,作者的叙述风格较为幽默,如阿Q因为头上有癞疮疤,便忌讳一切"癞"的读音,甚至连"灯""烛"也忌了,他发怒的时候疤也变得通红,还被闲人说是"怒目主义",惹人发笑的同时又极具讽刺性,为小说增添了喜剧色彩。小说的主人公阿Q也是一个具有喜剧意味的人物,他的滑稽可笑集中体现在精神胜利法上,这让他做出了与人物不符的行为,从而产生了喜剧的效果。阿Q自称姓赵被赵太爷打了一顿,却幻想自己被儿子打了,被闲人打了之后,却安慰自己是第一个能够自轻自贱的人,他以丑为美,将自己头上的癞疮疤视为光荣的象征,他的精神胜利法引得读者发笑,也使人物成为了被嘲笑的对象。阿Q被当做抢劫赵家的人抓进城后,因为在口供上画押要签字,但他不会写字,便只好以画圆圈代替签名,又为画的圆圈不圆而感到惭愧。"阿Q要画圆圈了,那手捏着笔却只是抖。于是那人替他将纸铺在地上,阿Q伏下去,使尽了平生的力画圆圈。他生怕被人笑话,立志要画得圆,但这可恶的笔不但很沉重,并且不听话,刚刚一抖一抖的几乎要合缝,却又向外一耸,画成瓜子模样了。"[14]他认为画圈而不圆,是他"行状"上的一个污点,已经是将死之人的阿Q还在纠结自己画的圆不圆,并将这视为自己的污点,透露出一种滑稽的意味,又表现出他的愚昧无知。阿Q在去法场的路上,意识到自己要被"砍头"了,但"似乎觉得人生天地间,大约本来有时也未免要杀头","大约本来有时也未免要游街示众罢了"[15],他无意中发现了吴妈,又"很羞愧自己没志气:竟没有唱几句戏。"[16]"这里'反语'真是深刻得抠进肉里去了。"[17]阿Q成为无辜的替罪羊,却认为人生免不了要如此。作者运用了喜剧意义上的反讽,看似为了革命牺牲的阿Q临死也在顾及自己的脸面,将他为了革命牺牲的悲壮感冲淡化为一场闹剧。

鲁迅认为"悲剧将人生的有价值的东西毁灭给人看"[18],小说中的"大团圆"也是表面上是喜剧,实质上是悲剧。表面来看,阿Q为革命牺牲了,社会也回归了安定,小说迎来了大团圆结局。实际上,这背后隐含着两种悲剧,一是革命的悲剧,这与辛亥革命失败的背景有关,《阿Q正传》真实地反映了辛亥革命前后的社会现实,小说中的革命与现实中一样失败了,阿Q所认为的抢劫式的"革命"更是不可能成功的,"革命"的失败是小说悲剧的体现;二是生命的悲剧,有价值的生命被随意地践踏,草菅人命的悲剧体现在生命的毁灭和"革命党"的毁灭。阿Q作为一个贫雇农,他算得上是勤劳的,但在那个社会中,他受着深重的压迫,不断地被剥削、被压榨，成为小偷乃至无辜的革命牺牲者，阿Q被抓进城后就失去了话语权，只能是被摆布的对象，他的命运是可悲的，他和被砍头的革命党的死都是生命的悲剧。阿Q想通过双手实现阶级的跨越，为了改变生存现状而产生投身革命的想法，但他最终没能成为革命党，反而稀里糊涂地把命给丢了，这是"革命党"毁灭的悲剧。

具体到"恋爱的悲剧"这一章，则表现为表面上是悲剧，实质上是喜剧。作者以"恋爱的悲剧"为题，讲述了阿Q的爱情悲剧。阿Q欺负过小尼姑之后，整个人就处在一种飘飘然的状态中，意识到自己需要娶一个女人来传宗接代，但是他向来严于男女之防，只与赵太爷家的女仆吴妈有些接触，于是在一次聊天时突然向吴妈求爱，不仅吓到了吴妈，还失去了短工的工作，阿Q最终也没能恋爱，这就是他"恋爱的悲剧"。文章表面在叙述阿Q恋爱不成的悲剧，却并没有渲染任何悲伤的氛围，反而是以一种嬉笑的口吻来叙述这件事情，充满喜剧意味。阿Q并不懂什么是恋爱，他只是觉得自己需要女人，就去对吴妈示爱，他的话语直白而又莽撞，把赵太爷家弄得鸡飞狗跳，而他被打逃跑后又回去看热闹，还疑惑吴妈"这小孤孀不知道闹着什么玩意儿了"[19]，让人感觉又好气又好笑，阿Q的恋爱虽然落空了，但给读者印象更深的是一种滑稽可笑之感。《阿Q正传》表现出这种喜悲剧交加的叙述风格，其内核就是悖论。

四、语境悖论

《阿Q正传》中的语境悖论主要表现在两个方面：表层结构是英雄传奇，深层结构是小丑故事；表层结构是滑稽搞笑、插科打诨，深层结构是严肃认真、深刻反思。

《阿Q正传》的表面结构是英雄传奇，也就是贫农阿Q为了革命最终牺牲的故事，深层结构讲的是阿Q这个小丑做了许多滑稽可笑之事,最终成为替罪羊被枪毙的故事。《阿Q正传》与英雄人物的传记非常相似,人们向来都是为英雄人物立传,而作者要为阿Q立传,就将阿Q摆在了英雄的位置上。作品在叙事结构上也与英雄人物的传记大体相同,第一章《序》是介绍人物的姓名、身份、籍贯等信息,作者像介绍英雄人物一样对阿Q的这些信息进行了介绍,只是不甚清楚;第二、三章是《优胜记略》和《续优胜记略》,列举了阿Q的胜利事迹,主要讲述了阿Q的自轻自贱、自尊自大,利用精神胜利法让自己转败为胜,欺负比自己更弱小的人来发泄怒气等一系列"光荣"事迹;第四、五章《恋爱的悲剧》和《生计问题》,讲述了阿Q在爱情和生存境况中面临的困境;第六章《从中兴到末路》,写的是阿Q通过自己的努力,改变了原来的生存状况,但短暂的辉煌后又迎来了末路;第七、八章《革命》和《不准革命》,写了阿Q终于想投身革命,建立自己的丰功伟业,无奈再度遭受挫折;第九章《大团圆》中阿Q光荣牺牲,树立了为了革命牺牲的伟大英雄形象,迎来了圆满结局。从表面结构上看,这就是一个英雄传奇的故事模式,但实际上,文章的深层结构是对英雄传奇故事的有意偏离,作者采用了反讽手法处理历史传记体文学叙事模式,使得读者看到的阿Q更像一个小丑形象,人物的心理、行为和命运都是荒唐可笑的。在人物形象上,阿Q的头上有个癞疮疤,发起怒来就全疤通红,这使得他的外貌也接近于小丑;在心理上,他自尊自大,喜欢自欺欺人,看不起除了他以外的所有人,沉浸在自己的精神王国中,永远处于不败之地;在现实中,他愚昧无知,不知道什么是革命党却闹着要革命,最终阴差阳错被当成抢劫赵家的人枪毙了。作者营造的英雄叙事氛围与深层结构的小丑故事形成了对立,表面要叙述英雄传奇,实际上讲述的是小丑故事,这种冲突就是悖论。

《阿Q正传》的表层结构是通过滑稽搞笑的语言来呈现阿Q的行为,深层结构体现了鲁迅严肃的思想态度,批判了中国的国民劣根性。鲁迅善于运用诙谐逗趣的语言来描绘阿Q,阿Q最突出的行为特点是自尊自大,他在与别人口角的时候,会瞪着眼睛道:"你算是什么东西!"[20]这种充满趣味的神态描写形象地表现出阿Q的目中无人;在叙述阿Q的自轻自贱时,写他"两只手都捏住了自己的辫根,歪着头,说道:'打虫豸,好不好?我是虫豸——还不放么?'"[21]阿Q捏着辫子的形象顿时浮现在人们眼前,生动地表现出阿Q自我贬低的可笑;阿Q在赌摊上丢失银钱后又表现出自欺自慰的特点,"他擎起右手,用力的在自己脸上连打了两个嘴巴,热剌剌的有些痛;打完之后,便心平气和起来,似乎打的是自己,被打的是别一个自己,不久也就仿佛是自己打了别个一般,——虽然还有些热剌剌,——心满意足的得胜的躺下了。"[22]作者让阿Q通过自己打自己的方式获得精神上的胜利,通过滑稽搞笑的语言突出阿Q的精神胜利法;阿Q被王胡和假洋鬼子欺负过之后,见到小尼姑就"迎上去,大声的吐一口唾沫"[23],展示了他怕强凌弱的性格和幼稚可笑的行为。从表层结构来看,鲁迅运用惹人发笑的语言来描绘阿Q的行为;而从深层结构来看,其写作《阿Q正传》的目的,是为了反思中国的国民性,批判中国的国民劣根性,哀其不幸,怒其不争。鲁迅希望通过阿Q"写出一个现代我们国人的魂灵来"[24],其对阿Q行为的描述暗含着对国民劣根性的揭示和批判。阿Q的自尊自大和自轻自贱是"奴性"的体现;他用精神胜利法进行自欺自慰对应的则是"虚伪""麻木"的特质;他怕强凌弱的性格是典型的"卑怯"。阿Q身上汇集了国民性的弱点,鲁迅通过这个人物揭示了半殖民地半封建时期中国国民的愚昧麻木,表达出作者对"奴性""麻木""卑怯"等国民劣根性的揭示与批判。这种表层结构与深层结构在悖论的语境里互相支撑又互相冲突,形成了悖论的张力。

鲁迅从人物、叙述、风格和语境四个方面构建了《阿Q正传》的悖论艺术,使这部小说成为小说史上的经典名篇。

注释

[1][2] 廖昌胤:《小说悖论:以十年来英美小说理论为起点》,安徽大学出版社 2009 年版,第 128 页、第 146 页。

[3][4][5][6][7][8][9][10][11][12][14][15][16][19][20][21][22][23] 鲁迅:《阿 Q 正传》,《鲁迅全集》第一卷,人民文学出版社 2005 年版(下同),第 515 页、第 516 页、第 517 页、第 524 页、第 538 页、第 512 页、第 515 页、第 517 页、第 552 页、第 549 页、第 551 页、第 527 页、第 515 页、第 517 页、第 519 页、第 522 页。

[13][18] 鲁迅:《再论雷峰塔的倒掉》,《鲁迅全集》第一卷,第 203 页。

[17] 周作人著,止庵校订:《周作人自编集》,北京十月文艺出版社 2013 年版,第 147 页。

[24] 鲁迅:《俄文译本〈阿 Q 正传〉序及著者自序传略》,《鲁迅全集》第七卷,第 83 页。

馆藏一斑

馆藏《西岳华山庙碑》拓本考

徐晓光

汉武帝时在陕西华阴县华山建有集灵宫,东汉桓帝时,改称西岳庙。庙内保存很多历代修建和祭祀华山的碑石,其中有著名的《西岳华山庙碑》。此碑是东汉桓帝延熹八年(165年)郡守袁逢刻。

《西岳华山庙碑》是汉隶中典范。其结体方整匀称,气度典雅,点画俯仰有致,波磔分别多姿,是汉隶中方整平正一路书法的代表作品。碑文记载了汉代统治者祭山、修庙、祈天求雨等情况。碑文共二十三行,行三十八字。碑额篆书"西岳华山庙碑"六字,碑额左右有唐大和三年(829年)大和四年(830年)都团练判官监察御史里行李商卿、江西都团练判官监察张嗣庆、浙西观察使检校礼部尚书兼御史大夫拜判官御史崔知白、银青光禄大夫行兵部侍郎李德裕等题跋。碑文第五行至第七行空白处有北宋元丰乙丑年跋,字迹模糊,不易辨认。唐宋时期的两处题跋,足以证明此碑在当时为世人所重。

清著名文学家朱彝尊在此碑题跋中云:"汉隶凡三种,一种方整,一种流丽,一种奇古。惟延熹华岳碑,正变乖合,靡所不有,兼三者之长,当为汉隶第一品。"清翁方纲则在《两汉金石记》中说"此碑上通篆,下亦通楷,借以观前后变之所以然,则于书道源流是碑为易见也。使人易见者,非其至者也。"近代书家王福厂却极为推崇此碑,认为是汉隶正宗,于初学入门最相宜。后世对王氏的评价也认为是较公允。可见该碑在历史上地位极高,历代大儒和文化名士纷纷以能目睹该碑或拓本为生平幸事,现在我们依然能在碑上或拓本上看到 300 余人的题名、观款和题跋,可谓历代题刻最多的碑石。

原碑在唐宋时期尚保存完好,到了明嘉靖三十四年(1555 年)地震时碑毁,也有说一县令修西岳庙石门时,碎之为砌石。原石虽被毁,但尚有四件宋拓本留存后世,即长垣本、华阴本、四明本、顺德本。钱大昕在华阴本的题跋中曾云"……拓本之存于世者已与赤刀天球共珍……"。

"长垣本"又称"商邱本",为河北长垣王文荪旧藏,后归商邱宋荦,为宋拓早本,后归日本中村不折氏,现藏日本东京中村不折氏家族之上野书道博物馆。"华阴本"亦称"关中本",系明陕西华阴商云驹藏,后经郭宗昌、朱彝尊、梁章钜、端方、吴乃琛等名公硕儒递藏,现藏北京故宫博物院。"四明本"为明中期拓本,以四明丰熙万卷楼与范钦天一阁所藏而得名。虽较其他三本略晚,但为全拓整幅,碑额及唐代题跋均完好保留,得观全貌,为海内孤本。后被香港胡惠春购得,现捐赠故宫博物院收藏。"玲珑山馆本"又称"顺德本",为清初马日璐、马日琯兄弟玲珑山馆所藏,后归广东顺德李文田。因拓本缺失九十六字,虽延请赵之谦从勾本中补缺两页,胡矍又从"长垣本"中勾两页,因此,该拓本只能算半本。现由香港利氏捐赠香港中文大学收藏。

西岳华山庙碑久负盛名,原石已毁,后世出现摹刻或双钩补刻之拓本不少,但还是以原石拓本为珍。我馆藏有一册《西岳华山庙碑》原石拓本,二十六页。拓本已装裱,配有木夹板,封面题签"原拓西岳华山庙碑/溝隐题",钤红底白文章"章葉/荷亭氏"。碑额篆书"西岳华山庙碑"六字;正文汉隶,每页六行,每行六字,计二十页;唐宋题刻附在正文之后,计三十行四页半。碑文内容完整,唐宋题刻字迹虽较模糊,但仍有百来字可辨别。

通过与前文介绍的四种拓本进行逐字比较,笔者认为此拓本应在长垣之后,华阴、四明之前所拓。现将与各本之区别略举几例:

与长垣本相较,碑文内容完整度相同,甚至字迹的缺损度,两者也是相同。但我馆所藏拓本的"亲至其山"的山字中间缺竖、"延熹四年"的四字缺泐,不知是用墨的缘故还是拓碑时的力度关系。与长垣本最大的区别是,碑额左右"大和四年……大和三年……"十七行题跋,长垣本是没有的;华阴本拓时石已断残,所以与华阴本、四明本相较,约多百余字,"禅"字与长垣本一样右半缺损,华阴本"禅"字右半劈裂,四明本"禅"字却是完整,从这个字的变化来看,我馆与长垣本应在华阴本之前所拓;四明本虽是全拓整幅,缺泐字数与华阴本相差无几,但"周礼"两字已不清晰了,四明本的唐宋刻跋完整与我馆藏本一样珍稀,虽我馆的唐宋刻跋字迹模糊,但还是有一百七十字可辨。从这些比较中更加认定在四种拓本之外还有一种原石拓本存世,便是我馆所藏的这本《西岳华山庙碑》拓本。

前人的题跋是判断拓本来源和流传经历的重要依据。目前,从章藻的两篇跋文中可见,此拓本是他在清末从吉林省重金购得,珍藏多年后,辗转为绍兴的沈仁山购得。沈仁山,字寿彭,浙江绍兴人,鲁迅挚友许寿裳内兄,先后在杭州实业界、北京女子师范大学任职。据其儿子沈家俊介绍:"当时碑中已有数跋志,如周树人、朱遏先等,抗战前,此碑拓由罗家伦等借观经年,因未装裱,跋文不见……"。鲁迅也曾见过碑拓片。不知此说法正确与否,现无从考证。查阅《鲁迅日记》,1912年至1918年鲁迅在北京辑校、抄录碑刻拓片时期,没有关于《西岳华山庙碑》的有关文字记载。后又与北京鲁迅博物馆研究员夏晓静老师联系,据她撰写的《鲁迅的书法艺术与碑拓收藏》所述,鲁迅收藏最多的是汉代和南北朝的碑刻拓片,共抄录校勘了100种,88种是隶书,但是也没有

《华山庙碑》的文字记载,甚是遗憾! 1982 年沈家俊将此拓本捐赠绍兴鲁迅纪念馆收藏。

在章蘂获得此拓本以前,"赏鉴诸人已有二三跋志",可惜这些跋志因没有装裱成册,都已遗失。目前只留下章蘂和章太炎、谢坚百三人的跋志了。三人对此拓本给予了较高的评价。章蘂在题跋中写道:"……余自清末吉省获入,曾辗转友人经年,携至密假长垣本校核,字遮损勒,图不识悉,符合惟长垣本,后题刻祇元丰乙丑八行,此碑复益以大和四年三年银青光禄等至三十行,当时赏鉴诸人已有二三跋志,定为此碑必在长垣本前拓,予亦附志,惜另纸遗失已……"。可见,章蘂在得到此拓本后,曾与长垣本作了比较。后在民国四年的跋志中又云:"……窃喜重价获此华山碑,唐宋刻志较世传匋斋三种,尤完正,至精采亦多出三种上……",章蘂认为此拓本比端方所藏的三本更为完整和精美,"亟欲印行,俟饷来哲"。民国十五年八月,上海商务印书馆将章蘂所藏《汉西岳华山庙碑》拓本编印出版。

谢坚百不知何许人也,从其为章蘂所题跋志中了解,应为章蘂之好友,对金石也颇喜好,曾应邀去章蘂之书巢欣赏所藏之北碑与南帖,事后赋诗一首,其中写道:"……华碑尤冠冕,足凌端匋(所藏华山碑最佳在端匋斋旧藏三本之上)……",对章氏所藏拓本也是大加赞赏。

民国十三年冬,章太炎应同宗章蘂之请,为其收藏的《西岳华山庙碑》拓本题跋,对其进行了考证,章太炎在跋中云"……碑额泐处与长垣本差同,而圭字不损盖欲驾而上之矣……"。清嘉庆十五年秋,翁方纲因校扬州新刻《隶韵》,又借四明本于苏斋细赏,并书跋于其上云:"……'圭'字是作上下二层,其中间直画正中不相连,而亦不多空,今日重刻本或有中直相连,又娄氏《字原》于中太过空者,皆未得其真耳。"这是翁氏将重刻本与原拓本进行比较后,对"圭"字的考证。可见我馆所藏之拓本非清代重刻本也。

拓片中的钤印是考据拓片传承有绪的重要依据，也为鉴别文献大致的时间提供参考依据。我馆所藏拓本中钤印最早的为项元汴的"墨林审定"章，项元汴（1525—1590），字子京，号墨林，明代著名收藏家、鉴赏家。二是朱彝尊的"竹垞过眼"，朱彝尊（1629—1709），字锡鬯，竹垞是其号，清代词人、学者、藏书家，他曾在《金石文字》中对此碑评价甚高。三是清代书法家、文学家、金石学家翁方纲的三枚印章，分别是"覃溪/审定""覃溪""翁/方纲"，翁方纲（1733—1818），字正三，一字忠叙，号覃溪，晚号苏斋。精通金石、谱录、书画和词章之学。翁方纲曾在四明本上先后题跋四次，给予很高的评价。还借得朱筠藏华阴本细校，对照金农双钩本摹写一册刻碑于华阴庙。在翁方纲、阮元等人的助推下，使《西岳华山庙碑》成为清代碑学运动中汉碑经典化的代表。还可考的钤印者有姚学经和沈仁山，据有关文献记载姚学经是清乾隆年间碑帖商人，名声不是很好。拓本中还有"渭生/玩赏""寿/铭"等钤印，印主信息太少，待考。钤印最多要数章蘖，共五枚："章蘖/荷亭氏""曾经/章蘖/所有""越国/章蘖""章蘖/字/荷亭""章蘖/之印"。关于章蘖的文献记载很少，从钤印和跋志中了解到一些信息，章蘖为清末民初的金石藏家，字荷亭，号满隐村人。曾经去东北创办林垦事业，机缘巧合下重金购得《西岳华山庙碑》拓本，后请本家章太炎为其藏本题跋，使此拓本收藏意义锦上添花。

馆藏《西岳华山庙碑》拓本有别于传世四种拓本之外，又因有国学大师章太炎先生的题跋而意义非凡。以上所述，是笔者不成熟的见解，抛砖引玉，盼能为馆藏《西岳华山庙碑》拓本揭开其真实的面纱。

书跋·书评

个性化的鲁迅研究
——读何信恩著《我观鲁迅》

陈漱渝

农历庚子年(2020)立春日,我收到一位古稀老人寄来的一叠书稿,他希望我能写点读后感。我已届耄耋之年,早被医生划入"极高危"人群;特别是近年来,视物如"雾里看花",因此对于任何人的任何著作都难以细读,只能借题发挥式地谈点感想。

这位老人叫何信恩,浙江绍兴人,一位出色的文史工作者,特别是在越文化的研究方面成绩显著。这部书共收入他多年来研究鲁迅的文章三十余篇,其中最具特色的是对鲁迅家世及其与绍兴同时代人关系的研究。这也正是我研究中的缺失和软肋。鲁迅是属于人类的,但首先是属于中国的。书中收录了一篇《绍兴鲁迅研究之大观》,可见鲁迅故乡人在鲁迅研究领域的重大贡献。鲁迅有着真挚深厚的乡土之情,鲁迅故乡人也没有数典忘祖。这是十分令人欣慰的!

我特别欣赏的是《我观鲁迅》这个书名。鲁迅著作是经典文本,而经典在文化长河中永远流动,其价值和意义生生不息,历久弥新。经典文本也永远是开放性的,因此应该提倡个性化的阅读,个性化的研究。《我观鲁迅》就体现了何先生研究鲁迅的独特视角,独特优势,独特认知,因而在鲁迅研究成果中就独具价值。像《咸亨酒店与我家的历史渊源》这种文章,除开何信恩没有其他人能写得出来。这就叫个性化研究。

阅读经典同样是个性化的。记得在20世纪七十年代末、八十年代初,围绕《鲁迅全集》是否要增加"题解"一事,李何林先生跟胡乔木同志之间曾产生过意见分歧。所谓"题解",是对鲁迅每篇作品的中心思想都写出一个提示性的意见。李何林先生的观点是:作为一个鲁迅研究者,有义务对普通读者进行正确引导,其看法即使有些偏颇也没有关系,可以纠正。胡乔木同志的意见是,当年出版《鲁迅全集》是一种国家行为,如果在每篇作品前都加上题解,会使鲁迅作品的主题思想模式化,动机虽好,结果反而束缚了读者的独立思考能力。这也就是提倡个性化阅读。后来经过一段实践,证明按李何林先生的意见办确有难度,因为连注释者跟编辑的意见都无法统一。不过,胡乔木同志并不反对研究者各抒己见,所以至今图书市场上各类鲁迅作品的辅助性读物屡版不绝,可见还是有参考需求。读者可以从这类著作中吸取对自己有益的部分,并不需要认同作者的全部观点。对于以前认为无可置疑的看法,今天也可以站在新的历史高度重新审视。我们读何先生这本书也应该持这种开放性的态度。

对于鲁迅作品进行开放性阅读,必须有一种求真求实的科学态度,而不应该采用"骂倒名人自己成名"的文化策略,哗众取宠,亵渎先贤。何先生的研究文章就表现出他认真执着的学术追求,这是值得肯定的。有人特别崇拜诺贝尔文学奖的得主莫言。我记得莫言说过,他愿意以自己的全部长篇小说换取一篇鲁迅的中篇小说《阿Q正传》,但却至今未能企及。另一位诺贝尔文学奖得主大江健三郎访问过鲁迅博物馆。馆领导陪同他观看鲁迅文物,他戴上白手套阅读鲁迅手稿,但没看几张就赶快放下了,担心控制不住情绪,热泪夺眶而出,会毁损鲁迅的遗物。当天晚上,他又给馆领导写了一封感谢并致歉的信,表示他白天的举止有点"轻浮":像鲁迅这样伟大的作家,自己有什么资格触动他的墨宝呢?我凭记忆转述以上两位诺奖得主的这些话,跟原文可能小有出入,但意思是不会错的,以此可证鲁迅在文坛的崇高地位。对鲁迅是应该尊崇的!

基于我对鲁迅的认识和态度,面对当下网络上那些有意曲解、恶搞、乃至陷构鲁迅的现象,我经常不能已于言。在这种文化环境下,我收到何先生的著作,不禁产生了一种"嘤其鸣矣,求其友声"之感。

常听人说,人有两个年龄:一个是生理年龄,一个是心理年龄。前者是不可抗拒的,后者是可以调整的。何先生虽是传统意义上的古稀老人,但如今活到七十已不稀奇。我希望他能保持旺盛的生命活力,永葆学术的青春。这也是一种长寿之道。

见解独特　颠覆旧说
——读谷兴云先生的专著《发现孔乙己》

李明军　马　琳

《孔乙己》是鲁迅小说中的精品,最初发表于1919年《新青年》4月号。作者塑造了孔乙己这一呼之欲出、令人难忘的形象,同时,小说还刻画了酒店掌柜、"我"、短衣帮顾客、邻舍孩子等众多人物,有的虽属群像,其形象也无不惟妙惟肖、栩栩如生。然而,篇幅虽短小,争论却颇多。对人物的理解、对主题思想的归纳、对作者创作意图的探究,学界都存在着不同的看法。针对《孔乙己》这样一篇争论颇多的短篇小说,谷兴云先生积60余年的品读之功,在顾及全篇全人、重视作者自述、反复揣摩文本的基础上,竟撰写出了一部奇书——《发现孔乙己》(百花文艺出版社2020年)。一本专著专论一篇2500余字的小说,可谓学界首见。这部25万字的奇书,不但"内容全",论人物、情节、主旨、结构、叙事艺术,乃至语句、标点等诸多要素,可称面面俱到;而且"观点新",突破"科举制度论""自欺欺人论""可怜可笑论"等传统论断,重新评价主人公孔乙己、少年伙计和故事叙述者,以及人物纠葛、词语含义等等。《发现孔乙己》真可谓是一部新见迭出,令人耳目一新的大著。

一

关于《孔乙己》的主题思想,谷先生认为,所谓"揭露科举制度罪恶"之说,即是"没有顾及全篇,属于就事论事,乃至以偏概全。"[1]一方面,根据发表该篇小说时篇末小说作者的附记:"这一篇很拙的小说,还是去年冬天做成的。那时的意思,单在描写社会上的或一种生活,请读者看看,并没有别的深意。"再加之孙伏园在《鲁迅先生二三事》中的有关回忆,很明确,鲁迅"所写的'不幸的人们'都生活在'病态社会'中,他总是把不幸者和社会联系起来。《孔乙己》用意在'描写一般社会对于苦人的凉薄',正是这思想的体现。"[2]另一方面,谷先生从文本出发,认为文本中提到与科举制度有关的不过寥寥三处而已,并非小说主线,也远未达到提领全文的作用。在小说中,"能联系上科举的,只是没有进学,连半个秀才也捞不到,丁举人等三几处文字;而酒客、掌柜、小伙计等人物,喝酒、温酒、茴香豆、盐煮笋等酒店事物,以及孔乙己和酒客、掌柜等的矛盾、纠葛……全与科举不搭界,扯不上关系。"[3]

谷先生认为,将孔乙己的悲剧只归咎于科举制度是不全面的,造成孔乙己一生潦倒的原因:"一是'没有进学,又不会营生',一是'好喝懒做'的坏脾气。'不会营生'也好,'好喝懒做'(许多读书人的通病)也好,形成的根由恐怕应说是封建教育,而不是封建科举。'封建教育'和'封建科举'是两个不同的概念(二者自然有联系)。后者只是一种选拔人才(官吏)的方法,属于人事制度;前者才是决定培养什么样的人,所培养的人具有什么样的思想。同样,孔乙己放不下读书人的架子,穷愁潦倒而不肯脱下又脏又破的长衫,以及满口'之乎者也'等等,也是由封建教育、封建思想所决定,而不是封建科举。"[4]因此,《孔乙己》是"一个围观读书人的故事""一篇展示人性的小说"。

关于《孔乙己》中的人物,谷先生在《发现孔乙己》一书中作了条分缕析的阐释。首先,谷先生将人物分为:主人公孔乙己、叙述者与见证者"我"(成年的"我"与童年的"我")、隐藏于幕后的施暴者、冷漠的看客、酒店老板以及顾客(短衣帮与长衫顾客)等。其次,不忽略任何一个出场的人物,并都作了精到的探究、阐释。

对于孔乙己,谷先生围绕小说"是在描写一般社会对于苦人的凉薄"的主题思想,细读孔乙己的身份、性格以及典型性等,对以往评价孔乙己的曲解、误读情况进行了反驳,认为孔乙己是被作者同情、关注的对象而非被作者鄙夷、斥责的对象。孔乙己是鲁迅笔下不同类型的"苦人"之一,通过孔乙己,作者达到了想要"描写一般社会对于苦人的凉薄"的用意。

孔乙己是一个"被侮辱和被损害的"读书人,"饱受凉薄的读书人"。孔乙己穷、懒、孤以及从众,但最重要的是,他看重并不愿失去读书人的身份,因此,始终保持着读书人的标志——"穿长衫"。

谷先生指出,孔乙己所受的侮辱,是代表了"一般社会"咸亨酒店的酒客、酒店掌柜以及一些站在店内外看笑话取乐的人——侮辱实施者给予孔乙己的语言暴力、精神恐怖。孔乙己所受的损害,更有躯体的伤害、残害,危及人身安全,何家的"吊着打",丁举人的"打了大半夜,再打折了腿"等,是致命的暴力恐怖。谷先生还指出,面对施暴、施凉薄者的戏耍、欺凌、冷酷与取笑,孔乙己或抗争或反击;而"对于何家、丁举人之流的暴力残害,他无力抗拒,只能承受,以致留下伤痕与残疾,终于丢了性命。"[5]

对于孔乙己的典型性问题,谷先生也进行了详细的论述,认为主要表现在三方面:第一,对社会凉薄的抗拒,即对来自周围人群的精神打压与凌辱,拒不屈从,绝不接受。第二,守护读书人本色和品行。作为读书人,孔乙己具有读书人的禀赋,在衣食异常拮据、饱受社会凉薄的双重打击下,保持了读书人本色,实践"君子固穷"精神。第三,关爱幼小者、讲究诚信,"潦倒而备受凉薄的孔乙己,依然闪现出人性的光芒。"[6]而"孔乙己形象的思想内涵,正是通过'周围群众'的凉薄,特别是他对凉薄的抗争,才得以呈现的。"[7]

当然,孔乙己也并非白璧无瑕、完美无缺,谷先生也并没有回避孔乙己诸如不会营生、坏脾气、偶然做些偷窃之类的性格缺陷,认为"孔乙己的性格与为人,既有读书人的本色一面,又有缺陷一面,这才是现实生活中,真实的读书人可信的典型形象。"

正因如此,谷先生的阐释也就颠覆了以往诸如孔乙己是"千余年科举制度下无数失意读书人的典型""自欺欺人的卑微者"等众多否定孔乙己品格的曲解和误判,从而具有了很多发人深省的创新意义。

关于《孔乙己》中的"我",谷先生强调,对于小说中的"我"既不能忽略或无视,也不能笼而统之地认为"'我'是小伙计,也就是故事叙述者"。实际上,在小说中,孔乙己是中心人物,即主人公,而"我"是主要人物,其他人物均居于次要地位。"小说中的'我',实际有两个。一个是,'从十二岁起,便在镇口的咸亨酒店里当伙计'的'我',这个当伙计的'我',在作品里出现最多;一个在篇末,'我到现在终于没有见'的'我',是过了'二十多年'后的'我',只'露面'这一次。"[8]

在《"没有吃过人的孩子"小伙计》一节中,谷先生指出,在《孔乙己》的研究中,小伙计是"被忽略的主要人物",而"忽视小伙计,就不能全面、准确地评价主人公孔乙己,乃至整篇作品。"从人物关系看,小伙计是仅次于小说主人公孔乙己的二号人物。谷先生强调,"小伙计"就是鲁迅在《狂人日记》中所希望的"没有吃过人的孩子",他是"黑暗王国中的一线光明"。在小说中,不同于酒客、掌柜、一般人等施加凉薄者,小伙计"没有以凉薄对待孔乙己"。首先,酒客对孔乙己聚众而为的戏弄、嘲笑与凌辱,小伙计并没有参与或者说因自己的等级参与不了,"他只是默默观察,看在眼里,留在记忆里"。其次,小伙计是酒店掌柜以凉薄对待孔乙己的全过程的目击者、见证人。再次,即便小说写了三次"小伙计之笑",但"对孔乙己均无恶意;与酒客的戏弄与嘲笑,掌柜的引人发笑及取笑,毫无共同之点。"因此,"在酒店这个小社会里,在这个凉薄世界,小伙计是异类。他对孔乙己,是另一种态度与感情,他在故事叙述中隐含暖意。"[9] 在谷先生看来,小伙计是一个冷漠世界中的温情角色,是不同于冷漠"看客"的存在。

在《"我"是谁》一节中,谷先生进一步深入指出,在小说中,"我"的身份(在酒店的身份)、作用(在文本中的作用)是不同的,"小伙计'我',叙述者'我',两'我'不宜混同。""审视篇中的'我',有前'我'与后'我'之分。"[10] 前"我"即小伙计"我"、少年"我",当时在酒店做学徒;后"我"即成人"我",已不再是"少年学徒",而是现在讲说故事的"我"、叙述者"我"。

经过仔细辨析,谷先生认为,"《孔乙己》通过人物之间的矛盾纠葛,塑造孔乙己的典型形象。其中,小伙计'我'与孔乙己的交集,是一个重要方面。……小伙计看待孔乙己有一个'惊奇—隔膜(冷淡)—同情'的演变过程",其"大致时间,约有一年多到两三年吧,也就是孔乙己死前两三年时期"。而叙述者"我"是说整个孔乙己故事的"我",是过了"二十多年",原先那个12岁的小伙计。这时他是一个叙述者与回忆者。这个"我"描述孔乙己是如何被欺侮、被残害的,述说孔乙己关爱孩子的两个小故事,介绍孔乙己的身世、坏脾气和好品行。这个"我"的叙述"构成孔乙己的整体形象:一个生活在社会边缘的读书人,穷愁潦倒,备受凌辱和伤害,但保持着读书人的良好品行。……孔乙己就是一个不幸的人,值得人们同情"。[11] 也就是说,这个"我"随着年岁与阅历增加,自我反思,自我否定,思想性格日趋成熟,终于改变了对孔乙己的认知。[12]

在上述精密探析的基础上,谷先生指出,"我"在《孔乙己》中的意义或独特性体现在:第一,"我"是典型形象的"塑造者";第二,"我"是叙事艺术的独特贡献。《孔乙己》中的'我',既是文本故事叙述者、评价者,又是与中心人物有交集的主要人物,'身兼二职'。这种叙事人称,在中外作家、作品中,属绝无仅有。……鲁迅的贡献是多方面的,《孔乙己》中'我'的独特创造仅为一例。"[13]

对于《孔乙己》中的冷漠"看客"的描写,谷先生也有独到的发现。谷先生从"看客"的角度细读《孔乙己》,认为它"实际写的是:看客们围着赏鉴读书人的故事——以潦倒的读书人为示众材料",即《孔乙己》是"一个围观读书人的故事"。为此,谷先生将作品中的参与围观的看客分为四类:咸亨酒店的掌柜、酒客(包括长衫客和短衣帮)、普通群众和孩子。他们共同构成了一个"围观的环境",在这个环境中,"被围观者,因围观者而存在"。他们组成了一个上下皆有的完整的社会结构,如同一张天罗地网将被围观者紧紧地罩住。

值得一提的是,谷先生对于酒店掌柜的解读,除了注意到他对小伙计的苛待,对孔乙己的苦苦相逼之外,还敏感地注意到了掌柜的主要动机是招揽客人,这一点是其他的看客所不曾有的。不论是长衫客还是短衣帮或者是围观找乐子的群众,他们嘲弄孔乙己的原因都是在"损人不利己"的范围内,就如小伙计的眼中看到的,没有孔乙己,大家的日子也是一样过的。但是掌柜并不相同,他嘲弄损害孔乙己是为了保持自己酒店的热闹氛围,为了吸引酒客来消费,是以个人利益作为出发点的。

谷先生还指出,与鲁迅其他描写围观情节和场景的小说不同,"《孔乙己》对围观的描写具有独创性"。其主要表现是:在题材选择(人物塑造)上,鲁迅关注社会特殊人物,关注作为社会精英的读书人群体;《孔乙己》以潦倒的被围观的读书人为中心人物,即社会精英沦为示众的材料,更说明围观的普遍性与严重性。这也是终生致力于研究并改造国民性的鲁迅的用意所在。

谷先生指出,在《孔乙己》研究中,最容易被忽略掉的人物是没有正面出场的"何家"和丁举人。在小说中,与"何家"和丁举人有关的情节就是孔乙己"偷窃"后被他们施以了私刑。按照小说作者的说法,《孔乙己》是要"写出一般社会对于苦人的凉薄",而作为有权有势的"何家"和丁举人自然也在"一般社会"的范围之内。但"何家"和"丁举人"们与在残忍中又透露着卑怯的底层围观者不同,他们的凶狠残暴是无所顾忌的,他们的暴力行为也是孔乙己走向毁灭的直接原因。另外,《孔乙己》主要描述冷漠麻木的"一般社会"对于孔乙己精神上的损害,所以将类似"何家"和"丁举人"凶恶的施暴者放在暗场处理是合适的,同时,小说一直描写孔乙己的伤痕,从一开始的皱纹间夹杂的伤疤到后来的被殴打致残,凶恶的施暴者虽然没有出场,但他们却无处不在。

二

谷先生的《发现孔乙己》一书除了对以往学界对《孔乙己》人物的曲解和误读进行了细致入微的辨析和纠正以外,还对诸多经典情节予以了重新解读。

关于孔乙己"窃书不能算偷……"等争辩语,以往多数论者根据这样的话语,即认定孔乙己是自欺欺人者,从而否定孔乙己的品格。但谷先生深入挖掘了小说原文从文字到标点的内容,认为孔乙己的原话是:"窃书不能算偷……窃书!……读书人的事,能算偷么?"[14]"两句各有所省。前句省略'东西'一词,补足是:'窃书不能算偷东西,我是窃书!'后句省略'窃书为了读,这是……'之类意思,补全为:'窃书为了读,这是读书人的事,能算偷么?'"[15]这里即是说,孔乙己承认窃书(避讳"偷"字,改说"窃"),但否认偷东西。因为在孔乙己看来,书与东西不同,书是要读的,吃、穿、用的等等才叫东西。他以读书人自居,因此自辩道:窃书,读书,这是"读书人的事"。同时,这也说明,孔乙己有着一套自己的逻辑,而并非刻意为自己的行为狡辩。

关于孔乙己教小伙计识字、写字的情节,论者虽很多但分歧较大。在小说中,孔乙己热心教小伙计写字,而小伙计态度冷淡,以轻慢应之。有论者认为小伙计的冷淡与轻慢,是看不起孔乙己;孔乙己的主动热心是"炫耀和卖弄""炫耀知识得到的回报是嘲笑的笑声"。但谷先生认为,"小说所写这一过程,以小伙计的'不耐烦''愈不耐烦'等的冷淡回应,凸显孔乙己的诚恳与殷切('很恳切的');以孔乙己的'等了许久''极高兴''极惋惜'等动作及神态变化,表现他的热情、耐心与循循善诱。……这体现出:读书人对幼小者的关心爱护。"[16]况且,对小伙计来说,他与孔乙己的交集互动也仅有这一次,并非一直如此。这次互动,实际是以小伙计的冷淡反衬孔乙己的热心。成年后的"小伙计",对自己早年的冷淡与轻慢是有所反思的,看法和态度已大有改变。

关于孔乙己在与人争辩、说话时,"总是满口之乎者也",随口引用诸如"君子固穷""多乎哉?不多也"之类的语句的细节,谷先生统观小说全篇,具体探究了孔乙己说话的实际情形。

首先,"文中写孔乙己说话的场合(即场面),总共5个:受喝酒的人奚落时,前后两个;对小伙计、邻舍孩子、掌柜说话,各一个。其中,说话'满口之乎者也'的,只有两个场合(受喝酒的人奚落时)。按比例不到一半",而"孔乙己实际说的话:口语14句,文言(之乎者也)两次半,其中叙述人复述出来的,只有'君子固穷'与'多乎哉?不多也'""在多数场合,面对一个个具体的人,即单个的人,孔乙己说的都是正常的口语,与对方沟通毫无障碍。所谓'总是满口之乎者也',只出现在特殊场合,即受喝酒的人(群体)奚落时,前后有两次。(另有一次,是'自己摇头说'的,与他人无关)"。

其次,针对孔乙己说话的特点:"他对人说话,总是满口之乎者也,教人半懂不懂的。"谷先生分析道:"之乎者也,就是所谓文言,说话中夹着文言句子。……'总是满口之乎者也'的'总是',

不同于'全是'（另有一处'全是'），意为经常是，有时不是，所以才可能'教人半懂不懂的'。"而孔乙己之所以在受群体奚落时，才应之以"满口之乎者也"，这是因为"对方是'群起而攻之'，你一言我一语的，他单枪匹马，'舌战群儒'，应对不过来，就以之乎者也，堵住对方的嘴，使之接不上话，不能继续奚落他。……这实际是孔乙己的斗争策略，体现出他的随机应变。"[17]

对于小说描写孔乙己分茴香豆给邻舍孩子们吃，"孩子吃完豆，仍然不散，眼睛都望着碟子。孔乙己着了慌，伸开五指将碟子罩住，弯腰下去说道，'不多了，我已经不多了。'直起身又看一看豆，自己摇头说，'不多不多！多乎哉？不多也。'于是这一群孩子都在笑声里走散了"。[18]其中，众多解读者都将"不多不多！多乎哉？不多也"一句看成是孔乙己对邻舍孩子说的，否定了孔乙己的善意。但谷先生通过自己的比较、揣摩，发现《孔乙己》全篇共三处用了"自己"："自己知道""自己摇头说""自己发昏"，但每一处的含义是不同的。谷先生认为："'自己摇头说'，是对自己摇头说；'自己知道'，是根据亲身体验知道；'自己发昏'的自己，是普通用法，表示与别人无关，自己承担责任。前两个'自己'的意义、用法，是鲁迅在文中的创造。"[19]也就是，孔乙己所说的"不多不多！多乎哉？不多也"是他的自说自话，是在向孩子们解释自己不能再给茴香豆的原因；所谓"自己摇头说"实系"对自己摇头说"。在这里，"自说自话"一方面表明说者用文言乃语言习惯，并无向他人炫耀之意，另一方面表现说者自己为给孩子们茴香豆的举动而满意。

三

对读者和研究者来说，《发现孔乙己》一书最发人深思的，是著者谷先生从审美视角考察而提出的"孔乙己之美"一说。其理由是：

第一，孔乙己美在品行：诚信。在小说中，故事叙述者"我"凭着做酒店伙计几年的体察认为孔乙己:"在我们店里,品行却比别人都好"。在咸亨酒店,所谓"别人",包括掌柜、伙计、进进出出的酒客。这些人合起来,品行都不如孔乙己。在小说中,体现其品行的,一是从不拖欠酒钱,偶尔拖欠一次也很快还清,二是对自己的过失从不抵赖、狡辩或找借口,而是正视、承认。

第二,孔乙己美在精神:抗争。在小说中,读书人孔乙己面对众人的逗引、欺辱、嘲笑不是畏惧、回避,而是针锋相对地予以还击;面对酒客、掌柜之流的精神压迫、语言暴力不是接受、退让,而是以牙还牙地抗争到底,而且其抗争精神一以贯之。

第三,孔乙己美在情感:有爱心。在咸亨酒店里,孔乙己面对各色人等并非一视同仁,而是因人、因事、因时而异。在与酒客、掌柜之流较量时,他坚冷如铁似钢,但面对少年"我"、邻舍的孩子、一群三五岁的幼童时,他温和如寒冬的暖阳,内心世界不乏柔情与关爱。在这些孩子面前,他是充满耐心、爱心、诚心的和善老人。

第四,孔乙己美在生命:顽强。孔乙己不仅具有诚信的品行、抗争的精神、温暖的爱心,而且还有生命顽强的人性闪光点。首先,他"生的执着"。虽然孔乙己的生存面临贫困、孤独、凉薄等境遇,但他活在书里,活在酒里,活在自娱自乐、自我调节里,活在信念里。其次,是他"命的坚强",对于威胁和危害性命的打击、摧残,都咬牙扛住。

第五,孔乙己是咸亨酒店中的一株"芳草"。孔乙己的外表确实不美,乱蓬蓬的胡子,脏兮兮的长衫,但他如同《巴黎圣母院》中的敲钟人卡西莫多一样,外表虽丑,但具有心灵的美和善。

但谷先生强调,孔乙己之美,是残缺美。在孔乙己身上,存在着若干缺陷和毛病,如形象龌龊,有"坏脾气","偶然做些偷窃的事"等,但从总体上看,他是一个好人,是值得肯定的读书人。孔乙己之美,是悲剧美。孔乙己的一生是悲剧的一生。他活得卑微,鲁镇人视其为玩物,被戏耍的对象;他死得凄惨,盘着两腿,陈尸于不知什么地方。但他决不是一无可取、毫无价值的读书人。

另外,在谷先生看来,蕴含如此丰富的孔乙己之美,学界既往不曾发现、未见阐述的重要原因在于:一是认知有偏差,论者、教者从不正眼看他;二是欠缺审美观照。"《孔乙己》中的咸亨酒店,是一个凉薄世界,店内店外,充斥着冷酷、冷漠、冷淡,没有一丝活气。遍观出入酒店的各色人等,只有读书人孔乙己,言谈举止很特别,从他身上散发出一点温暖,透露一种美。"[20]孔乙己之美是值得品味的,孔乙己是"开放在凉薄世界的美丽花朵"。

总之,谷先生的《发现孔乙己》一书立足原文原句,尊重作者的用意,创新性地梳理了文本的故事情节,重新评价了主人公孔乙己、"我"、酒店掌柜、酒客和幕后施暴者,纠正了诸多以往解读存在的曲解和误读。总览全书,该书论述对象真,研究《孔乙己》的整本内容和文字,不是一些论者虚拟、误读的人物关系、故事情节、语言文字;研究方法实,用直白文字,弃艰深语言,慢读细品文学经典,领会作家作品本意。更可贵的,谷先生还从教学角度出发,将相关教学书籍对于文本的误读、误论作了纠正,因此,该书对于《孔乙己》的阅读与教学均有启示意义。

《发现孔乙己》虽然存在部分观点反复申说而稍有啰嗦之嫌,但仍不失为在许多问题上都有精辟见解和深湛研究的学术力作。

注释

[1] [2] [3] [4] [5] [6] [7] [8] [9] [10] [11] [12] [13] [15] [16] [17] [19] [20] 谷兴云著:《发现孔乙己》,百花文艺出版社 2020 年版,第 4 页、第 24—25 页、第 4 页、第 27 页、第 49 页、第 49—56 页、第 5 页、第 184 页、第 28—35 页、第 118—119 页、第 186—188 页、第 135 页、第 136 页、第 5 页、第 53 页、第 141—143 页、第 6 页、第 153—162 页。

[14] [18] 鲁迅著:《孔乙己》,《鲁迅全集》第一卷,人民出版社 1981 年版,第 435 页、第 436—437 页。

纪念

绍兴鲁迅研究   2021   绍兴鲁迅研究

绍兴乡土文化研究的开拓者之一
——深情缅怀周苈棠先生

何信恩

2020年12月26日,我应邀参加了绍兴市越文化研究会第二次会员大会暨换届会议,从与会的越文化研究专家周燕儿先生口中获悉其令尊周苈棠老先生已在不久前离世的消息。尽管早知道周苈棠先生年事已高,久病住院,恐不久于人世,但亲闻噩耗依然感到震惊与痛惜。这是继马蹄疾、谢德铣、黄中海、张能耿等先生先后去世以来,绍兴鲁研界和文史界失去前辈学者所遭受的又一重大损失。几十年来,和周苈棠先生的种种交往和从中所体现出的高风亮节和深情厚谊都一一浮现在脑海之中。

我第一次见到周苈棠先生是六十多年前,中国少年先锋队的一次集会上,那时我还在读小学,上的是府山区中心小学,一群天真活泼的红领巾,在辅导员老师的带领下,到学校附近的府山公园,在烈士墓前的草地上席地而坐,举行少先队队日活动。庄重的入队仪式结束后,在一片热烈的掌声中,请出一位身材瘦长的中年人给小朋友讲绍兴的民间故事。他就是周苈棠老师,时任绍兴少年宫负责人。其时绍兴市区少年儿童的活动场所并不多,位于前观巷的少年宫是市区小学生的乐园,其地位类似于成年人的绍兴工人俱乐部。记得那天,周老师讲的是徐文长当街难倒自命不凡、号称"天下无书不读"的朝廷命官的故事。历史上是否真有其事至今尚不得而知,但在绍兴,徐文长是智慧的化身,这则故事的寓意是告诫世人：人外有人，天外有天，为官为人都要低调行事。和周老师面对面的零距离接触，也许是我少年时代所受到的最初的乡土文化熏陶，也因此让我记住了这个故事和周老师的大名。

随着岁月的推移，对周芾棠老师的了解与接触也日益增多，改革开放以后，我陆续看到了由周老师编著的作品，印象较深的有1982年11月由浙江人民出版社出版、与谢德铣老师合编的《巾帼英雄秋瑾》，1983年4月由陕西人民出版社出版的《乡土忆录——鲁迅亲友忆鲁迅》，1984年5月由贵州人民出版社出版的与周策先生合编的《鲁迅小时候的故事》，1986年12月由吉林文史出版社出版的与其公子周燕儿合著的《中国书法故事》等等。

20世纪80年代初，中国民主促进会浙江省委会开始恢复活动与发展会员，领导层中有多位熟悉周芾棠先生的老作家。如担任浙江省民进副主委的许钦文先生，是当年鲁迅先生的高足，鲁迅研究专家，绍兴人，曾任浙江省文化局副局长，多次来绍兴鲁迅纪念馆指导工作。同时担任省民进副主委的吕漠野先生是杭大中文系的老师，省作协顾问，长期从事鲁迅作品的研究与教学工作，又是周芾棠先生的嵊县老乡。在他们的介绍与引荐下，周老师于1981年由省民进批准加入中国民主促进会，成为绍兴的第一个民进会员，随后又被选为民进浙江省委会第二届委员会候补委员。其时，绍兴尚无民进地方组织。1982年开始，民进陆续在绍兴发展会员。1983年8月30日，经我的老师陶成章烈士的长孙陶永铭先生介绍，我被浙江省民进直接吸收为会员，从此我和周芾棠先生又多了一层关系，他是我的民进前辈与会友。当时，绍兴民进组织还处于草创阶段，会员很少，全国民进会员不足万人。绍兴民进组织的早期会员中有不少高龄老人。周老师通常只参加老年支部的活动，1928年出生的他生肖属龙，有一次他参加支部活动，回来以后对我戏称"今天是龙的聚会"，共有十一条"龙"参加。

1988年,绍兴市开始修编中华人民共和国成立之后的第一部社会主义时代的地方志《绍兴市志》。同年11月,我从教育岗位奉调到市志办工作,担任《绍兴市志》的副总纂,此时年六十岁的周老师刚从绍兴群艺馆退休,熟悉绍兴文史和群众文艺工作的他,即被聘为市志分纂责任编辑。以后又成为十位总纂责任编辑之一。前后时间长达八年。自始我和周老师之间又有了新的工作关系,双方的联系更加紧密。

《绍兴市志》的修编是绍兴有史以来最大的系统文化工程。除概述、大事记、人物等综合性的部类外,主要分为经济、政治(社会)、文化(文艺)三大块。周老师主要负责文化类的分纂工作。尤其是在他工作多年的群众文化和民间文艺这一领域,可谓轻车熟路,得心应手。凭借他扎实的学术功底与丰富的人生阅历,把文化(文艺)这一块编得十分详实,无论是资料性、学术性、地方性、可读性,都是整部志书中最出色的篇章之一。

《绍兴市志》问世并获得各方的好评以后,作为市志配套工程的《修志文存——绍兴市志编纂实录》立即启动。作为该书主编的我即向十二位主要编纂人员征求稿件,周老师写了《我的修志情缘》一文,详细回顾了他参加修志的前因后果。此文简直可以作为半部自传来读,从出生一直写到晚年的心愿,从家学渊源,父辈续修《周氏宗谱》,求学时代自费购买章学诚的《文史通义》,20世纪50年代遍访修志老人,20世纪60年代在单位成立地方志小组,踏看越中名胜古迹,直至超龄退休后全身心地投入"四苦"(清苦、辛苦、艰苦、痛苦)工程,最终还写道:"志书的文字,绝非雕虫小技,我和大家一样亲手编纂的志稿,自信每一个字,每一句话,每一个标点,每一条引文,每一本书名,每一个人名,每一个地名,每一个朝代,每一个时间,都是认真做了编撰和校订的。或查阅资料,或访问老人,或踏看故地,力求做到文字朴实精练,史料准确无误,全志务求保证其质量和权威。"也许是过分专注于修志工作吧,八年修志中间,他曾两次遭遇车祸,手脚受伤,鲜血直流,以至送医院急救,但只请了一天假,照常上班。更为可贵的是曾有一家电视台邀请他去编一个内部刊物,工作轻松,待遇优厚,但志书尚未完成,怎能半途而废?未及与他人商量,他立即谢绝了。可以说,《绍兴市志》能成为全国"夺冠之志",其中也有周老师的心血与功劳。

眼下,当年参与总纂的老人中,已有多位先生先后离世,但他们留下的皇皇巨著与修志精神必将永垂史册。正因为我对周老师的工作经历与业绩甚为了解与感慨,不论是1994年出版的我参与主编的《绍兴名人辞典》,还是2003年出版的由我主编的《越中名人谱》第一卷,都把他列为征稿对象,兹引录《越中名人谱》的有关条目如下,从中可以窥见传主一生之大概。

周芾棠又名周彬,笔名大雁,司马庵,1928年生,嵊州人。副研究馆员。1949年8月参加工作,曾任共青团绍兴市委宣传部长、统战部长兼市青联秘书长,市青年中学校长,绍兴鲁迅纪念馆副馆长,华东《青年报》驻绍兴地方记者,《鉴湖》文艺杂志编辑部负责人,《绍兴群文大观》副主编,民进浙江省二届委员会候补委员,为民进绍兴市组织最早的会员。浙江省作家协会、中国鲁迅研究学会、中华文化研究会会员和《人民日报》(海外版)特约作者,香港《大公报》专栏作家。参与《绍兴市志》编纂被聘为专职编辑与总纂责任编辑。已出版《中国古代妇女名人》《长相忆》《巾帼英雄秋瑾》《秋瑾史料》《中国书法故事》《鲁迅小时候的故事》《"闰土"子孙忆家史》等著作15部。其中,《秋瑾少女时代的故事》获全国优秀少儿读物奖;《乡土忆录》获省社会科学优秀研究成果奖;《中国古代妇女名人》获市鲁迅文学艺术百花奖;《巾帼英雄秋瑾》被列为浙江省青年读书运动优秀读物。

这是一份由传主亲自提供并审定的小传稿,其真实性与准确性是毋庸置疑的。从小传和作者自叙可以看出,周芾棠先生出生农家,父亲以务农为生,但勤奋向上,自学成才,能看懂上海出版的《申报》并写得一手好字,在农村也算得上是一位书法家,这对周芾棠影响很大。众所周知,浙江省有两所远近闻名的乡村师范,一所是位于萧山的湘湖师范,另一所是位于慈溪的锦堂师范,为爱国华侨吴锦堂独立出资创建,两所师范都培养了一批人才,其中有不少来自绍兴地区,毕业于锦堂师范的周芾棠先生就是其中的佼佼者。

周芾棠先生出道很早,解放初就当上干部,属于重点培养对象,距离"离休干部"只有一步之遥。他虽然资格很老,但待人接物平易近人,从来不摆架子。他之所以没有走仕途,也许是因为兴趣在做学问上。

周芾棠先生经历丰富,先后当过教师、校长、记者、编辑、作家等不同的社会职业,但在本色上他依然是一介书生,是学者型的研究人员,他的研究领域很宽广,包括中国女性史、中国书法史、太平天国史和绍兴地方史,在绍兴名人研究中,他着力最多成就最大的是鲁迅与秋瑾这两位名士之乡的代表人物,"名士多淡薄,忠臣有赤心,但愿香满枝,永报来年春"(周汶《题画梅诗》),是他晚年最喜欢的诗。

熟知绍兴鲁迅研究历史的人都知道,绍兴本地有两支研究鲁迅的队伍。一支以收集资料,从事与鲁迅有关的史料、人物、考证与生平事迹为主,以马蹄疾、谢德铣、周芾棠、裘士雄等人为代表,另一支以研究鲁迅思想和作品为主,主要是以在高校从事中文教学工作的老师与研究生为主体,两者各为互补。

周芾棠先生在研究鲁迅与绍兴关系上起步很早,20世纪五十年代,他在共青团绍兴市委和绍兴鲁迅纪念馆任职时,就访问过近百位与鲁迅同时代的老人。其中,有鲁迅在三味书屋读书时的同窗周梅卿、章祥耀和王福林等,有当年在大坊口开元寺编撰过

《绍兴县志资料》的周毅修、俞英崖先生。周毅修是鲁迅的本家。特别是对在鲁迅家里当了三十多年工友的王鹤照老人的多次采访，内容十分广泛，涉及鲁迅祖母、母亲、鲁迅本人、新台门故居、百草园、周家老台门、鲁迅故居周边环境、当铺药店、咸亨酒店、鲁迅与朱安成亲的缘由与经过、鲁迅在浙江的教育生涯、周氏兄弟在绍兴的足迹、辛亥革命在绍兴的影响、秋瑾的被杀、鲁迅在故乡的朋友圈、离绍去京的经过乃至周氏兄弟在北京的生活等等，为鲁迅研究留下了大量生动真实的第一手资料。虽多为口述，有的属于日常生活中的小事，但仍可以小见大，从中可以窥见鲁迅先生早年生活的某些侧面。经过多次记录与整理，先以《回忆鲁迅先生》为题，于1962年发表于《中国现代文艺资料丛刊》第一辑，在中国鲁研界产生一定的影响。

事有凑巧，1968年，我奉命负责鲁迅纪念馆陈列版面的文字修订工作，新的陈列说明公展前，省军管会派出两位正师级的干部前来审查，其时，张能耿正处批斗阶段，章贵亦靠边站了，裘士雄尚未到馆工作，馆方推出没有任何政历问题的老工人王鹤照出面接待。那时的鹤照虽然年近八旬，但身板还很硬朗，而且记忆很清楚，但他说的是一口绍兴土话，那两位北方来的文职军人根本就听不懂，需要我这个小青年从旁翻译成普通话，由于周芾棠先生事前多次采访过鹤照，对那些周家的故事他已经烂熟于心，一一道来，如数家珍，多少年过去后，证明王的口述史与周的记录稿高度一致，可惜第二年的4月21日，王鹤照就去世了，从此绍兴鲁迅纪念馆少了一部活档案。

1996年10月，为纪念鲁迅先生逝世六十周年，绍兴市鲁迅研究会与绍兴鲁迅纪念馆联合编写了《故乡人士忆鲁迅》一书，由浙江文艺出版社出版的周芾棠先生的《鲁迅故家老工友忆鲁迅》出现在该书《回忆与考证》栏目的首篇。与1962年那篇文章相比，更为系统与完整，并增加了补记四篇，分别为《东昌坊口》《鲁迅父亲的病》《长庆寺和龙师傅》《关于当店和地保的一点资料》。

曾任绍兴鲁迅纪念馆副馆长的章贵的祖父章运水是鲁迅《故乡》中"闰土"的原型人物,周芾棠先生根据章贵的口述,与谢德铣老师一起整理了《"闰土"子孙忆家史》,由黑龙江爱辉教师进修学校1971年5月印刷问世。此外,周芾棠先生还在1985年3月13日至16日协助郑公盾先生采访了有关浙东堕民(主要是绍兴三埭街)的相关人物。

1963年1月28日,绍兴历史上第一个鲁迅研究机构——绍兴鲁迅研究小组正式成立。它是在浙江省文联和绍兴县文教局的支持下,由绍兴鲁迅纪念馆、绍兴鲁迅图书馆和绍兴县文化馆共同发起组织的,其成员有董秋芳、寿静涛、陈祖楠、沈定庵、谢德铣、黄中海、张能耿、周芾棠等十二人。根据自己的工作岗位和专业特点,各自确定研究课题和方向。

周芾棠先生是一位很有个性的知识分子,有时甚至有些固执与偏激,这与他的经历有关。有次我去广宁桥周宅拜访他,哪怕因工作需要,借阅一页小纸片,一张老照片,他都视为稀世珍宝,牢牢地记在心里,定时向你索还。在他的心目中,千辛万苦搜集到的资料比他的生命还重要。

我最后一次见到周芾棠先生,是马蹄疾先生遗孀薛贵岚女士来绍兴扫墓与鲁研界几位与其夫君生前多有交往的熟人在一家饭店聚餐时,周芾棠先生由他亲人陪同,抱病前来参加,只见他躬着腰,拄着拐杖,一副老态龙钟的垂暮老人的样子,可见已经久受病痛折磨,成了风前残烛了。

德高望重的周芾棠先生与我们永别了。但他的著作还在,其音容笑貌与言谈举止还将长久地留在人们的记忆中。尤为可喜的是其子女皆学有成就,女儿周玉儿现任绍兴鲁迅纪念馆副馆长,可谓女承父业。儿子周燕儿是绍兴文物部门的研究馆员,后继有人,一浪更比一浪高,足可告慰先人于地下。

温暖的爱
——记周苇棠老师

徐晓阳

清明时节,春雨丝丝,淡淡忧伤,追忆故人。

2020年12月2日,跟往常一样我翻看着当天的《绍兴晚报》,突然,一则讣告映入眼帘,周苇棠,享年92岁。惊愕之余我赶忙给他女儿周玉儿打电话,证实周老师确实离开了,但是走得很安详,没有一丝痛苦。我想,这就是好人有好报吧!

作家史铁生曾说:"我相信,每一个活过的人,都能给后人的路上添一丝光亮。也许是一颗巨星,也许是一把火炬,也许只是一支含泪的蜡烛……"。周老师是我的同事、我的邻居、我的同党派的会友,他用他的言行让我学会怎样以爱告别,以爱相处,使我终身受益。

三十年前,我的第一个工作岗位就是接替周老师的调研编辑岗,当时他虽然已经退休了,但因为手头有一本《群文大观》书籍还未完成编辑,所以他还是经常会到单位来。还记得他见到我的第一次,当同事介绍说,我将协助他做好《群文大观》的编务工作时,他激动地伸出了他那温暖的大手:"小徐同志,欢迎你!请放心,我一定做好传帮带。"瞬间,一股暖流通过掌心传遍我全身。老实说,刚参加工作,没有一点工作经验,一切都是陌生的,再加上我的前任早已退休,如何开展工作,心里没有底,很是忐忑。周老师的话,就像给我吃了定心丸。之后,周老师每天上午都来办公室，不仅抄写给我工作上的联系电话，还一个一个电话打过去，让我与他们通话，除了介绍我们认识，还拜托他们支持我今后的工作。"我们做调研工作，要做到脑勤、口勤、脚勤、手勤。做编辑工作呢，就是两个字——'认真'。不要以为编辑就是校对错别字，小的方面是改错字、改标点符号，大的方面还是要牢牢把握政治性、准确性，要较真。我们写调研文章不是文学创作，要用事实说话，用数据说话，真实性很重要，这就需要编辑人员始终用'认真'两字来对待。"他是这样教导我，也是这样示范给我。当时还没有电脑，每次文稿出来，都需要我抄写一份给相关人员校对，然后再汇总。而周老师的那份是我看得最轻松的那份，他会在每一处需修改的地方用红笔做好标识，用工整的小楷补充文字，在他确定不了的地方打上问号，然后告诉我，他会尽快联系证实。一年后，《群文大观》出版，周老师也正式告别了工作岗位，但他严谨的工作作风和对年轻同事的爱护一直影响着我，成为我的榜样。

原以为跟周老师的缘分也就到此。不想五年后，我搬进了单位的宿舍楼，成为了周老师的邻居。周老师是我敬畏的人，他工作中的一丝不苟，给我的感觉是不苟言笑的，但生活中的两件事，却让我感到他是一位非常热心的好邻居。当时我们还是喝水箱水，我住在顶楼，时常会出现水流小、断水的情况，很是苦恼。一天傍晚，正当我跟老公在抱怨时，周老师主动敲开我家门，"小徐同志，你们刚搬来，还不熟悉情况，赶快到我家去接水吧。以后每天早上接一桶水，就没事了。"可是我们老是忘记，所以只能厚着脸皮去讨水，周老师总是笑眯眯敞开大门，让我们多接一些。另一件事，我们的宿舍楼地处城郊接合部，比较偏，又是开放式的，没有门卫和楼道门，任何人都可以进来，白天大家去上班了，周老师自觉担任起了义务巡逻员，只要楼道里有什么响动，他都会开门去查看或询问，他想到的需要提醒我们的事，也会在傍晚及时与我们沟通，让大家倍感安心和暖心。我的父母为我有这样的邻居感到欣慰,并因为接水的事向周老师道谢,可周老师说,以爱相处,这是做人的本分。

后来,周老师被儿子接走了,我也搬离了宿舍楼,但每年的重阳节,我都会借单位慰问的机会去看看他或者打个电话。2006年,我加入中国民主促进会,想不到的是,周老师竟然也是民进会员,我和他分在了同一支部。周老师笑着说:"小徐同志,我们太有缘了。"于是他热心地给我介绍中国民主促进会的会史,中国民进与绍兴的渊源,鲁迅先生的三弟周建人是中国民主促进会创始人之一。因为他原来在绍兴鲁迅纪念馆工作,所以他有幸成为绍兴的第一批会员。他希望我能认认真真做好本职工作,多学习、多思考,积极撰写调研文章,通过党派平台参政议政,建言献策。

光阴似箭,日月如梭,转眼已是2021年的清明,周老师的谆谆教导依然是那样的清晰、温暖。周老师没有离去,只是换了个地方活在爱他的人心里。

编后记

《鲁迅的遗产和价值》一文分别从鲁迅遗留下来的物质遗产和精神遗产两大类来阐述，以及鲁迅遗产在当今社会的价值体现，以此来纪念鲁迅诞辰 140 周年。

《做"傻子"不做"巧人"——鲁迅"巧人"文化批判对大学生"学以成人"的启示》从鲁迅"巧人"文化批判切入，呼吁高校学子们不要做世俗社会中的"巧人"，而要勇于做一个"傻"于执、"傻"于行、乐于为"傻"、厉行其"傻"，甘于奉献，不急功近利的"傻子"。那么，鲁迅百年前树立的"立人"目标才会实现，他所赞美的"中国的脊梁"才会茁壮成长。

《走在鲁迅研究的路上》一文，作者从童年时期接触鲁迅作品谈起，参加工作后，业余时间也一直喜爱阅读鲁迅作品，并开始辑录鲁迅佚文佚信，一步步迈入鲁迅研究领域。无论是起初与鲁迅研究不搭界的工作时期，还是后来真正以鲁迅研究为职业，多年来始终跋涉在鲁迅研究的途路中。正因为有那么多真心热爱鲁迅的人们，默默地在漫漫的鲁迅研究之路上钻研，鲁学才成为了一门显学，而这也是对鲁迅诞辰 140 周年最好的纪念。

鲁迅作品中常有绍兴方言的运用，这是为着丰富语言，增进文字表达和文学创作的目的，但若不是土生土长的绍兴人，可能并不能真正领会鲁迅作品中使用这些方言的奥妙之处。《新时期重温鲁迅对方言的研究与运用》一文的作者，恰恰就是这样一位既熟悉鲁迅作品，又一直生活在越地的绍兴人。在他的文笔下，让我们能够一尝鲁迅运用绍兴方言的绝妙味道，也希望作者能够有更多相关作品面世，弥补这方面的研究空白。

鲁迅一直对中医持深恶痛绝的态度，但鲁迅为何对中医如此，多年来学界还未有一个明确的结论。《祖父之死与鲁迅对中医的批判》一文的作者，将目光注视于绍兴名医何廉臣，认为何廉臣给鲁迅祖父治病这件事恰是鲁迅对中医展开严厉批判的根源。何廉臣当面对鲁迅祖父的病下了无药可医的结论，导致鲁迅祖父拒绝任何治疗，很快在痛苦中去世，使鲁迅从此扛起了作为长子长孙的精神和经济双重负担。这件事对鲁迅的打击和影响是深远的，必定也会使鲁迅深入思考其中所蕴涵着的深意。

由于受鲁迅答徐懋庸公开信的影响，某些研究成果未能正确地看待鲁迅与徐懋庸之间的关系。《书信中的鲁迅与徐懋庸》一文作者以鲁迅写给徐懋庸的四十六封信为依据，客观全面地评价鲁迅与徐懋庸的交往，以及徐懋庸所受鲁迅的深刻影响。

《域外折枝》栏目，继续刊登《周树人〈中国地质略论〉》的第二部分。该文作者以其日本人特有的严谨，考察鲁迅撰写《中国地质略论》一文中关于李希霍芬与其他地质学家有关煤田的言论的来源，以及对于2020年所刊登的《本论（上）第一节》中所提示的作品中的重点进行探究。

今年是阿Q这一经典形象诞生100周年。1937年，诸暨人俞乃大将《阿Q正传》采用漫画的形式在报纸上进行连载。俞乃大也是用绘画来解读这部经典名著的第一人。形式上借鉴西洋的铅印文字与画结合，图文并茂地展示了阿Q的形象和故事，使男女老少都能领略这部作品的精髓。本刊特邀俞乃大的女婿，也是他的学生杨坚康先生撰写了《俞乃大与〈漫画阿Q正传〉》，介绍俞乃大的生平，以及他创作漫画《阿Q正传》的具体情境，以飨读者。

文物普查工作，可以让我们发现以前未能特别关注的一些文物。《馆藏〈西岳华山庙碑〉拓本考》一文的作者从现存的几种华山庙碑拓本的刻字、前人的题跋等分析、考证，认为绍兴鲁迅纪念馆馆藏的这一拓本是有别于传世《西岳华山庙碑》拓本之外的另一拓本。同时,该拓本因为有鲁迅的老师、国学大师章太炎先生的题跋而更加显得弥足珍贵。

周芾棠先生是绍兴早期鲁迅研究者中的一位,去年以九十二岁高龄去世。他的老友和小同事,分别从他的研究学问、为人处世等方面,为我们勾勒出一位兢兢业业钻研学术,平易近人对待小辈的长者风范。

本刊欢迎鲁迅研究界同仁及其他对鲁迅研究感兴趣的人士赐稿。本刊整体版权属《绍兴鲁迅研究》所有,未经许可,不得以任何方式复制、选编。经许可需在其他出版物上发表或转载的,须注明"本文首发于《绍兴鲁迅研究》"字样。

为扩大本刊及作者知识信息交流渠道,本刊已加入"中国知网"(光盘版)电子期刊出版系统,作者的著作权使用费与本刊稿费将一次性给付,如作者不同意编入该数据库,请于提交论文时向本刊说明。凡在投稿时未作特别声明的,本刊视同作者已认可其论文入编有关电子出版物。

编　者
2021 年 5 月

编委会主任：龚　凌
编委会成员(按姓氏笔画排序)：
　　　　　　汤晓风　李秋叶　周玉儿
　　　　　　赵珊珊　胡慧丽　高天一
　　　　　　徐东波　顾红亚　夏劲风
　　　　　　诸宏艳　龚　凌　谢依娜
主　　编：周玉儿
责任编委：顾红亚
封面设计：陈建明　赵国华

图书在版编目(CIP)数据

绍兴鲁迅研究. 2021 / 绍兴鲁迅纪念馆，绍兴市鲁迅研究中心编. —上海：上海社会科学院出版社，2021
ISBN 978-7-5520-3627-5

Ⅰ.①绍… Ⅱ.①绍…②绍… Ⅲ.①鲁迅（1881—1936）—人物研究—文集②鲁迅著作研究—文集 Ⅳ.①K825.6-53②I210.97-53

中国版本图书馆 CIP 数据核字(2021)第 142930 号

绍兴鲁迅研究 2021

绍兴鲁迅纪念馆、绍兴市鲁迅研究中心　编
责任编辑：章斯睿
封面设计：陈建明、赵国华
出版发行：上海社会科学院出版社
　　　　　上海顺昌路 622 号　邮编 200025
　　　　　电话总机 021-63315947　销售热线 021-53063735
　　　　　http://www.sassp.cn　E-mail: sassp@sassp.cn
照　　排：南京前锦排版服务有限公司
印　　刷：上海龙腾印务有限公司
开　　本：890 毫米×1240 毫米　1/32
印　　张：9.875
插　　页：2
字　　数：246 千
版　　次：2021 年 8 月第 1 版　2021 年 8 月第 1 次印刷

ISBN 978-7-5520-3627-5/K·616　　　　　定价：68.00 元

版权所有　翻印必究